献给我们的父亲
——是他们教育了我们品格与声誉的道理！

声誉管理丛书

Essentials of Corporate Communication
Implementing practices for effective reputation management

企业传播原理
——声誉管理的高效实施方式

[荷] 塞斯·B.M. 范瑞尔 [美] 查尔斯·J. 福伯恩 著
Cees B.M. van Riel   Charles J. Fombrun

潘少华 译

中国社会科学出版社

图字：01 – 2007 – 6113 号

图书在版编目（CIP）数据

企业传播原理：声誉管理的高效实施方式/（荷）范瑞尔，（美）福伯恩著；潘少华译. —北京：中国社会科学出版社，2015.8
（声誉管理丛书）
原著：Essentials of Corporate Communication：Implementing practices for effective reputation management
ISBN 978 – 7 – 5161 – 6435 – 8

Ⅰ. ①企…　Ⅱ. ①范…　②福…　③潘…　Ⅲ. ①企业管理—传播学　Ⅳ. ①F272. 9

中国版本图书馆 CIP 数据核字（2015）第 146879 号

出 版 人	赵剑英
责任编辑	卢小生
责任校对	周晓东
责任印制	王 超

出　　版	中国社会科学出版社
社　　址	北京鼓楼西大街甲 158 号
邮　　编	100720
网　　址	http：//www. csspw. cn
发 行 部	010 – 84083685
门 市 部	010 – 84029450
经　　销	新华书店及其他书店

印刷装订	三河市君旺印务有限公司
版　　次	2015 年 8 月第 1 版
印　　次	2015 年 8 月第 1 次印刷

开　　本	710×1000　1/16
印　　张	18
插　　页	2
字　　数	300 千字
定　　价	49.00 元

First published 2007

by Routledge

2 Park Square, Milton Park, Abingdon, Oxon OX14 4RN

Reprinted 2008

© 2007 Cees B. M. van Riel and Charles J. Fombrun

声誉——信息时代竞争的矛与盾

声誉学说是一个远比品牌古老得多的概念，不是舶来品。中国对于声誉的理解、诠释、探索和表达恐怕也是世界上最全面、最深透的民族。中国的文字和文化仅就"声誉"字面的解读就比西方多维而且厚重得多；在孟子的名篇《离娄上》中、颜之推的《颜氏家训》中我们可以发现不少声誉管理闪动的光芒。声誉思想的表述在中国社会更是大有市场，体现在"得民心者得天下"的历史观、"先声夺人"的战略意识、"众口铄金"的舆论效用、"名正言顺"的行事风范、"名副其实"的现实主义态度，以及"众望所归"的理想境界与精神追求，等等。

不过，作为一门学科和技能，声誉管理最终还是在欧美得到了全面而深入的发展，并率先运用到商业管理的实践当中。以美国纽约大学斯坦恩商学院教授查尔斯·福伯恩博士和荷兰鹿特丹管理学院教授塞斯·范·瑞尔博士为首在20世纪90年代正式创立《声誉管理评论》为标志，来自不同学科和领域的学者、专家，包括跨国公司高管都在声誉管理的研究和实践中做出了积极而有效的尝试和探索，取得了丰硕的成果。以战略管理为立足点，广泛汲取经济学、社会学、心理学、伦理学、美学的原理，融合传播学、市场营销、公共关系、新闻、舆论、品牌、设计等交叉性学科以及人文艺术学科和自然科学的研究成果，声誉管理逐步发展成为西方政治、经济、商业各界有效认识、协调、整合、重构与市场和社会之间的关系与资源，拓展自身运作能力和发展空间、化解危机和降低风险、赢得信任与支持的一门综合性学科与技艺。

由此，福伯恩博士与范·瑞尔博士于1997在美国纽约联合创立的声誉研究所（Reputation Institute）声名鹊起。今天，研究所已经发展成为一家跨越30多个国家的战略管理研究与咨询机构；总部位于华尔街的中心地带，聚集了当今世界最负盛名的声誉、品牌、传播管理专家。在学术领域，研究所当之无愧是声誉管理学科的缔造者，并通过教学和培训不断深化声誉管理理论的研究和传播；在战略管理实践中，研究所开发多项知识产权，出版多部畅销专著，成为世界著名企业、公共机构、政府、国家声誉战略研究与咨询的第一智囊。

21 世纪是一个信息大爆炸的时代，信息传播的方式变得极其多样化，传播手段更加便捷，彻底改变了以往信息不对称的格局，对于商业、社会、政治、文化、意识形态、信仰、社会信任、市场竞争的冲击格外剧烈。物理的、意识的传播技术作为人类发展的一种物质和认识基础在某种程度上已直接参与并开始主导人类交往的过程、状态和结果，深度影响着人的生活观念与方式，甚至左右一个社会发展的价值取向。在这样的时代背景下，我们认为，声誉在政治、经济、文化等各领域已上升为核心战略议题，声誉竞争也已超越了以往任何形态的竞争方式。现代文明社会，企业、地域、市场、国家乃至文化、民族、意识形态之间的较量与制衡归根结底在多大程度与多大范围赢得利益相关群体的认同与支持。国家发挥外交软实力、地域发掘文化感召力、市场提供制度吸引力、企业运用品牌影响力，其实质都是在开发声誉资源，提升声誉竞争的优势。

因此，声誉管理作为一门学科和管理实践必将进入一个前所未有的高速发展期。对于任何竞争实体而言，声誉管理无论是作为进行攻击的矛还是防御的盾，都将是不可或缺的、信息时代最强有力的思想武器和影响力工具。

在经济全球化和信息化的推动下，中国市场已经成为世界最重要的国际性市场之一，中国市场导入声誉管理战略与管理体系也是大势所趋。为此，声誉研究所自 2006 年起就致力于将国际最先进的声誉管理理念与方法引进中国，并积极推动中国的学者与管理者积极加入声誉研究所的平台上来，与西方声誉管理的同行磨砺、切磋。在结合西方成熟管理经验的基础上，深入吸取中国管理文化的精髓，以期创造出具有中国特色的声誉理论与实践，为声誉管理学科的深入发展提供有新的视角与内涵。

感谢中国社会科学出版社的同心协力。"声誉管理丛书"的出版是我们双方推动中外管理科学和管理实践的深度交流与融通的一次共同努力与实践。

潘少华博士

声誉研究所合伙人、大中国区董事总经理

2015 年 8 月于北京

作者序

你现在手捧着的这本书记录了一份跨越十年的独特合作关系。在合作开始时，本书的作者之一（查尔斯）还是纽约大学斯坦恩商学院（Stern Business School）的教授，而塞斯也还在荷兰鹿特丹伊拉兹马斯大学（Erasmus University）鹿特丹管理学院（Rotterdam School of Management）任教授。当时，我们两个人都刚刚写完了一本书。1995年，塞斯完成了《企业传播原理》（*Principles of Corporate Communication*，Prentice-Hall），一年之后查尔斯也出版了《声誉：用企业形象实现价值》（*Reputation：Realizing Value from the Corporate Image*，哈佛商业出版社）一书。尔后，在纽约举行的一场激烈的研讨会让我们两人都意识到，我们对于未来的洞见可以相互比照，至少也能互为补充，于是我们很快便携手展开了合作。两人共同迈出的第一步便是组织了一场学术研讨会，并邀请了一群背景各异却都对"声誉、认同和竞争力"话题感兴趣的学术同行列席会议。2006年已是上述研讨会顺利召开的第十年。我们还出版了名为《企业声誉评论》（*Corporate Reputation Review*）的专刊。特别值得一提的是，我们创造了声誉研究所（Reputation Institute）这样一个平台，以便从业者和学者定期聚会，交流思想（www.reputationinstitute.com）。声誉研究所的目标是推动声誉研究方面的知识进步，以及改善声誉管理方面的实践活动。我们真切地希望这本书能够对上述目标有所促成。我们将过往的研究成果和咨询工作整合在了一起，构成了本书11章内容的关键框架。这本书旨在达成三大主要目标：

1. 对世界主流企业传播思想和理论进行梳理，并尽可能地整合到声誉管理的总体框架之中；

2. 对成功的声誉管理实践进行发掘、分析和展示；

3. 构建一套企业传播课程设置的基础内容，用于商学院和行政管理学院有关声誉管理的教学和培训。

声誉研究所内外的很多热心人士为我们的思想发展做出了极大的贡献。我们特别感谢约翰·巴尔默（布拉德福德大学）、加里·戴维斯和罗莎·宗（曼彻斯特商学院）、克劳斯—皮特·魏德曼（汉诺威大学）、马伊肯·舒尔茨（哥本哈根商学院）、弗兰西斯科·卢拉蒂（卢加诺大学）、迈克尔·普拉特（伊利诺伊大学）、凯文·科利（亚利桑那州立大学）、汤姆·布朗（俄克拉何马州立大学）以及戴维德·拉瓦斯（博科尼大学）。

我们还要特别感谢来自伊拉兹马斯大学鹿特丹管理学院企业传播中心的诸位，他们是梅杰里·迪杰斯特拉、乔克·范欧斯特、米尔蒂塔·埃尔斯塔克、米尼温·范哈尔德伦、顾红、吉多·贝伦斯、斯耶斯克·赛弗特、埃德温·桑贝尔根和玛丽安娜·阿尔德伦斯。他们全心付出，任劳任怨！能和你们共事是我们的荣幸。

声誉研究所的所有同事同样令我们心存感激，他们来自世界20多个国家。卡斯帕·尼尔森和尼古拉斯·特拉德两位同事自2003年就全时加入到我们的团队之中，在此我们要特别致谢，以表达我们的感激之情。如果没有你们在过去这么多年所付出的辛勤劳动，我们不可能会完成这项工作。

我们更不会忘了在大后方为我们默默提供服务的家人们。这么多年以来，迈克尔·贝文思和汉妮科·阿尔斯一直在全力支持着我们。非常感谢你们，希望你们能原谅我们在撰写本书期间对于你们的疏于照顾。

我们也要感谢本书的出版人——来自罗德里奇出版社的弗兰西斯卡·赫斯洛普和艾玛·乔伊斯，他们一直耐心地激励着我们去完成这本书的创作。在他们的鼓励之下，我们才能义无反顾地一路走过来。

最后也是最重要的，我们要感谢我们多年合作的中国同事，潘少华博士。通过他的努力，本书终于能以中文的形式与读者见面。

2015 年 7 月于荷兰布雷达
2015 年 7 月于美国纽约

译者序

近 20 年来，随着经济信息化的迅速发展，声誉管理已成为世界商业领域又一崭新的战略工具。在世界 500 强中，声誉已成为多数企业战略目标的关键性指标。但遗憾的是，在中国有关声誉管理的书籍寥寥无几。中国的学者与管理者对于声誉管理、企业传播的研究与实践尚处于起步阶段。因此，我们郑重地推荐这部经典的企业声誉管理著作。作者塞斯·B. M. 范瑞尔博士（Cees B. M. van Riel）和查尔斯·J. 福伯恩（Charles J. Fombrun）博士是世界声誉管理学的核心奠基人。本书是他们数十年研究成果的一个较为全面的综合与总结，突出贡献可以总结为以下四个方面：

第一，作者第一次以系统论、整体观的方法来考察和分析企业声誉管理活动，在通过缜密而细致的研究与大量的案例实证将企业声誉从以前那种看不见也摸不着的玄而又玄的理论变成了真正的可量化的企业资源与企业资产。

第二，作者在本书中通过研究将企业的各类功能与企业声誉管理的指标一一对应，而企业各类功能的功效在企业声誉管理的体系中最终变得可衡量与把握，从而使得企业品牌管理部门以及公关部门等成本中心变成了效益中心。也就是说，作者将声誉管理与企业日常运营挂起钩来，使本来显得"空"而"虚"的声誉战略变得无比踏实、真实，这样，企业声誉战略管理的效果更能得到保证。

第三，从 20 世纪后半期开始，管理领域的新概念层出不穷，无形资产、社会资本、品牌、影响力、话语权、开展空间、软实力等接踵而来。在管理实践中，这类概念往往是高深、复杂、难以捉摸，缺乏落地性与应用性。而如果您通读本书就会发现，作者在本书中创造性地将企业传播作为主导工具，将上述概念所代表的种种之前企业管理所难以获取的外部或衍生资源通过声誉管理的战略目标和流程激活、盘活，甚至内化为企业可以利用的资源与资产，进而提升了企业经营的效益。

　　第四，本书讲述重点对应的主体虽然是企业，但其基本的理论框架是适用于公共机构的——如政府、地域的——如国家、活动的——如奥运会等诸多主体对象的声誉管理应用和实践的。为后人无论是在理论还是在应用领域开拓思路和实践奠定了基础。

　　由于时间仓促，疏误之处在所难免，敬请学界同行及各界读者批评指正。

潘少华博士，声誉研究所合伙人、大中国区总经理

2015 年 8 月　于北京

目　　录

图 目 录

表 目 录

专栏目录

案例研究

引言：传播体系

用精心选择、直达重点且合乎礼仪的措辞，
再配以平实简单的方式妥当地表达自己。
学会解释自己的思想，
为自己的语境创造出和谐融洽又令人愉悦的转折，让它们沐浴在最真实的光芒之中。
殚精竭虑，
保持清晰明了，既不要将它们遗弃在黑暗中，也不要让它们变得错综复杂。

——米格尔·德·塞万提斯:《堂吉·诃德》序言

传播是所有机构组织的命脉所在：通过传播，大大小小的公司才能获得保持正常运作所必需的各种重要资源。唯有通过传播，组织才能掌握需要的基础资源（比如资金、劳动力和原材料），并逐步强化可维持其运转的宝贵的间接资源的积累（比如"合法性"和"声誉"）。

组织机构通过两种方式来确保这些资源的获取：首先，可以通过直接协商价格和条款的方式来购买资源。这需要买家和卖家之间直接的沟通以及双方娴熟的传播技巧。另外一种掌握重要资源的方式，便是对这些交易所附带的背景间接施加影响（Pfeffer and Salancik，1978）。通过游说和与其他组织合作，公司设置了让竞争对手极难以进入其市场的壁垒。这样做等于为自己创造了一个更为舒适的运作环境。还有个别公司通过联盟或与其他公司联合起来形成合力的方式，使其管理者能够构建出解决某类特殊问题的固有规范。举例来说，在诸如美国和澳大利亚这样的民主国家，公司的公共事务部门会在游说立法者制定对自己更有利的法律上花费不少的时间和精力。公共事务部门常常会被卷入各种信息战之中，这些信息战旨在影响公众舆论和对政客施压，以便在争议性议题上占据更为有利的位置

（Astley and Fombrun，1983）。

激进团体在影响公共形象方面同样富于技巧性。例如，绿色和平组织因成功地影响了公众对企业危害环境和气候的舆论而广为人知。在利用媒体公开报道其争议性的抗议行径方面，该组织一直保持着极其高效的水准。1995 年，壳牌公司决定处置废置的布兰特·史帕尔（Brent Spar）储油平台，此举遭到了绿色和平组织的抗议，这次声讨是其历次抗议活动中较为出名的一次。当时，绿色和平组织力图阻止壳牌公司将平台沉入北海之中的行为，激发了全世界媒体对于环境污染问题的关注，并成功地将荷兰皇家壳牌公司的负面形象长期烙在了消费者的心目中。在 20 世纪八九十年代，激进组织 Act-Up 也以同样的方式，极为有效地唤起了公众对于制药工业在抗艾滋病药物定价和销售政策方面的关注。他们针对辉瑞、默克和葛兰素史克等目标企业展开了戏剧化的静坐抗议，再加上嘲弄性的广告海报和其他煽动性的传播方式，这股声势逐步壮大，并经由媒体进一步扩散开来，正是通过这些手段，Act-Up 成功地左右了公众舆论。

所以说，传播在组织业绩中占据着核心地位。组织机构成功获取资源和对活动执行过程所处的环境成功施加影响，都极大地取决于它与资源持有者之间沟通的顺畅性和专业性。

我们将组织的传播系统定义为多重战术战略媒介和信息内容，组织需要仰仗前者去和利益相关方进行交流，它还需要对后者进行选择，以便通过上述媒介进行扩散。传播系统包括营销传播、公共关系、投资者关系和员工沟通；它还包括组织的制度性传播，其目的是影响议题的架构方式以及由此所产生的公共辩论过程。从最宏观的角度而言，传播系统包括企业通常承诺要展现出"社会责任"和"良好公民形象"的各种积极举措——绝大多数这些善行对于帮助企业打造更为良善且有利于日常运作的社会环境都非常重要。

从分散到整合

在力图获取对于宝贵实体和象征资源的控制权的过程中，组织衍生出了多种专门团队，这些团队的职责是与既定的利益相关方进行沟通。无论是在企业层面，还是在业务单元层面上，现代组织通常都是通过专门负责社区关系、政府关系、消费者关系、劳动力关系和人力资源的部门来进行运作。这种分散方式导致组织的传播系统出现了某种碎片化，多年以来，这种碎片化一直严重限制着其运作的效率。

在没有得到明确的战略协调时，上述多元细化的信息发送者的存在会阻碍企业对内和对外传播一致性的建立。身处不同地理位置或同一公司不同部门的管理者发现自己频繁陷入彼此矛盾的境地，进而就公司和产品向资源持有者传递出相悖的印象来。

面对与日俱增的各种运营困境，近几年来，各种组织机构已经越来越意识到克服碎片化和减少传播内容不一致的迫切性。他们想方设法提升众多传播活动主管彼此的协调性。所谓的"整合传播"描述的便是这一趋势，即可在组织内部构建一个完全协同的传播系统的系统化过程。

当传播的协调性受到限制时，组织的形象和声誉便处在了危险境地。例如，倘若两条完全自相矛盾的企业信息在同一天出现在了同一家媒体之上，这明显不是什么好事。不过，上述情形在现实生活中却一再发生，英美烟草集团（British American Tobacco）的遭遇便是一个很好的例证。这家英国公司花巨资在一家荷兰报纸上发布了一条宣传其优异财务业绩的广告，但这份报纸同一天又在头版刊登了其解雇阿姆斯特丹分公司123名员工的新闻。类似的不一致事件也曾让美国电话电报公司（AT&T）的形象遭到了严重破坏，1996年1月，公司大张旗鼓地公布破纪录的5万人裁员计划。与此同时，又在某财经杂志上宣称其投资者获得了破纪录的收益。随之而来的公众唾弃破坏了这些公司的形象，这些证据表明其传播系统的整合性出现了系统性的失误。

飞机制造业巨头波音公司的经历则是另一例明证。这家公司在《经济学人》杂志的封底刊登了整版广告，而广告刊发当天恰逢"9·11"恐怖袭击两周年纪念日——两年前的这一天，基地组织的恐怖分子正是劫持波音飞机撞向了世贸大厦（见图1）。这一不明智的举措表明波音公司的管理者肯定没有密切关注整合性，他们没有充分地预见利益相关方在接收到这些同步却相互矛盾的信息之后会有何行动，作何表现。

类似这样的失误会出现在任何组织机构之中。没有人能够完全地掌控全局，但尽管如此，我们依然认为，以更为连贯的程序去协调迥异的传播特质，帮助限制其负面效应是可行的。如果美国电话电报公司、英美烟草

图1 波音公司选择在这期《经济学人》杂志（2003 年 9 月 13 日）上刊登广告是属于有效的传播行为吗？

和波音公司力图运用如此明确的方式将投资者关系和媒体关系协调好，那么这些自相矛盾的做法就会避免。

而这正是本书所要论述的主题。

品牌建设和企业传播

对于整合传播的兴趣重燃不只是传播系统明显不协调所导致的结果，这也与人们越来越意识到强化企业品牌能够创造经济价值有关。企业品牌是指将员工、投资者、顾客和公众联系起来作为一个整体组织的公司特质。过去，我们对于整合问题的兴趣大多可追溯至产品品牌的大众营销，而现如今大公司的强调重点则主要集中在围绕着企业品牌而建立起来的传播系统。

企业品牌的目的在于让公司在整体层面实现个性化，进而从公司的战略地位、制度活动、组织、员工以及产品和服务组合中创造价值。企业品牌越来越多地被用于在组织的所言所行上加持一道有利的正面光环，并将声誉充分转化为资本。因此，希望运用企业品牌来进行竞争的公司在发展连贯传播系统方面会遭遇到前所未有的挑战。

在各种趋势的影响下，世界各地的企业品牌变得越来越意义重大，在组织内部向着更为整合的传播系统明显推进的激励措施也同样意义非凡，其原因在于以下几点：

□ **信息可得性：** 信息资源的扩散和信息的即时传输创造了一个独特的环境，在这样的环境中，人们发觉自己很难信任那些可供他们使用的产品和服务。在这种情形下，顾客、投资者和潜在员工都在试图更好地去了解这些产品背后的组织机构。于是，有越来越多的公司正在利用企业品牌，将富有吸引力的精神和情感联系灌输到利益相关方与组织所发生的交易之中。

□ **媒体狂热：** 近几年来，各大公司及其高管团队都被置于媒体的聚光灯下，这使得企业品牌，以及产品品牌背后的企业声誉，成为区分性和价值的主要来源。

□ **广告饱和：** 从横幅到广告牌再到电台和电视广告，产品信息针对我们的精神轰炸可谓是无处不在。随着过载的公众越来越少关注这些信息，购物广告已经失去了它原有的某些效能。扎根于公共关系、赞助和企业公民形象的更宽泛的企业品牌建设策略在跨媒体时代变得越来越重要，它不仅影响着公众的认知，还从嘈杂的媒体市场定位产品背后的公司（Ries，2002）。

　　□ **产品商品化**：国际扩张导致公司跨地域市场所出售的各种商品和服务同质性越来越高。无论在快餐饮料行业还是在其他消费品领域，专营权在世界各地的扩散是无法避免的。当市场上提供的各种产品和服务之间的差别变得微乎其微时，公司就开始把企业品牌作为区分和差异化的来源。

　　□ **全球化**：国界的模糊，再加上公司为了利用地区劳动力差异以及尽量降低物流成本而推行的多重市场运作体系，导致商业竞争不断加剧。当欧莱雅、西门子、爱立信、壳牌或飞利浦这样的大公司进入新兴市场时，他们的声誉光环就会成为吸引消费者，与本土供应商和监管者达成诱人交易的有力筹码。对于外国公司而言，利用企业品牌进行国际化推广并击败本土竞争对手也是非常合算的。全球化的企业品牌总会吸引众多关注，研究表明它们所获得的这种关注不仅具有无可匹敌的有利性，而且还能赋予其极大的威信。

　　出于上述原因，针对企业品牌的传播近几年来已经变得更加重要，而且它也在越来越多地影响着我们对于公司传播系统的评估。

什么是有效传播？

　　多年来，实践者一直不懈地尝试着去系统地评估公司传播架构及其传播活动的有效性。舒尔茨（Schultz，1994）曾建议将"投资回报率"（return on investment，ROI）计算作为主动整合营销传播（integrated marketing communication，IMC）效果的一种衡量方式。卡茨和兰德列夫（Katz and Lendrevie，1996）则提议通过检验不同形式的消费者接触方式来衡量其有效性，包括媒体报道、产品印象和个人联系。鲍尔丁格（Baldinger，1996）建议用广告研究基金会（Advertising Research Foundation，ARF）模型中的后三个阶段——回忆、传播和说服——来设计出一套针对整合营销传播活动影响力的衡量标准。

　　衡量传播效果的方式之一便是分析公司"品牌资产"（brand equity）

所具备的净效应。从消费者的立场来看，品牌资产相当于"品牌认知导致消费者对品牌营销所做反应的差异化效应"（Keller，1996）。品牌资产衡量了消费者与品牌之间的联系强度，它由品牌知名度（品牌回忆和品牌认可）和品牌形象（消费者联系的强度、受欢迎程度和独特性）两部分组成。

品牌资产描述了品牌为组织所带来的附加经济价值，而品牌形象则包含了消费者联系到品牌上的一连串属性及联想（Biel，1992）。凯勒（Keller，1991）将品牌形象定义为"消费者保存在记忆中的品牌联系所体现出来的消费者品牌认知"。帕克等（Park et al.，1986）还表示，品牌形象并不是一种仅受到营销者传播活动影响的知觉现象。他们提出，品牌形象"是消费者从企业所从事的一整套品牌相关活动中所得到的认知"（1986）。

因此，从品牌的角度来看，整合传播系统的作用在于强化品牌资产：通过（1）将品牌植入观察者的记忆之中；（2）与品牌建立强大、有利且独特的联系；（3）为利益相关方创造动机、能力和机遇，来传递具有说服力的信息，使其在进行品牌选择或推荐时易于从记忆中检索出品牌信息。

与品牌相关的传播既影响着品牌的关联含义，也创造了品牌形象。广告和公共关系增强了品牌知名度，进而增加了资源持有者对于公司产品和服务、工作或股票产生兴趣的可能性。此外，它还可以影响品牌的知觉价值，同时创造出某种品牌形象，影响资源持有者对公司及其产品的看法（Cobb-Walgren et al.，1995）。

整合传播系统，特别是传递了企业品牌价值的传播系统，最终影响到的不只是品牌资产，还包括针对公司的整体评价（Fombrun，1996；Far-quhar，1989）。若要企业品牌能够更快地从消费者的记忆中被检索出来，那么传播系统和企业品牌之间就应表现出高度紧密的联系，品牌资产也会增加（Edell，1993；Herr and Fazio，1993），而企业的整体声誉亦能获得提升［福伯恩和范瑞尔（Fombrun and van Riel，2004）］。企业全球性声誉的衡量是由资源持有者来实施的，可以作为检验整合传播计划实效性的强大工具。

尽管就整体而言，传播系统通常被视为是组织表现和声誉的积极贡献者，但专业化的传播子功能单元往往会成为薄弱环节。在大多数组织中，传播主管通常缺少对高层管理者的影响力。经验表明，这些专业化传播功能之所以缺少话语权，原因主要有以下几点：（1）专业传播人士无法为个人行为和诸如销售、盈利、知名度、回忆或声誉等底线指标担责，这是有历史先例的（营销主管的表现则恰恰相反，他们的传播活动可以为销售增长直接负起责任）；（2）传播行为对于公司的贡献缺少第三方裁定；（3）与专业传播活动所履行的商业目标保持距离的趋势依然存在。正如我们所直接观察到的，缺少话语权将导致在传播主管纳入战略决策委员会，或让他们参与到支配性的组织联盟时缺乏底气。

本书框架

本书的创作目的是向读者表明，将战略重点放在我们所称的**整体传播系统**上，是克服大多数组织中所存在的传播碎片化现象的唯一方法。通过形成整合传播系统，组织就可以夯实企业传播的架构，使其能够在战略目标的实施和品牌及声誉的构筑方面发挥辅助作用，进而创造出经济价值。

本书提出了一个可用于任何组织建立企业传播架构的简单框架。正如我们之前所提到的，组织的效率取决于它从利益相关方那里吸引关键资源的能力，这些资源既包括资金、劳动力和原材料，也包括合法性和声誉。为了获得成功，组织必须建立和维护与利益相关方之间的健康互动关系，而公司传播系统存在的目的正是促进这种交往。因此，创建企业传播的系统就成为每个公司战略设定和执行的关键组成。

组织如何才能设计出最佳的整合传播系统并加以管理？这是我们在本书中提出的中心问题。正如我们所知的那样，世界上不存在普适的解决方案。因此，读者不要期望能从本书中找到一个可轻易适用于所有组织的万能方案。不过，尽管如此，自20世纪80年代起，无论是在理论还是实践层面，我们从管理、营销和组织传播研究领域已经获得了大量的深刻见解，这使得当下的资深管理人员能够更充分地为建立高效的企业传播系统做好准备。将这些洞见提炼出来正是本书的宗旨所在，为此我们得出了图2所示的整合模型。

传播系统是指导和执行企业战略的关键工具，整合模型正是以此作为出发点。战略指导着公司竞争业务的选择，以及公司希望在这些业务中如何定位——是以营销为导向的革新者、追随者、成本削减者还是优质利基市场的参与者。公司的相对战略地位定义了其关键属性和特质，为了具备竞争力和高效性，这些属性和特质必须为主要的利益相关方所感知。而反过来，这些属性又必须同组织的身份特征保持一致，以获得利益相关者的认可。利益相关者以公司的现有声誉为基础来判定可信程度。

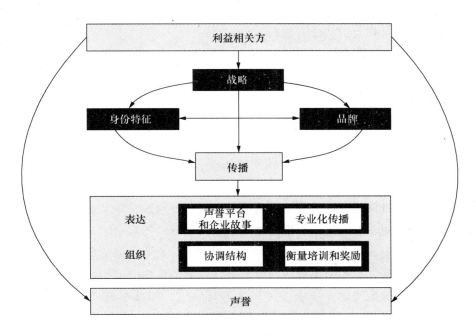

图2　本书的总体框架

因此，战略、身份特征、品牌和声誉共同定义了构筑企业传播系统的"起点"。组织散布的所有传播行为全部系于一个可持续的企业故事框架中，通过创造这样的企业经历，企业品牌得以表达（van Riel, 2001）。可持续的企业故事为向利益相关方表达企业身份特征的所有形式打好了基础，并构成了其"声誉平台"（Fombrun and van Riel, 2004）。尽管每一家企业都拥有多元的利益相关方，但在本书中，我们重点关注四类主要的资源持有者及其涉及的专业化传播形式，即金融受众（投资者关系）、员工（内部传播）、顾客（体验营销）和公众（议题管理）。

最终，图2的模型向我们表明，对组织传播系统的一致关注为传播系统的每个特定部分所创造出来的有利形象发挥了积极的作用，而这种贡献反过来又影响了利益相关方对于组织积极认知的发展，提高了业绩，进而增强了其获得额外资源和迈向成功的能力。正如我们所建议的那样，积极正面的企业声誉并不是一个孤立目标，而是组织获得成功的重要手段。我们在其他地方谈到的一系列近期研究也证实了组织业绩和企业声誉之间的实证联系（Fombrun and van Riel，2004）。Orlitzky 等（2003）提供了一个针对 52 项研究的详细对比分析，证实了组织业绩的社会和经济指标之间存在系统化且强大的实证联系。

　　本书的其余部分被划分成了 11 个章节，它们分别对应了上述模型的关键部分。第一章界定了"企业传播"的视角及其越发凸显的重要性。第二章审视了企业传播和企业声誉——利益相关方对于组织的认知——之间的关联。第三章更为深入探讨了在身份特征、认同和维系这一系列演化过程中的企业声誉根源。第四章检验了揭示一个组织的身份特征元素的不同方法。第五章至第八章更为细致地审视了公司如何向利益相关方表达自我。第五章首先描述了组织用来培养强大企业品牌的基本原理和过程。第六章聚焦了可持续企业故事的创造过程。第七章通过一系列企业活动来深入探究了企业故事的植入历程，这些企业活动分别针对金融、员工、政府和公众四类主要受众。第八章展示了可用于执行企业传播活动的五类专业传播类型。第九章和第十章转而讨论评估。第九章指出了企业传播系统的有效性可通过系统地衡量企业声誉来进行评估，但其衡量方式要选择得当。第十章论述了一些重要的声誉研究应用方案，当前这些方案在全球各大公司已经得到了实际运用。

　　最后，在第十一章中，我们检验了传播功能的组织特性，并探寻了在实践过程中内外传播如何保持一致的问题。在每一章的结尾，我们都设置了一些简要的讨论题，用以激发读者去思考如何将其运用到某些现实问题的解决上。

讨论题

选择一家你非常熟悉的公司：

1. 描述该公司的传播系统。
2. 产品和服务的传播由谁来负责？
3. 企业品牌的建设由谁来负责？

4. 与金融受众、监管者、立法者以及潜在员工的沟通由谁来负责？

5. 与员工的内部沟通由谁来负责？

6. 协调资源持有者、市场和媒体传播的工作是如何开展的？

7. 这些传播是如何得到整合的？

8. 该公司运用的传播方式与另外两家最为重要的竞争对手有何区别？

第一章　什么是企业传播？

大声疾呼

让我们演变一次主题

自由阐明

清晰的

不是你想象中我们想听的东西

而是那些可以焦灼的、塑形的、新生的思想

为了改变

改变我们杂乱狭隘的观念

大声疾呼

因为这就是你存在的价值

——埃加勒·博恩（Egal Bohen）

　　组织是由相互沟通的人结成的网络。在所有组织中，传播方向都有垂直和水平之分、内部和外在之分、正式和非正式之分。它们在组织内部员工之间、员工与各个管理层之间、员工和组织外部许多资源持有者之间建立了纽带。在组织内部，并非所有的传播都同工作相关，也未必以实现组织目标为要旨。然而，它们却都在一定程度上影响了参与者和观察者对于该组织及其活动的认知，继而影响该组织的形象、品牌和声誉。

　　在本章中，我们会重点关注在组织内部和外部受众间建立联系的正式任务的相关型传播。在论述了组织涉及的三种主要传播类型之后，我们提出了将企业传播视为联系组织利益相关方的整合传播结构的概念。我们希望在战略上，组织可以协调所有传播类型。企业传播结构即可用于描绘这样的图景。在本书其余部分，为将企业传播观点应用于所有组织，我们会给出一个连贯的路径。

传播类型

组织内部存在着三种主要的任务相关型传播活动。一般来说，它们可归类为管理传播、营销传播和组织传播。

"管理传播"（management communications）是最具战略性的集群，这类传播活动集中于组织的管理层和内外部受众之间。管理层由拥有职权的所有员工构成，他们在公司关键资源的收购和持有上具备一定的话语权。换句话说，管理层不仅包括高层管理人员，还包括组织内部其他层次业务单元或部门的管理者。举例来说，高管演讲便属于战略传播活动，管理者会通过这种方式来树立对内和对外目标。当在会议上发言或就利益问题游说立法者时，面向力量强大的选民，高层管理者就会清晰地阐述一个个性化的组织观点，以此来影响针对相关议题展开的公众辩论，同时促成组织形象和声誉的构建。

为了支撑管理传播，组织严重依赖营销传播和组织传播领域的专家。在大多数组织中，营销传播（marketing communications）获得了大部分预算，通常涵盖产品广告、直接邮寄、个人销售和赞助活动。营销传播或多或少会得到"组织传播"（organizational communications）的支持，后者通常是由从事公共关系、公共事务、投资者关系、环境传播、企业广告和员工传播相关研究的专家发起的。

一旦获得来自营销传播和组织传播的支持，管理传播则会有效得多。这有两方面的影响：第一，在传播过程中，管理者必须明确自身角色的可能性和局限性。第二，所有传播领域的专家都必须懂得如何为该领域的传播管理提供支持。专家有责任担当管理顾问，为落实组织目标做出专业而富有批判力的贡献。

近年来，营销和组织传播进程中也出现了不少其他团队和角色的身影。在很多组织中，内部和外部事务部门都失去了对于传播的传统垄断权力。这种结果是否理想尚有待商榷。在实践层面，竞争环境已经发生了变化，公共关系和广告日益分化成越发专业化的亚群和角色。例如在营销传播领域，促销组合的元素通常由营销总监决定，因此专业性已经变得不那么意义重大了。相比之下，组织传播集群的持续碎片化却业已对很多组织造成了意义更为深远的影响。参与到组织传播中来的分散团队经常要向不同的管理者汇报，他们的活动内容也经常会陷入彼此不一致的境地。此外，组织传播很少与曝光度、品牌资产或销售增长等结果计量直接挂钩，这使得团队之间的地盘之争变得难以仲裁。

管理传播

管理者在组织中履行着关键职能。管理通常被描述为"借助他人完成工作"，其典型表现包括诸如计划、组织、协调和控制等职能。只有得到被管理者的认同，管理才有可能实现。换句话说，要对那些不希望被管理的人实施管理是非常困难的。如此说来，管理者所承担的职责之一便是要不断说服每个下属相信，为组织目标而奋斗是值得的。所以说，要想使组织的目标得到认可，传播是管理者所必须掌握的最重要技能之一。

管理传播不是一项仅在组织顶层运行的任务，组织的所有层面都要依赖于传播，其目的在于以下几点（Pincus et al.，1991）：

1. 在组织内部描绘出共享的公司前景；
2. 确立和维持对于组织领导层的信任；
3. 发起和管理变革过程；
4. 强化员工的组织认同。

管理者同内部员工和外部受众交流时常常技巧不足、效力欠缺。很多研究者都对此作过批判乃至讽刺性的描述。但尽管如此，也有越来越多的人开始相信，管理者和组织的成功在较大程度上取决于管理者投入到传播任务中的实质力度。

尽管确实需要所有的管理层都参与到传播进程中来，然而，面向组织内外，最高层作为组织代表发挥着特殊作用。身为组织的精神和情感领袖，首席执行官更是扮演着重要的象征性角色，有时候甚至被赋予英雄特质。即便高层管理者在扮演组织挂名首脑方面拥有娴熟的技巧，传播进程也会因为太过重要而无法完全任由他们裁量。提升传播效力需要传播专家为管理者提供支持。就本质而言，这些专家的工作由筹备项目和执行项目组成，这些项目既增强了内部利益相关方的参与，又改善了外部受众对于组织的评价。

　　传播专家的辅助性角色不应当与临时专家所发挥的作用相混淆，召集临时专家往往是为了解决特定的组织问题。

　　这样一位传播专家很快就会成为常驻组织的专业人士，管理团队中的其他成员似乎渐渐觉得自己再也不用为这些问题操心了。但危险在于，期望一个人（或部门）去完成超越某一位置的工作，解决已经渗透到组织各个角落中的问题，显然是荒谬的。这种只是将纠正组织顽疾的想法停留在口头上的做法，根本无助于让组织中的每个人从自己所承担的传播角色中解放出来。好比一位培训主管的存在无法让各个管理者免除培训的责任（Allen，1977）。

　　在顶级商学院中的学术机构，管理传播向来乏人问津。真正的研究者通常是来自于新闻行业的记者，他们精于案例写作和语言组织，但缺少研究方法方面的专业训练。教学活动又以演示陈述、发表演说或书面报告准备方面的技能构筑为中心。核心管理学课程将传播活动降格为提供支持的从属角色，且主要依赖相关训练来帮助学生提升写作水平、口头表述能力和倾听技巧。

　　然而，传播领域所涉及的远不只是技能培养这么简单。传播的概念性框架主要出现在《言语传播》（*Speech Communication*）和《人类传播》（*Human Communication*）等学术期刊以及提供组织传播技术信息的专业杂志上。研究和教育，特别是它们在组织中应用的相似性比人们认为的要更显著。而且组织传播的不同亚群，经过专业学科范例的粉饰，正变得越来越具互补性而非竞争性，这一点正变得愈加明显。因此，像亚瑟佩奇学会（Arthur Page Society）和国际商业传播者协会（International Association of Business Communicators）这样的团体会定期倡导将组织传播和营销传播的内容整合到国际商业管理课程中的开创性工作，这是逻辑上的必然。

营销传播

　　营销传播主要由那些为出售产品、服务及品牌提供支持的传播形式所构成。营销传播中，促销组合和公共关系组合通常有明确分野（Rossiter and Percy，2000；Kitchen，1999）。与此相类似，Gusseklo（1985）也区别了企业传播组合和营销传播组合。

　　几乎每位探讨过这一议题的学者，都将广告视为是传播组合中重要且突出的一环。Franzen(1984)将广告描述为一种相对间接的说服过程,它基于产品优点的相关信息,旨在塑造能促成"有意"购买的印象。促销通常被视为"给销售代表和分销商提供支持的线上预算媒体广告的附加活动"(Jefkins,1983)。Knecht 和 Stoelinga(1988)将直接邮件描述为"通过标记地址的邮件来派发的所有直接广告形式",而赞助则是"机构(赞助商)对(1)参与体育、艺术或其他吸引特定公众的演出的团体或个人;(2)文化体育活动的组织者给予物质(通常是指经济上)支持的活动,作为交换,对方至少要提及赞助者的品牌名称"。

在促销组合之中,预算的最大份额用于个人销售和销售管理。其显著特征在于发生在卖方和准买方之间的直接私人往来,这种联系往往有助于增进对个别客户需求的反应能力。而个人销售则涉及"以促成交易为目的,在同一位或多位有意购买者交谈时的口头陈述"(Kotler,1988)。

很多研究者将营销导向的公共关系——宣传——视为是一种营销传播工具。宣传包括"对产品、服务或业务单元需求的非个人激励,可以通过在发行媒体上植入具有商业意义的重要新闻,或通过电台、电视或舞台等无须赞助的媒介获得有利的表现机会"(Kotler,1988)。

然而到目前为止,公司总传播预算的最大份额一般都消耗在市场营销,特别是广告上。2003 年,全球广告费用开支约为 2620 亿美元[《世界广告趋势》(World Advertising Trends),NTC,2003]。考虑到所涉及资金的庞大数额,与营销传播质量和数量有关的大量信息都是可以得到的,这些信息包括金融数据(比如广告支出)、目标团体信息(比如媒体消费模式)以及指示代理商(比如广告代理公司)相关表现的数据。

很多大型的国际组织和重要期刊致力于营销传播的研究或实践工作,世界各地的学术机构也都对营销传播产生了直接的兴趣,营销传播与其说是一门独立的学科,不如说是隶属于 MBA 培训项目营销课程的一个部分。在经济学和传播学中,营销传播已经作为课程设置的一部分存在了很多年。

既然该领域存在大量的研究者,那么营销传播采取一种实证主义范式便不足为奇。的确,发表于《广告学刊》(Journal of Advertising)、《广告研究学刊》(Journal of Advertising Research)、《品牌管理学刊》(Journal of Brand Management)、《营销传播学刊》(Journal of Marketing Communication)或《消费者研究学刊》(Journal of Consumer Research)等杂志上的

文章通常极具专业性和技术性，以致营销传播界的从业者少有能够或愿意去阅读它们的！图1－1展示了一些相关的研究机构和出版物。

图1－1 营销传播领域专业团体列举

资料来源：EMC www. emc. be。

组织传播

传播的第三种类型是组织传播，它囊括了公共关系、公共事务、投资者关系、企业广告、环境传播和内部传播。组织传播代表着传播活动中的异质群体，这些活动具有四个共同特征：

□组织传播以企业受众为目标，包括股东、财经记者、投资分析师、监管者和立法者。

□组织传播具有长期性，它不直接以销售促成为目标。

□相比营销传播，组织传播运用了不同的传播形式；夸大和吹捧受到限制，信息更具形式性。

□组织传播通常由外部各方发起。外界压力常常迫使公司披露一些未曾公开的信息。正如 Grunig（1992）指出，在组织传播中，利益相关方通常决定了组织是否应当与他们进行沟通，而在营销传播中，组织则可以选择它的目标受众，避免同毫无"商业兴致"的对象进行沟通。

对于组织传播以何种方式融入组织结构中，不同公司的做法大相径庭。在很多公司中，外事部门主导着大部分的专业组织传播活动。但也有很多组织传播活动是在外事部门之外发展起来的。这种情形通常出现在为了应对特定的利益相关方而产生特殊职能范围内的需求时——因为这时需要引入特殊的传播形式。

要证明在外事部门之外成立一个新传播部门的做法是合理的，我们必须具备两个先决条件。首先，对于组织而言，某特定企业受众必须具备战略重要性。其次，知识创造必须受到重视。举例来说，财务经理或人力资源经理经常会宣称，如果某种特殊的传播模式（如投资者关系和员工传播）被固定其相应（知识生成）的职能范围内，就能得到更好的开发和利用。

然而，相比营销传播中的事态，我们缺少与组织传播相关的翔实数据。组织传播预算不像营销传播预算那样可以得到明确界定。我们通常很难搞清楚赞助资金和捐赠被花在了什么地方，而且它们所产生的效果——成功或失败——也不容易衡量。

向专业传播人士开放的国家和国际性团体非常之多，其中包括国际商业传播者协会（International Association of Business Communicators）、国际公共关系协会（International Association for Public Relations）和美国投资者关系协会（American Association for Investor Relations）。它们中的大多数倾向于以组织传播的某个方面为研究重点，并没有为该领域提供整合性的研究视角。1999 年，我们成立了声誉研究所，以此来促进传播学和声誉学的跨学科协同研究（见图 1 - 2）。声誉研究所是一个由专业学者和从业者共同参与的联合网络，这些学者和从业者都对拓展企业传播和声誉管理领域内的相关知识充满了兴趣。声誉研究所每年举办一届科学与从业者研讨会，同时还会定期举办国际性论坛。除此之外，声誉研究所也发行季刊《企业声誉评论》，并参与到以构建理论框架、标准化衡量工具和实用性工作方法来提升该研究领域的进程之中。

　　时至今日，企业传播领域有影响力的期刊包括《企业声誉评论》（*Corporate Reputation Review*）、《公共关系研究学刊》（*Journal of Public Relations Research*）、《商业传播学刊》（*Journal of Business Communications*）和《管理传播季刊》（*Management Communication Quarterly*）。重要的研究论文也会经常刊登在更为综合的管理类刊物上，比如《管理学会学报》（*Academy of Management Journal*）、《管理学会评论》（*Academy of Management Review*）、《战略管理学刊》（*Strategic Management Journal*）、《长期规划》（*Long Range Planning*）、《商业战略学刊》（*Journal of Business Strategy*）和《斯隆管理评论》（*Sloan Management Review*）。

图 1 - 2　声誉研究所（**www. reputationinstitute. com**）

"企业传播" 的视角

"企业传播"包含营销传播、组织传播和管理传播。我们用"企业传播"来指代组织进行传播的连贯方法，传播专家能够采用这种方法来理顺自己的传播活动，利用集中协调的战略框架来展开工作。

企业传播采取了一种"企业化"的观念。"企业化"（corporate）一词源自拉丁文中的"corpus"，意为"主体"或"整体"，即要求传播专家把首要重点放在整个组织的问题上。因此，企业传播强调的是组织目标的实现。形成企业传播观念并不需要在组织中设置新功能，相反，它只是要求打破大多数组织内横亘在传播机制间的传统壁垒。

从 20 世纪 80 年代开始，企业高层和传播专家逐渐接纳了"企业传播"的观念。例如在荷兰，企业传播的早期倡议者从咨询公司那里汲取了灵感。当时，咨询公司要为大公司和大型政府机构寻找支持受众。在大多数时候，他们激励这些公司和机构展开企业形象宣传攻势，并建议其强化传播策略的一致性。于是，企业传播便等同于通过企业广告来强化企业品牌，并借助鼓励公司为旗下所有产品标注唯一的企业名称来彰显"独立身份特征"，比如"壳牌"或"飞利浦"（本书第三章深入探讨了企业品牌建设的具体途径）。

由此，咨询公司和客户都开始对企业品牌的前提即企业战略的本质、企业身份特征以及企业运营环境背景的异质性有了一定认识。这种认识很快使人们越发强烈地意识到，在传播策略上，一味地鼓励"一致性"既不可取也不实用。

咨询公司最终沦为其自身论点强大说服力的牺牲品。随着营销传播和组织传播之间"柏林墙"的倒塌以及专门协调传播策略的指导委员会的设立，各大公司开始带头协调自身的传播系统。这种做法完全合情合理：单凭经验我们也知道，与企业传播执行相关的活动应授权给亲历企业实践的专家团体，而不应当由局外人或咨询公司代劳。

企业传播的主要任务

企业传播不仅需要强调外在形象的提升，而且还要注重指向内部的活动。Luscuere（1993）曾经恰当地将这类内部活动描述为创造一种"诊断和修正能力"，可以激励所有员工齐心协力支持公司的总体目标，而不是仅仅把眼光放在自己的职责任务上。

因此，企业传播的责任主要体现在以下几个方面：

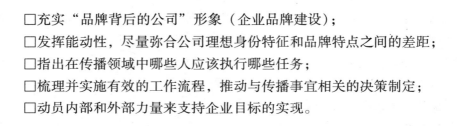

□充实"品牌背后的公司"形象（企业品牌建设）；
□发挥能动性，尽量弥合公司理想身份特征和品牌特点之间的差距；
□指出在传播领域中哪些人应该执行哪些任务；
□梳理并实施有效的工作流程，推动与传播事宜相关的决策制定；
□动员内部和外部力量来支持企业目标的实现。

企业传播的整体视角使之成为一个特殊的研究领域，该领域可以被定位成管理领域跨学科研究和教育的范畴。我们在前一节指出，数十年以来，"商业管理"训练一直轻视传播主题，还将各式各样的名称和变化不定的内容加于其上。就我们观察，其中分歧主要在于重点不同，分为：

□技能构建或理论发展：技能对于成功执行传播任务是必需的，但传播领域的商业教育却过分强调了技能，而忽视了研究和理论。
□整体训练或专业训练：传播研究中的专业视角经常被过分强调，这导致该研究领域变得支离破碎，缺乏连贯性，进而造成组织功能的进一步分裂。

在我们看来，研究"企业传播"的学术机构更应着眼整体性而非专业性，面向理论构建及检验而非技能构建。

来自传播领域诸多研究的若干案例可以用于阐明上述观点。首先值得一提的有约翰逊（Johanson，1971）对于公司形象和产品形象之间关联的研究。Birkigt 和 Stadler（1986）也曾发表了一篇富有影响力的关于企业身份特征和形象之间关系的分析报告。这些研究者的研究成果产生了重大影响，其影响范围不只是荷兰，也包括其本国所在的德语区。他们所发表的这些论文一直是多国学者宝贵的思想源泉，比如德国（Wiedmann，1988；Kammerer，1988；Tanneberger，1987；Merkle，1992）、奥地利（Hinterhuber，1989）和瑞士（Fenkart and Widmer，1987；Tafertshofer，

1982)。更值得称道的是,它们在企业战略和企业传播之间建立起了联系。而 Ramanasoa(1988)、Reitter(1991)和 Kapferer 等(1992)法国研究者以及 Gagliardi 等(1990)意大利研究者也对企业传播领域的发展做出了重要贡献。

其他国际学者也在有意无意之间影响了我们对于企业传播的理解。他们包括探讨企业形象衡量的 Selznick(1957)、Kennedy(1977)、Dowling(1986)和 Abratt(1989);从事于企业战略披露形象效应研究的 Higgens 和 Diffenbach(1989)、Sobol 和 Farrelly(1989);以及分析企业声誉由来的 Fombrun 和 Shanley(1990)。Poiesz(1988)、Verhallen(1988)、Pruyn(1990)和 Scholten(1993)为描绘企业形象的形成过程贡献了宝贵的研究成果。在荷兰,van Rekom 等(2006)为通过梯度/目的分析法来建立企业身份特征提出了一套实用性方案(我们将在第八章进行探讨)。van Riel 等(1994)衡量了传播对员工组织认同的影响。此外,van Ruler(2003)、Cornelissen(2001)和 Kleijneijenhuis(2001)也都为企业传播领域提供了非常有益的真知灼见,他们着重关注荷兰企业是如何实施传播活动的。

在探讨传播功能组织方面,学界也涌现出颇多成果。Knapper(1987)、Verbeke 等(1988)和 Adema 等(1993)的研究审视了多种组织结构的相对效力。不过,相比就"身份特征"和"声誉"开展的众多严格的实证研究,传播功能研究主要是探索性的,重点着眼于描述被研究公司所进行的传播活动,无法用以概括其他国家的情形。

企业传播及其相关概念

什么是企业传播? 作为最早见于国际文献的定义之一,杰克逊(Jackson)给出的表述如下:

企业传播是指公司为实现其计划目标而进行的全部传播活动(Jackson,1987)。

Blauw(1986)则将企业传播描述为:

组织针对所有相关的目标群体发起的所有传播的整合途径。传播活动的每个项目都必须传达并强化企业身份特征。

Thomas 和 Kleyn（1989）还对关于企业传播的两条早期描述进行了进一步拓展：

□ 一个组织中，基于战略规划得以发挥协调作用的所有传播活动都存在于它们所使用的不同传播原则和资源之间；

□ 一个组织中，企业传播是指通过组织或组织元素而形成的所有传播活动，它们取代了产品和/或服务的中心地位。

定义

我们将企业传播定义为一整套涉及管理和协调所有内部和外部传播的活动，其目的在于和公司所依赖的利益相关方共同创造有利的出发点。企业传播由组织中的各类专家和一般管理者参与的信息散播所组成，其共同目标是为了强化组织维持其运作许可的能力。

我们依照杰克逊的做法以单数形式（corporate communication）来使用"企业传播"这一概念。它的复数形式（corporate communications）代表了方法的扩散。单数形式则直接指代整合的传播功能。正如杰克逊所述：

值得注意的是，在阐述企业传播概念时，我并没有使用复数形式。纠结于公司总机修理、答录机留言推荐或电脑销售员接洽等事务令人感到厌倦，于是我从很早之前就干脆采用了更为准确的单数表述形式，而将复数形式丢给了那些通信专家们。这一点虽然不起眼，但也算是从混淆中澄清思路的另一种尝试吧（Jackson，1987）。

采用"企业传播"（corporate communication）表述形式来指代组织全部传播活动的缺陷在于，它给人留下了这样一种印象，即企业传播仅仅与商业团体有关。正如"企业文化"（corporate culture）和"企业战略"（corporate strategy）等术语，"corporate communication"一词中所使用"corporate"不应当被视为是对应于"corporation"（企业）的形容词。相反，它应当被解读成拉丁文中"corpus"的变体，其含义为"body"（主体）或更具象征意义的"relating to the whole"（有关整体的）。

不论私营公司还是公共企业，不论是商业组织还是非营利组织，企业传播观念都与其息息相关。企业在竞争环境中运作，因此它们很早就意识到，树立富有吸引力的形象能够创造价值。因此，相比其他组织，企业传播与商业组织之间的联系变得越发紧密。然而近几年来，享受补贴的机构和政府部门面临着不断增长的压力，也开始重视自己在受众心目中的形象。我们发现，非营利机构正越来越关注企业传播问题。

企业形象就像是一面镜子：它反射出组织的身份特征。拥有良好或不良形象部分取决于组织所传达出来的关于自身的信号。这些信号是利益相关方根据公司行为和自我表达进行的解读（Fombrun and Shanley，1990；Fombrun，1996；Schultz et al.，2000）。但不管这些信号的内容有多么坦率、开放或诚恳，我们都无法保证它们一定能在目标群体所有成员的心目中创造出正面的企业形象。举例来说，因为勤勉而获得极高排名并不能使企业自动获得正面形象。

其他各种因素也影响着组织所营造的形象，比如员工和管理者的行为以及谣言的散播，还有最重要的一点——目标群体成员在解读所接收到的信号时所采取的理性和看似非理性的方式。正如 Bauer（1964）所指出的，公众的观点通常会表现出顽固性，这种顽固性往往大大超出了管理者的预期。

企业传播的工具

整合传播可以通过多种方式实现。在此我们着重强调以下四点：

1. 运用视觉识别系统（有时候可以称为"独特风格"）；
2. 利用整合营销传播；
3. 依靠协调团队；
4. 采用集中规划系统。

这四种途径都属于表达工具（Hatch，Schultz and Larsen，2001）。组织表达和整合传播需要依靠传递组织独特身份特征、品牌和战略的"共同出发点"，唯有如此，它们才有助于激发利益相关方的认同，进而构建起组织声誉。正如我们在本书中多次强调的，协调和整合是一个企业传播系统卓有成效的重要写照。

视觉识别系统

组织通过传播活动来进行自我表达。视觉传播是实现跨组织整合传播的一项重要工具。早在 19 世纪末 20 世纪初，工业设计专家就开始强调将一致性的主题应用到产品和服务上，可以运用共同的名称、商标图案标识（耐克的 "Swoosh" 标志）、声音（哈雷引擎和施坦威钢琴）乃至气味（香奈儿）。从那时起，"形象设计公司" 这一特殊的行业便应运而生，它们专门帮助组织开发出一整套统一的象征符号，并整合出可为员工提供指导的风格手册，通过将重要主题应用到标识、服饰、家具和建筑上，创造出统一的组织形象。

20 世纪 50 年代，美国国内大众营销市场的快速发展激发了人们对于包装的浓厚兴趣。超级市场和百货公司的兴起迫切要求一种新的营销手段，以替代平素只是站在柜台后与顾客进行面对面交流的售货员。包装设计便承担了这一职责，以前印刷厂想象的销售盒子和容器的副业很快发展成为一项成熟的业务。

今天，所有大公司都依靠设定了恰当语言、风格和名称的精美手册，指导其传播系统的整合活动。为了打造知名度和声誉，吸引更多的投资者和顾客，甚至连小公司都开始意识到这样做的可取性。

整合营销传播

自 20 世纪 50 年代起，为了让传播达到 "整合的效果"，人们进行了大量的尝试。对于整合性的追求来自各种营销研究文献，它涉及的不只是广为熟知的营销组合元素［价格（price）、产品（product）、渠道（place）和促销（promotion）即所谓的 4P］，还包括各 4P 元素内部的传播组合元素。营销概念的核心在于必须以客户中心模式展开运作。只有组织内部的每种专门功能为传播系统的整体性做出有价值的贡献时，这一模式才有可能实现。

起初，"整合" 只是意味着营销功能和专门规章之间的调和性。但随后，整合概念渐渐得以扩展，将所有职能部门履行的，围绕着客户进行整合以增强忠诚度的互补性活动也囊括了进来。舒尔茨及其同事是最早对营销整合项目中关键元素进行详细论述的学者之一（Schultz, 1993；Schultz and Barnes, 1995；Schultz et al., 1993）。正如他们所提出的，整合过程应当自上而下，而且应该从利益相关方的视角来施行。最终，他们建议营销和传播应该实现目标共享，使得公司在响应利益相关方的需求时，传播可起到引导所有营销活动的作用。

尽管最初整合被认为是一种一致性需求即"一体化"需要，但很快它就被软化为针对一致且摆脱内部矛盾的品牌信息的需求（Nowak and Phelps，1994）。只有在预备计划阶段对所有传播工具进行了精密调校，我们才有可能实现一致性。言下之意，负责开发该品牌传播工具的专家应尽早介入紧张激烈的对话进程中去，以减少随后出现分歧和矛盾的概率。"齐声"被更为恰当的隐喻即"合唱"所取代。

在流程方面，Moore 和 Thorson（1996）认为，整合营销传播应当从以下几个方面着手：（1）鉴别与实现营销目标相关的所有目标受众；（2）以购买决策周期中的阶段为基础细分受众；（3）确定作用于每部分受众的信息和传播工具；（4）配置适度的资源。

尽管整合营销方案早在 20 世纪 50 年代就被引入业界，但并不是完全为所有从业者所接纳。例如 20 世纪 80 年代后期，在广告商工会（Union of Advertisers）和荷兰许可广告公司协会（Dutch Association of Recognised Advertising Agencies）的委托下，营销专家 Knecht 对整合营销展开了一番研究。他对整合传播演变过程中的五个阶段进行了划分，其大致内容见专栏1－1。Knecht 的研究表明，很少有机构或公司的发展超越了第三个阶段。

协调团队

促进整合的另一工具在于利用协调团队（coordinating team），即活跃于整个组织之中的专业传播部门代表所组成的工作群体或指导委员会，它们协同发展出一套共同政策并评估该政策的执行力度。在第十一章中，我们将重点关注如何通过协调团队来协调全部传播功能。

专栏 1－1　整合传播

1. 整合媒体广告
用于传播信息的媒体组合。
2. 整合广告
媒体广告、直接广告和包装的协调运用。

---

3. 整合媒体传播

借助各种赞助手段来协调媒体广告、直接广告、社论宣传、产品植入和品牌或产品名称的推广。

4. 整合营销传播

协调除了第三阶段所描述的营销手段之外的所有营销组合元素。最关键的元素在于个人销售，不过价格和分销亦非常重要。

5. 整合传播

首先为营销，但同时也延伸到了企业的其他功能的传播元素的应用。协调跨企业功能和目标群体的传播，防止出现危害组织形象的矛盾局面。

资料来源：Knecht（1989）。

传播规划系统

传播规划系统（Communication Planning System，CPS）是一种自动化工具，适用于面向内部和外部受众的传播项目的准备和实施。传播规划系统既可用于实施需要进行组织整体传播方案规划的项目，也可用于管理涉及企业赞助活动、撰写年度报告或创建内部简报等较为简单的项目。

传播规划系统的运用为组织提供了一些切实的好处：

1. 由于要遵循一系列的规范程序（基于研究），每个项目中的部分计划都能得到激励。

2. 在一般层面实施管理和控制变成了可能，因为传播规划系统能够"迫使"员工去主动获取诸如共同出发点、预算紧缩和时间限制等特定信息。

3. 传播规划系统也可以作为协调工具来使用，它可以为规划、市场研究（如形象研究、竞争对手信息和客户信息等）以及传播内容（如文字、图片乃至视频）提供全局视角。它所提供的这种对于所有可能性的概览拥有一种隐含的特性。由于关注了不同传播活动的工作人员所做的全部努力，传播规划系统可以确保信息重复或矛盾的最小化。

4. 传播规划系统起到了知识库的作用，即便在员工离职以后，它也能保留其相关的知识体系。

5. 传播规划系统具备高效优势，例如它能够提供适用于多种情境的报告的标准结构。

企业传播何以成功？

组织将大量资金耗费在了面向利益相关方的传播上。虽然像微软、壳牌和戴姆勒克莱斯勒这样的公司已经跻身于世界主要广告客户之列，但它们在所有的传播领域仍然非常活跃。图1-3展示了一组突出微软投身教育事业的宣传广告。微软发起的以支持"教育事业"为主题的多种传播、捐献和公众活动为这组广告提供了支撑。在其广为推广的"你们的潜能，我们的热情"（Your Potential，Our Passion）系列宣传活动中，这一主题亦得以凸显。

相比之下，有些贵为广告巨头的大公司在其他传播领域的活跃度却稍显不足。举例来说，像文华东方酒店（Mandarin Oriental）或雅高（Accor）这样的酒店集团只是在广告宣传上进行了重金投入，在其他方面却无所作为。相类似的还有一些航空公司、公用事业公司和众多日用消费品公司。而在非政府组织方面，绿色和平组织在免费宣传和合作赞助广告上的全情投入最为有目共睹。很少有其他的非政府组织像绿色和平组织那样，拥有进行广告宣传所需要的宽松资源。

尽管就传播方式而言，公司、非政府组织和政府各有不同，但有一点是共通的，那就是它们都为传播活动投入了重要的资源。这样问题便出现了——我们如何才能知道传播活动何时会获得成功？高效传播从何而来？

当传播引起知识、态度和行为变化

刺激知识、态度和行为（knowledge，attitude and behaviour，KAB）发生改变的传播才是成功的传播。营销传播领域的很多研究者都强调过这一原则，但同时他们也发现，三者发生改变的次序并不重要。例如，在很多时候，人们先是买了车（行为改变），之后才通过关注针对该车型的既

　　我们的使命不仅是释放今日新技术的潜能，我们还要帮助每个人、每个家庭和每家公司去释放自己的潜能。我们想帮助你更快捷、更轻松也更完美地去做你每天都在做的事情——比如表达你的想法，管理你的财产，构建你的事业。在微软，我们看到的不是当下的世界，而是未来可能的世界。

工厂
我们看到了重整旗鼓

装配
我们看到了大人物

喝彩
我们看到了起立鼓掌

天空之王
我们看到了天空之王

帽子
我们看到了上面印着你名字的标签

发明世界
我们看到了新技能和未来的发明

图1-3　微软刊印的宣传广告组图（2005年）："你们的潜能，我们的热情"

定广告宣传或传播活动来从心理上肯定他们的选择。研究表明，有些消费者是在买车之后才渐渐开始关注其主要性能。

针对 KAB 模型的简化分析在实践过程中也是问题重重。几乎所有传播活动的目的都在于改变人们的行为。但在实践过程中，传播活动几乎不可能同时影响上述三个方面。相比于旨在改变态度或行为的传播，改变人们的知识所需要的是截然不同的传播手段。就我们的经验而言，很多传播活动的失败是因为公司希望能同时达成三重目标。在第八章中，我们将会具体探讨这一主题。

当传播行为真诚且对称

Grunig（1992）曾经提出了一个二维框架模型，并区分了传播的四种视角：在一条轴线上，组织可以选择与利益相关方进行单向还是双向信息交流；在另一条轴线上，组织决定是否准备揭示关于其运作和目标的全部真相或部分真相。图 1-4 对四种传播视角进行了总结。

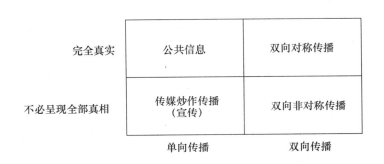

图 1-4 四种传播视角

资料来源：Grunig（1992）。

在 Grunig 看来，媒体炒作或宣传是最不可取的传播形式，因为它涉及单向信息流的传播，即组织不仅不愿意将自己的活动开诚布公，而且还以崇高目标来为自己的欺骗行为辩解。例如，当公司就生产工序的外部效应进行传播时，宣传行为便应运而生：管理者会避免揭露公司运营对社区和环境造成的全部影响，而且经常也会抵触与民众建立对话。

第二种模型，即公共信息模型，也涉及单向传播，但在这种模型中，组织试图传递的是真相。公司要求员工掌握的安全和健康程序就是这种传播类型的典型例子。

　　第三种模型涉及双向非对称传播。尽管组织透露了精确的信息，但这种传播形式仍然是不完美的，因为其过程缺少大量开诚布公的对话。举例来说，当公司使用科学证据向受众传达信息时，便出现这一局面。最近制药企业所发布的一系列宣传其药物健康功效的广告便是最典型的例子。在这种传播模型中，组织不希望受众发表足以改变信息性质的驳斥性言论。

　　第四种模型描绘了 Grunig 心目中最理想的传播类型。在这种模式下，信息传递不仅是双向对称的，而且双方对彼此的观点都抱有真诚开放的态度，带着相互尊重进行信息交换，进而就现状达成了共识。他们旨在鼓励组织在针对目标群体进行信息传播时要细心思量意图所在。

当传播具备责任感且采取了可供衡量的成功标准

　　当企业在整体责任、技术性责任和组织协调责任这三个层面展现出责任感时，企业传播便大功告成。

　　企业责任感牵涉企业传播在为整个组织构建良好声誉方面的效果展示。它允许传播结构去促使整个职能管理领域具备可靠性和一致性。企业责任感的一个先决条件在于成为统治联盟的一部分，并系统化地诠释企业传播为公司所带来的增值价值。掌握组织声誉的数量信息便等于展示了其整体责任。

　　技术性责任涉及条款的拟定，条款说明了用于职能层次的应用程序和成功标准。技术记分卡可通过展示针对目标群体的定量和定性结果来衡量成功，运用记分卡有助于激励企业传播取得整体成功。

　　最后，企业希望表现出在组织活动协调方面的责任感。当所有的传播专家都运用相同的核心元素来实施其专业传播活动时，协调即已达成。协调责任在于确保组织的传播政策源于核心的战略—身份特征—品牌（strategy-identity-brand，SIB）三角关系，这一关系我们在本书的前言中作过描述。依赖 SIB 三角关系的管理者可发展出一整套"共同出发点"，它们是形成可操作的传播计划的基础，有助于建立协调责任。图 1-5 阐述了 SIB 和企业传播系统之间的关联。

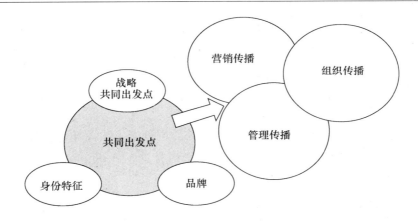

图1-5　通过"共同出发点"来引导传播

对于某一公司来说，出发点是特定的。传播系统中出发点应由所有传播专家共同提出，而不应该由来自企业高层的资深管理者独揽。出发点为完成传播政策目标，甚至个别专业传播领域的政策目标，提供了坚实的基础。出发点在传播专家的工作周围创造了一个带宽，但这并不意味着绝对的一致性或均匀性。

换句话说，出发点相当于组织所有传播的指导方针。它们阐明了传播策略和责任系统中内在的优先顺序。为了有效地运用共同出发点，在此有两点考虑值得注意：

1. 将企业战略转化为可用于企业层面和业务层面传播的共同出发点，其实现方式可以运用如下所示的PPT模型：指出组织希望向其最重要的内部和外部利益相关方承诺（Promise）什么；组织期望如何证实（Prove）其承诺；组织希望采取何种口吻（Tone）来向这些受众传播信息。

2. 通过运用KAB模型来制定更为明确的计划：在整个公司层面以及个别业务单元层面上，明确组织希望目标群体知道哪些信息（Knowl-edge），希望给予目标群体怎样的态度（Attitude），希望目标群体产生何种行为（Behaviour）。

第三至八章详细描述了企业传播的产生和责任感的形成过程。第九章和第十章明确了企业传播评估所依据的标准，即企业声誉。

传播议程：目的是建立声誉

企业传播帮助组织在利益相关群体心目中创造了独特且富有吸引力的形象，构筑了强大的企业品牌，并发展了声誉资本（Dowling，1994；van Riel，1995；Fombrun，1996）。为了实现这些目标，所有的传播形式都必须被协调成一个连贯的整体（van Riel，1992；Bronn and Simcic，2002），还必须形成能够衡量组织传播对声誉和价值作用效果的成功标准（Fombrun and van Riel，2004）。

在下一章中，我们将讨论众多涉及企业声誉的论文文献，同时确定企业传播在构建组织声誉中所扮演的角色。我们还将重点强调，声誉是最富有意义的成果，通过它我们可以评价企业传播系统的发展成功与否。因此，在企业传播议程中，声誉占据着最重要的位置。

讨论题

1. 选择一家企业，并拟定一份组织系统图，从概念上明确它所涉及的主要传播类型。

2. 收集来自这家企业的相关信息，并将其分类为管理传播（比如首席执行官的演讲词）、营销传播（比如产品广告）和组织传播（比如年度报告或新闻稿等）。你能明确这些传播活动所遵循的共同主题吗？

3. 组织如何才能限制其传播活动的割裂性？

4. 在管理传播领域的重要刊物上找一些已发表的论文，再将它们与营销传播和组织传播领域的刊物上所发表的文章进行对比。你能找出它们的相同点和不同点吗？

第二章　从传播到声誉

声誉只是一抹烛光

闪烁着摇摆不定的飘忽火焰

一口气就能轻松吹灭

但世人却要靠这缕亮光

来寻找和发现价值

——詹姆斯·拉塞尔·洛威尔（James Russell Lowell）[①]

　　企业传播影响了利益相关方对于组织前景的感知，进而也影响到了组织可利用的资源。利益相关方对于组织的感知可通过跨学科的不同术语来进行描述。到目前为止，最受欢迎的描述方式由"品牌"、"形象"和"声誉"构成。这些概念之间的差异具有相关性，其原因不在于学术纯粹性，而是因为它们代表了不同的视角，而且它们的语用内涵也各不相同。传播专家应该去了解不同部门的同事是如何思考上述概念的，因为公司聘用这些专家的目的就是让他们直接介入战略问题。若想在组织中形成有效的对话，并且确立起一致的企业传播形式，那么彼此了解就变得至关重要。

　　本章将集中讨论品牌、形象和声誉的概念化，并提出将"企业声誉"视为一种多方利益相关方结构，这种架构尤为适合衡量组织传播系统的有效性。我们在文中指出，不管是从理论还是实践层面，企业声誉的概念都大大得益于营销方面的学术文献（Dichter，1964）以及自 20 世纪 50 年代起涌现出来的杰出从业者。同时我们也意识到，近期来自其他学科的贡献为企业声誉研究提供了补充。因此在本章中，我们还在营销组合中加入了取材于心理学、战略管理学、社会学、组织科学和会计学领域的各种观点。企业传播观点的发

----

　　① ThinkExist. com 语录。"詹姆斯·拉塞尔·洛威尔语录"。ThinkExist. com 在线语录，2006年 3 月 1 日和 4 月 4 日。

展将会在本书的其他章节中得到详细论述，而第二章则相当于提前奠定基础。

品牌、形象和声誉

什么是品牌？按照从业者的理解，"品牌就是以商标作为象征的有形和无形属性的混合体，如果处置得当，它会创造价值和影响力"（见www. brandchannel. com）。《商业管理词典》（*Dictionary of Business and Management*）也将品牌定义为"用于辨识卖家商品或服务，并将其与竞争者产品区分开来的名称、标识或符号"。广告学大师戴维·奥格威（David Ogilvy）对于品牌的定位则更为全面，他认为，品牌是"包括名称、包装、价格、历史、声誉和广告方式在内的无形的产品属性总和"。最近，戴维·奥克（David Aaker，1996）又将品牌描述成一个"思维框架"，在他看来，"品牌资产"是由"与品牌名称和符号关联在一起的一系列资产（或责任）"所组成的，"它增加（或减少）了产品或服务所提供的价值"。而阿尔·里斯（Al Ries，2002）主张，"如果想要构筑一个品牌，你必须集中精力将某个词语铭刻在目标群体的头脑中——一个别人未曾使用过的词语"。

所有这些定义的共性在于这样一种理念，即认为品牌在观察者的头脑中创造出了形象。传递语言、视觉和情感线索会激励目标观察者去认同品牌，品牌正是通过传递这样的组合元素来创造形象。从历史角度来看，品牌建设领域的研究文献一直在努力解释组织如何才能为消费者创造出积极的产品感知。而在近期，研究者则对品牌概念进行了拓展，并论证了相同的品牌建设原则可用于在员工、社群或环保组织等目标群体内创造出积极的整体组织感知。上述研究是日益高涨的"企业品牌建设"研究热潮的重要组成部分，"企业品牌建设"是指公司选择为其所有产品和服务提供支持的程度。在第四章，我们将详细论述这一问题。

"形象"这一相关术语被更为广泛地用于描述根植于观察者头脑中的特定感知形态。研究者可以运用多种方式来描述这些形象。我们在这里要谈论的是"企业形象"的内容——利益相关方所感知到的公司的特征。道林（Dowling，1986）认为，"形象是指含义的集合，客体通过形象来被人们所感知，人们则通过形象来描述、记忆和关联客体。也就是说，形象是个人针对某一客体的信念、思维、感情和印象进行交互作用后产生的净效果"。

　　事实上，企业形象研究可溯源至工业设计。正如汤姆·布朗（Tom Brown，1998）所指出的：

　　"企业身份特征系统"的概念主要是由罗德与泰勒百货（Lord & Taylor）、斯托本·波力（Steuben Glass）和美国集装箱公司（Container Corporation of America）等公司在20世纪30年代确立的。1933年，罗德与泰勒百货开始以手写体的"Lord & Taylor"署名作为企业标识，通过坚持运用这样的设计表现手法来向公众展示自己，这家零售公司协调了公司的表现风格。与此同时，美国集装箱公司也引入了整体综合设计的理念，以提升通过各种媒体向消费者所展示的公司整体形象。通过重要受众的身份特征展示的协调设计和细致关注，企业个性的概念开始发展起来。

　　很多研究者都力图从人格的角度来描述企业形象。人类心理学认为，通过运用词汇来给人们在特定情境下的行为或应对方式贴上标签，可以描述人的个性，参见珍尼弗·奥克（Jennifer Aaker，1997）基于这些研究提出了针对企业个性的类型学理论。表2-1展示了奥克（1997）对于企业个性的量化量表，它由42项评价标准所组成，这些标准分属真诚、老练、称职、兴奋和坚韧五个维度。

表2-1　　　　　　　　　　　奥克的企业个性量表

真诚	兴奋	称职	老练	坚韧
脚踏实地	勇敢	可靠	上层阶级	热爱户外
重视家庭	时尚	工作努力	富有魅力	气质阳刚
小城镇	令人激动	牢靠	外表好看	西部风格
正派	精神饱满	聪明	有魅力	顽强
诚挚	酷	技术过硬	柔美	粗犷
真实	青春活力	团结	文雅	
健康向上	富于想象	成功		
原创	独特	领袖		
令人愉快	紧跟潮流	自信		
重情感	独立自主			
友善	当代			

资料来源：奥克（1997）。

最近，戴维斯等（Davies et al.，2003）提出了一种测定"企业个性"的实证性衡量工具，用以明确企业形象的七大中心维度：亲和性、进取性、称职性、时尚性、冷酷性、魄力性和随意性。表 2－2 对这些维度及其所包含的 49 项评价标准进行了分类。

表 2－2   企业个性构成

亲和性	进取性	称职性	时尚性	冷酷性	魄力性	随意性
友善	酷	可靠	魅力	傲慢	阳刚	随意
令人愉悦	赶时髦	安全	时尚	好斗	强硬	质朴
开放	活力	勤奋	优雅	自私	坚韧	宽厚
坦率	富于想象	野心勃勃	久负盛名	内向		
牵挂	紧跟潮流	成就导向	排外	独裁		
安心	令人兴奋	领导	情趣高尚	掌控		
援助	创新	技术	势利			
通情达理	外向	团结	精英主义			
正直	勇敢					
诚挚						
值得信赖						
对社会负责						

资料来源：戴维斯等（2003）。

在我们看来，"企业声誉"的概念之所以近期受到关注，是因为它充分展示了品牌和形象对于利益相关方眼中的公司整体评价的影响。品牌和形象属性或多或少总会让利益相关方有所领会。因此，具备特定品牌和形象属性的组织也会塑造出更好或更差的声誉。所以，"声誉"可以通过考量受众对组织的总体评估来发挥有用功能，进而衡量了组织与上述利益相关方之间的传播有效性（Fombrun，1996）。图 2－1 表明了声誉是由组织在四个领域中所各自树立起来的形象进化而来，这四个领域包括产品领域、社交领域、金融领域和雇佣领域。

"企业声誉"概念的普及在很大程度上要归功于 1982 年《财富》杂志上发表的一份榜单，首次公布了"最令人钦佩的美国公司"（America's Most Admired Companies）排行，这份针对美国大型公司的榜单是通过对一流行业高管和分析师进行定量意见调查而得出的。由于受到了广泛关

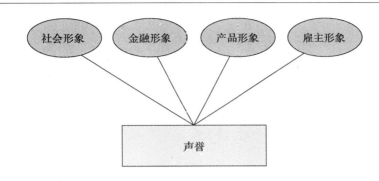

图 2 - 1　形象和声誉之间的联系

资料来源：福伯恩（Fombrun，1996）。

注，《财富》杂志此后每年都会举办这样的评选活动，其他国家和地区也开始竞相效仿。

很多理论和实践层面的进展也解释了人们对于企业声誉分析愈加浓厚的兴趣。福伯恩和尚利（Shanley，1990）对《财富》榜单进行了实证研究，是首批也是最具影响力的研究之一。他们以围绕公司的传播光环效应为基础，通过分析对企业声誉概念进行了诠释——所谓的光环效应源自公司自身、金融分析师和媒体所共同营造的信号传播。格雷厄姆·道林（Gra-hame Dowling，1994）将声誉定义为企业品牌的延伸。范瑞尔（1995）在其著作《企业传播原理》（*Principles of Corporate Communication*）一书中广泛论述了促成组织企业传播研究的多种学科。福伯恩（1996）则提出了适用于检验企业声誉的最为宽泛的商业框架。他将企业声誉描述为多方利益相关方参与的社会建构，这种建构源自组织创造并经由媒体和分析师进行折射的战略传播。

尽管在欧洲很多国家的语言中"reputation"（声誉）一词可以指代消极声誉，但"企业声誉"的概念却在世界各地被广为接纳。其之所以能产生如此反响，部分原因在于美国国内以及世界范围内的积极研究，大量的研究成果自 1997 年起就出现在声誉研究所组织的研讨会上，并被收录在其发行的季刊《企业声誉评论》上。此外，声誉研究所以及众多合作同僚自 1999 年开始发起的对知名公司的多国衡量，也对"企业声誉"概念的推广起到了部分推动作用，这类研究采用了由查尔斯·福伯恩和哈里斯互动调查公司（Harris Interactive）共同制定的标准化哈里斯—福伯恩

（Harris-Fombrun）"声誉商数"（Reputation Quotient，RQ）来作为衡量工具。舒尔茨等（2000）编纂的《表达型组织》（*The Expressive Organization*）一书则将声誉研究所众多研究者关于企业品牌论述方面的文章整合到了一起。

什么是企业声誉？

声誉是指组织的利益相关方对于组织的整体评价。这些评价是利益相关方针对组织满足其期望的能力的总体感知，无论这些利益相关方是对购买公司产品、为公司工作还是对投资公司的股份感兴趣。从 1984 年以来，研究者在构思"企业声誉"的过程中提出了各式各样的定义，专栏 2 – 1 对这些定义进行了集中总结。

专栏 2 – 1　企业声誉的定义

"企业声誉代表了消费者在面对由企业身份特征所表征的公司本性和潜在现实时所展现出来的期望、态度和感情"（Topalian，1984）。

"声誉是一组含义，公司经由这些含义被认知，而人们通过这些含义对其进行描述、记忆和关联。它是个人对于公司的信念、思维、感情和印象进行交互作用后产生的净效果。公司不拥有声誉——公司声誉由人们所把握"（Dowling，1986）。

"声誉代表着由特定群体所把持的对于企业全面而生动的印象，它在一定程度上来自该群体成员进行的信息加工过程（意义建构），也部分源自与企业本性——其自身的虚构和投射形象——相关的企业整合传播过程"（Alvesson，1990）。

"企业声誉是指公司受众对公司持有的整体评价。企业声誉代表着客户、投资者、员工和公众对于公司名称（以及可能损害组织形象的矛盾）所产生的'净余'情感或情绪反应——或好或坏，或强或弱"（Fombrun，1996）。

如专栏 2-1 所示，我们可以通过多种方式来描述组织的声誉。其中方法之一便是区分分析的"层次"。Knecht（1986）提出了可应用于"声誉"概念的七层次分析法，这七个层面包括产品类别、品牌、公司、部门、商家、国家和用户。也就是说，我们可以通过上述方式来检验某种产品类别比如"啤酒"的声誉。我们也可以检验某种特定的啤酒品牌比如喜力的声誉。不过，我们应当将组织的整体声誉与某一运作单元或附属公司的声誉，以及其所处行业的声誉区分开来。此外，我们还可以确定国别效应，比如附加在荷兰公司这一国别标签上的声誉评估。如此看来，任何单一组织的声誉部分源自组织涉及的其他层面所固有的声誉。

对于跨国组织而言，国别效应显得尤为重要，它在国际贸易中发挥着强大的影响力。举例来说，德国由来已久的高品质声誉对于包括汽车和电器在内的德国产品产生了有利的积极影响。Nagashima（1977）将国别效应定义为"商人和消费者附加在特定国家的产品上的形象、声誉和固有印象"。

组织的所在国也影响了固有印象的刻板程度。人们倾向于通过相似性来判断一个国家：个人与某个国家在物理和心理上靠得越近，他或她对于这个国家的看法就越正面。有些日本公司已经将这种思维运用到了实践层面，抱着"公司能够通过在较高地位的国家生产汽车来极大地提升其品牌声誉"的想法，它们开始将精选的制造或装配工厂迁往一些声誉较高的国家（Johansson and Nebenzahl，1986）。

"企业声誉"这一表达正越来越多地被用于单独指代组织的整体声誉，而非子品牌的声誉。如果涉及某一行业部门的声誉，我们可以使用"行业声誉"。例如，微软的声誉代表着企业声誉，而信息技术产业的声誉则代表着行业声誉。美国这一所属国的国别特征，无疑会影响微软作为软件业全球领袖的公司声誉，并有助于提升微软旗下的游戏工作室的声誉。上述三个方面为微软针对 X-Box 产品及其品牌的声誉构建能力奠定了背景。图 2-2 简要地描绘了微软所涉及的声誉层面的层级结构。

图 2 - 2　微软声誉层次关系示例

声誉是如何形成的？

群体面对感官刺激的累积暴露久而久之发展出认知关联，这种关联网络进而导致声誉的形成。拼接在一起的各种关联共同构成了整体印象。

Holzauer（1991）对声誉的形成历程作了如下阐述：

声誉源自我们面对各种形式的广告，所掌握的对于某一公司的认知。虽然我们对于拥有万宝路香烟品牌的公司一无所知，但如果说它和这款香烟极其类似，我们应该并不会感到惊讶。我们经常会依据自己掌握的产品声誉（比如品牌声誉）来构建其公司声誉。品牌声誉是以我们知晓的关于公司的仅有信息（即品牌广告）为基础而形成的。换句话说，品牌广告能够决定公司的声誉。反过来，我们所掌握的公司形象（如伍尔沃斯、飞利浦、博朗）可以决定我们对于其产品的看法。

思考这个例子，我们要指出的是，公司声誉并非仅仅来自广告，认识到这一点非常重要［在本例中，奥驰亚是菲利普·莫里斯的母公司，而万宝路则是菲利普·莫里斯旗下的品牌］。事实上，影响人们心目中公司印象的信息加工过程存在三个层面（Bromley，2000）：

1. 初级层面的信息加工（基于个人经验）；
2. 次级层面的信息加工（基于朋友和同事对于组织或产品的描述）；
3. 三级层面的信息加工（基于大众传媒信息，包括有偿广告和无偿宣传）。

对于声誉的最大影响来自初级层面即源于直接的个人经验。不过，我们通常只能消化数量有限的直接信息。人们所吸纳的绝大部分信息还是间接地来自朋友同事的描述以及大众媒体的放大力量。换句话说，尽管初级层面的作用会对个人感知产生最大限度的影响，但就数量而言，这些影响因素太过稀少。因此，奥驰亚和菲利普·莫里斯的声誉受到了直接体验的粉饰，这种体验是人们在抽万宝路香烟的过程中形成的。不过，这家公司的声誉更有可能受到在品牌次级营销传播过程中无处不在的牛仔形象的影响。20 世纪 90 年代，美国联邦和州属监管部门针对烟草行业，发起了一系列卫生保健和反垄断诉讼，这些广为人知的诉讼案件披露的三级传播信息极大地改变了很多人对于这家公司的印象（奥驰亚/菲利普·莫里斯在诉讼当事人之列）。

正面的声誉就如同一块磁铁。它强化了组织的吸引力，简化了一系列运作活动的实现过程。相关研究文献表明，拥有正面声誉的公司能够更为轻易地吸引和留住员工，还可以为自己的产品标上更高的价格。他们更容易吸引到新的金融资本，而轻易不会陷入危机。大部分管理者都意识到声誉的重要性，而且随着企业声誉的实证衡量愈发受到关注，声誉的重要性也渐渐凸显了出来。关于声誉衡量，我们将在第九章展开更为全面地讨论。此外，随着诸如 Young & Rubicam 的"品牌资产评估法"（Brand Asset Valuator）、《财富》杂志的"最令人钦佩的公司"榜单以及哈里斯—福伯恩（Harris-Fombrun）的"声誉商数"等衡量工具受到人们越来越多的重视，寻找品牌和声誉标准化衡量手段的努力也变得越发活跃。

不管对于声誉的所有者还是将声誉保存在其长时记忆中的接收者，声誉都同样重要。当一家公司拥有优良的声誉时，它就会将这种正面声誉的传播视为建立与利益相关方之间商业关系的基本前提。公司声誉为进入目标群体的刺激"激活域"（evoked set）提供了方便之门。相类似的，对于目标对象而言，公司声誉相当于依据效能（好/坏、强/弱、高/低）的全局性评估对其所持有的公司感知进行了总结。利益相关方在做出购买或投资决定时对公司声誉的依赖程度越强，拥有强大的声誉对于公司而言就越重要。专栏 2-2 总结了一些用于描述声誉重要性的主流观点。

专栏 2 - 2　良好声誉的价值

良好声誉可以帮助公司吸引到助其成功的分析师、投资者、客户、合作伙伴和员工。身份特征管理有助于保障良好的声誉（Chajet，1989）。

声誉是一种思维的表示形式。它可以影响人们的态度，态度继而又将影响人们的行为。没有一家公司能够承受无视声誉所带来的损失。它所营造出来的印象——无论是有意还是无意，无论如其所愿还是事与愿违——都会不可避免地影响到与公司有商业往来的人们（Bernstein，1986）。

研究发现，大约90%的消费者认为，当要在品质和价格相类似的商品之间做出选择时，公司声誉会决定其购买意向（Mackiewicz，1993）。

当面临特定的危机时，良好的声誉可以充当企业经济损失的缓冲（Jones，2000）。

良好的声誉就像一块磁铁：我们会不自觉地被拥有良好声誉的公司所吸引［福伯恩和范瑞尔（Fombrun and van Riel，2004）］。

Poiesz（1988）认为，当出现以下情况时，声誉尤为有用：

□利益相关方做出决策所需的信息较为复杂、相互矛盾或不完备时；

□可供利益相关方利用的信息量不足或者太过丰富，以致无法做出合理的判断时；

□人们与产品或公司之间的介入程度太低，以致无法完成复杂的信息分析流程时；

□存在迫使利益相关方进行快速决策的外部条件时。

Poiesz（1988）还补充说，如果不利用声誉进行判断，消费者就很难决定购买哪种产品。长此以往，消费者就会渐渐失去经济学家眼中理想型的"理性决策者"的判断能力：在对产品做出判断时，消费者对于所有的可用备选方案并不是全都熟悉；他们对特定产品的所有属性缺少充分的认识；在购买某款产品之前，他们也无法正确地判断所有这些属性。此外，由于记忆并不完备，消费者无法运用其先前的所有经验，也时常不能处理和存储新的经验记忆。上述因素综合在一起即意味着消费者无法从纯粹理性的角度做出行动，他们越来越倾向于以早期不完备的经验、道听途说、个人情感、不完整的信息和潜意识过程为基础来进行决策——从而越来越依赖"声誉数据"（Poiesz，1988）。

最终，声誉通过简化信息加工流程减少了针对信息的搜寻力度（Lilli，1983）。众多产品和品牌之间越来越多的相似性使得消费者更难进行区分。因此，消费者开始寻找简单的方式来区分各品牌和公司，并越发依赖主观且无形的产品特征。企业声誉为决策提供了简化的指导方针：如果顾客与产品的介入度较低，他或她就会简单地去选择购买那些声誉最佳的公司所生产的产品。声誉提供了一份全局性的知识体系，利益相关方可以通过该体系对公司进行归属，并依赖它来为相关决定的合理性进行辩护。也就是说，声誉为利益相关方创造了一条思维捷径（Pruyn，1990）。

各学科对于企业声誉研究和认识的贡献

"声誉"的相关概念在各类学科领域中都得到了发展（福伯恩和范瑞尔，1997）。一方面，多元化通过融合来自不同文献的见解，充实了我们对于其概念结构的理论认识；另一方面，它也在不经意间使得声誉研究领域变得众所周知起来。在本节内容中，我们将总结来自六门学科的关键贡献，这些贡献提升了我们对于企业声誉的认识，它们分别是心理学、经济学、战略管理学、社会学、组织科学和会计学。表2-3归纳了来自每种学科视角的核心主题。

表 2 - 3　　　　　　　　　针对企业声誉的多学科视角

心理学/营销学	经济学	战略管理学	社会学	组织科学	会计学
声誉是公司预测利益相关方依恋和支持行为的认知性关联	声誉是公司用来表现关键强项和构筑竞争优势的信号	声誉是机动性壁垒或机动性催化剂	声誉是公司为实施印象管理使用或错误使用的社会建构	声誉是观察者用来进行意义构建的认知诠释，也是高级管理者用来实施意义所赋予的认知诠释	声誉是一种无形资产，它可以用来衡量公司账面价值和市场价值之间的差异

资料来源：福伯恩和范瑞尔（1997）。

心理学的影响

　　来自心理学领域的某些见解经常能找到与企业声誉研究显性或隐性相通的地方。信息加工理论为大多数声誉构建方面的讨论提供了潜在的框架。例如，Petty 和 Cacioppo（1986）提出的"精细可能性"理论就指出，当一系列刺激被客体呈现给主体时，声誉随即形成。主体所做出的诠释，以及主体思维中给这些刺激赋予的相对权重，会受到诸多因素的影响。这种评估过程承担了个体信息加工的功能。图 2 - 3 描绘了个体信息加工过程所涉及的五个关键阶段。

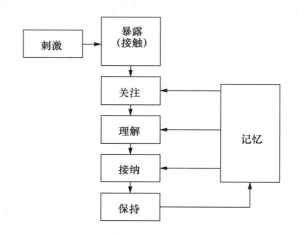

图 2 - 3　个体的信息加工过程

资料来源：恩格尔等（Engel et al., 1990）。

　　当信息加工过程的所有阶段都得以完成后，传递给目标个体的刺激才会被保留下来。因此，力争对目标受众施加影响的公司必须确保其传播的信息能满足以下三个条件：（1）促成对于公司的恰当知觉；（2）引起受众的注意；（3）形成认知。传统的营销传播通常无法满足第三个条件，由于不足以形成理解、接纳和保持，这种传播方式往往会遭遇失败。

　　通过强调理解，公司的信息传播能够帮助受众为呈现给他们的刺激赋予相关含义。当个体能够将刺激归类为已经存储在其记忆中的概念以后，含义宣告形成。突出性、相似性和差异性，这些源自格式塔理论（Gestalt theory）的熟悉概念也与此有关：如果刺激与受众先前所遭遇到的其他刺激相类似即它们表现出相关性——那么个体就更有可能利用这些刺激来建构含义。对于那些可以使公司区别于其他公司脱颖而出的刺激，个体也更有可能为其赋予含义。

　　接纳过程主要以信息刺激是否产生了预期效果作为重点。它取决于且不限于呈现给目标受众的刺激作为"脚本"被整合到个体既有概念系统的程度，其中"脚本"即为一种精细加工，恩格尔等（1990）将其定义为"新信息和保存在记忆中的已有认知之间的整合量"。个体在理解阶段对于刺激的反应越好，这些刺激在保持阶段得以保存的可能性就越大，即个体更有可能将刺激保存到长时记忆中。

　　人的记忆由三部分构成：感觉记忆、短时记忆和长时记忆。图2-4阐述了这几部分之间的相互联系。刺激借助形状、颜色和声音方面的可得信息进入感觉记忆。在这一阶段，刺激上并无附加任何含义——它只是促成知觉的形成。标识（麦当劳的金色拱门）、符号（耐克的"Swoosh"符号）、味觉（星巴克咖啡）或声音（施坦威钢琴）便是最好的例证。

　　人在短时记忆方面的能力有限，只有当这些符号线索被连接到某种含义系统之中时，它们才会进入短时记忆。"组块化"是指信息被分解成小块的可理解单元，并被组织到人的思维中的处理过程。也就是说，如果组织传播所传达的刺激可以形成组块，那么它就能更加轻松地进入记忆。比如，施坦威在描述其钢琴的"声音"时，借用一位著名钢琴家在米兰斯卡拉大剧院（La Scala）弹奏施坦威钢琴的意象，那么这些信息便会在人们的脑海中形成"组块"——施坦威的声誉由此建立起来，并使之在竞争对手的包围下脱颖而出。

通过这种方式，声誉自身就成为组块，充当个体用来编制组织印象的含义系统或速记脚本，从而简化了现实。因此，声誉的形成过程包括"组块化"。当组块在个体的短时记忆中重复出现时，它们就会被转入长时记忆——声誉最终成形。长时记忆包含我们对于组织或其产品的经验和知识的持久沉淀。图 2 – 4 总结了刺激被保留在人的记忆中的过程。

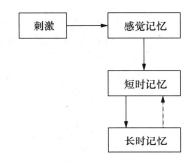

图 2 – 4　人类记忆的运作方式

资料来源：恩格尔等（1990）。

传播的影响力取决于信息加工过程中的"精细"程度。在精细可能性模型（Elaboration Likelihood Model，ELM）中，Petty 和 Cacioppo（1986）做出了这样的假定：如果精细程度高，信息接收对象就极有可能会被说服（也可参阅 Beijk 和 van Raaij，1989 年）。信息加工过程中唯一重要的"迹象"或"线索"就是那些会塑造**理性**认识的元素。只有论述衍生出的内容和感染力才会影响意见的形成。

然而，如果精细程度较低，信息接收对象就不太可能会被说服。因此，与理性认识不相关的信息元素变得越发重要。诸如信息传递者的个人吸引力或包含在信息中的论据数量等外围线索，在意见形成过程中扮演着更加重要的角色（Wierenga and van Raaij，1987）。方式的选择在很大程度上取决于激发人们处理传播信息中的信息内容的诱导程度。

对象介入程度、其个人特征以及信息是否与他们的个人经验相一致，这些方面皆属于重要因素。举例来说，接收对象对公司或产品的介入程度高，那么公司就应该采取理性途径；如果介入程度较低，那么就需要考虑外围途径。如果对象拥有根深蒂固的"认知需求",那么他/她对产品或公司的介入水平很可能较高。而若是迫于时间压力,则更有可能选择外围途径。

对于传播最重要的一点在于,当介入程度较低,受众缺少处理公司或产品信息的动力,更倾向于外围途径时,企业声誉在影响受众行为的过程中就将发挥着更加核心的作用。

经济学的影响

经济学家将声誉视为组织用于构建竞争优势的特质或信号。博弈理论学家则将声誉描述为区分公司"类型"并且可对其策略行为做出解释的个性特征。信号理论学家则呼吁我们要关注声誉的信息性内容。不过他们都承认声誉实质上是外部观察者对公司所抱有的认知,这一定义与心理学家所提出的定义相一致。

两位行为经济学家在一篇颇具影响力的文章中曾指出,"在博弈论中,玩家的声誉即为其他参与者对于该玩家价值的感知……这种感知决定了他/她的策略选择"(Weigelt and Camerer, 1988)。信息不对称迫使外部观察者必须依赖替代物来描述对各竞争对手的偏好以及他们可能的行动方案。消费者之所以依赖组织声誉,是因为相比管理者,在对于这些组织兑现优质或可靠等理想产品特性的承诺方面,他们所掌握的相关信息较少(Grossman and Stiglitz, 1980;Stiglitz, 1989)。相类似的,相比管理者,公司证券的外部投资者也不太了解公司的未来动向,因此良好的公司声誉会增加投资者的信心,相信公司管理者会以符合声誉的方式来行事。因而对于博弈理论学家来说,声誉具备功能性:它们在员工、顾客、投资者、竞争对手和大众中间促成了对于公司形象、行为和象征的感知。这些感知稳固了公司及其受众之间的互动关系。

信号理论学家也认同上述观点。他们认为,良好的声誉源自管理者针对一级活动事先进行的资源分配,这些活动有可能促使外部观察者形成可靠性和可预测性的感知(Myers and Majluf, 1984;Ross, 1977;Stigler, 1962)。由于公司及其产品的很多特性都隐藏在表象之下,因此声誉相当于信息信号,它能够提升观察者对于公司产品和服务的信心和信赖程度。自然而然,管理者也能够有策略地运用公司声誉来发出吸引信号。当公司产品和服务的质量难以被直接观察到时,高质的生产者就会对声誉建设进行投资，让品质化为信号传播出去（Shapiro，1983）。在声誉建设上的过往投资使得他们能够赚取溢价，也让他们可能从高品质产品所催生的重复购买行为中获益。相比之下，低质的生产者则会避免在声誉建设上投资，因为他们不能预见重复购买行为（Allen，1984；Bagwell，1992；Milgrom and Roberts，1986）。

　　类似的动态变化在资本和劳动力市场也有所体现。举例来说，管理者通常会试图向投资者告知其财务业绩。由于投资者更青睐展现出高水平且高稳定收益的公司，因此管理者经常会试图平衡季度收益，保持较高且稳定的派息率，尽管实际收益出现波动（Brealy and Myers，1988）。有些时候，公司还会高价雇用享有盛誉的审计师和外部顾问。他们借用代理者的声誉来向投资者、监管者和其他公众发出能够体现公司正直可信的信号（Wilson，1985）。

战略管理学的影响

　　对于战略学家来说，声誉既是资产，也是移动壁垒（Caves and Porter，1977）。既定声誉会妨碍机动性，同时又能给公司带来回报，因为它很难被模仿。通过界定公司的行为和竞争对手的反应，声誉因此成为一种行业级结构上的区分元素（Fombrun and Zajac，1987）。声誉难以复制，这是因为，它源自公司独特的内在特性。通过累积公司与利益相关方之间互动的历史，声誉可以向观察者指明公司的主张（Freeman，1984；Dutton and Dukerich，1991）。同时，声誉还是从外部感知的，因此它在很大程度上脱离了公司管理者的直接控制（Fombrun and Shanley，1990）。声誉融入观察者的思维中需要花费时间。实证研究表明，即便面对负面信息，观察者也会抗拒改变自己对声誉的评估（Wartick，1992）。因此，声誉是宝贵的无形资产，因为它是惰性的（Cramer and Ruefli，1994）。

　　和经济学家一样，战略学家也呼吁人们关注获得良好声誉的竞争效益（Rindova and Fombrun，1999）。他们暗示，公司必须花时间进行资源分配，创造出遏制竞争对手机动性的声誉壁垒（Barney，1986）。但主要资源配置也有助于直接提升组织表现，因此要将资源配置对表现以及声誉的独特影响隔绝开来非常困难。这就解释了为什么实证研究难以厘清因果次序：二者都是由相同的潜在举措所产生的（McGuire，1988；Chakravarthy，1986）。

社会学的影响

大多数经济和策略模型都忽略了实质上会引发声誉排名的社会认知过程（Granovetter，1985；White，1981）。相比之下，组织社会学家则辩称，排名是通过关系而形成的社会建构，这种关系是焦点公司与其利益相关方在共享的制度环境中所缔结而成的（Ashforth and Gibbs，1990）。公司拥有多元评估者，每个评估者都会运用不同的标准来评价公司。但是，这些评估者都在共同的组织领域内相互作用、交换信息，包括与现行规范和期望相关的公司行为方面的信息。因而，企业声誉代表了公司机构声望的合计评价，它描绘了围绕公司及其所在行业的社会系统的阶层分化（Shapiro，1987；DiMaggio and Powell，1983）。

当面对公司可能行为的不完备信息时，受众不仅要解释公司常规性传递的信号，而且还要依赖经过市场分析员、专业投资者和记者等关键中间人加工后所传达的评估信息。记者和金融分析师是组织领域的行为者。他们负责传递和折射存在于公司及其利益相关方中间的信息（Abrahamson and Fombrun，1992）。行业声誉地位不仅依赖公司规模、经济业绩等结构性因素，也取决于每个制度领域中将公司关联起来的互动网络中的公司地位，一项涉及核废料处理和光伏电池开发的公司实证性研究向我们证实了这一点（Shrum and Wuthnow，1988）。

那么，对于社会学家来说，声誉就是合法性的指示器：它们是与制度领域期望和规范相关的组织表现的总计评估。社会学家指出了声誉建设过程中行为者的多元性及其互联性。

阿维森（M. Alvesson）1990年也提出了一个与社会学研究方法相一致的观点，他认为，声誉包含人们对组织怀有的印象（感觉声誉）和组织所传递出来的印象（传播声誉）。声誉主要来自经由大众媒体以及通过人际传播所传达的信息，这种信息具有随意性、稀有性和表面性。它不会出现在与"真实"组织相关的直接经验中。阿维森（Alvesson）上述评论的核心在于，他相信西方社会充斥着各种声誉暗示。组织被迫不断创造可以向受众传递更强声誉的信号，以求在竞争对手中脱颖而出。当人们对公司的个人体验与媒体所制造出来的声誉之间出偏差时，困惑便出现了。

阿维森（Alvesson）的批判与丹尼尔·布尔斯廷（Daniel Boorstin）在1961年出版的名著《美国梦究竟怎么了》（*The Image*，*or What Happened to the American Dream*）形成了呼应。布尔斯廷认为，美国社会已经越来越为人造现实所主导，这些人造现实来自于虚假事件的批量生产。正如他所指出的："起初，声誉是现实的表征，但最终现实却成为声誉的表征。"

在米兰·昆德拉（Milan Kundera）1990 年的著作中，我们可以找到对阿维森（Alvesson）和布尔斯廷所表达的观点更具文学性的表述。昆德拉描述了声誉对于当下社会的毒害影响，下面这段有趣的引文即来自其著作中论述"声誉学"（Reputationology）的章节：

"假如我所撰写的这些文字，让每个人都决意把海德格尔视为是糊涂虫和害群之马，那么其原因并非是他的思想已经被其他哲学家的思想所超越，而是因为在那一刻，他已然成了声誉学赌盘上的不吉利数字，即反理想。声誉学创造了理想系统和反理想系统，这些短命的系统彼此紧连，影响着我们的行为、政治观点和美学品位，比如对于地毯颜色的喜好以及对于书籍的选择，这种影响的强烈程度完全不亚于意识形态体系。"

组织科学的影响

对于组织学者而言，企业声誉根植于员工的意义构建经验。公司的文化和身份特征塑造了组织的商业活动，以及管理者与核心利益相关方之间所形成的各种关系。

企业文化影响了管理者的感知和动机（Barney，1986；Dutton and Penner，1992）。企业身份特征影响到了管理者如何诠释和应对环境变化（Meyer，1982；Dutton and Dukerich，1991）。因此，共享的文化价值观和强烈的身份特征认同感起到了引导管理者的作用，这种引导不仅体现在定义公司的主张上，而且还为其与核心利益相关方的互动策略提供了合理性解释（Miles and Cameron，1982；Porac and Thomas，1990）。

浓厚的企业文化使得组织内部的感知变得均质化，进而增加了管理者向外部观察者树立起更为一致的自我展示的可能性。通常创造聚焦性信念，即公司正确行事方式的一般性理解，浓厚的企业文化有助于利益相关方所感知的企业声誉趋于一致（Camerer and Vepsalainen，1988）。

身份特征和文化具有相关性。正如我们在第三章所讨论的，身份特征描述了组织的核心、持久且独特的属性，由此生成管理者就应该如何适应外部环境这一问题的共享认知（Albert and Whetten，1985）。举例来说，针对旧金山湾区医院的一项对比性研究显示，每家机构独有的自我声誉影响到其对于罢工活动的应对方式（Meyer，1982）。而针对港务局如何处理纽约无家可归者的案例研究，也展现了组织作为一流的优秀机构的自我声誉在约束管理者问题解决方式上发挥着怎样的核心作用（Dutton and Dukerich，1991）。这些研究表明，拥有强大且连贯的文化和身份特征属性的组织更有可能系统化地去努力影响利益相关方的感知。这些公司中的管理者也更有可能细心关注其关键受众对于公司的感觉（Albert and Whetten，1985）。

会计学的影响

最近，专业会计师已经意识到了财务报告标准在品牌和声誉等无形资产价值记录方面的不足。他们强调年度报表中事实性收益报告与公司市场估值之间存在不断扩大的差距。

这种不断扩大的差距之所以会产生，其原因是多方面的。有些是因为稳妥会计规则，这些规则禁止将商誉、品牌和声誉等不确定资产资本化。在大多数国家，商誉只有在资产出售时才会加以考虑即将资产的原价（账面价值）与资产的市场价之间的差异资本化。商誉资本化也受制于严厉的折旧细则，这些细则招致其价值迅速减少至零（通常不会超出 10 年期限）。

标准会计规则也需要管理者在研发活动、广告和培训支出活动上进行投资，所有这些活动都有助于强化公司实际和感知资源定位（Scheutze，1993；Lev and Sougiannis，1996）。Deng 和 Lev（1997）说，现行的会计核算引发了成本对营收配置的不匹配，进而误导了观察者对于公司营收能力和资产真实价值的理解。以研发价值为例，他们得出的结论是"数百名企业高管以及他们的审计师似乎都能够评估公司处于发展阶段的研发和技术的价值。赞许研发活动即时开支的现行监管环境与快速发展的商业实践之间存在显而易见的矛盾性，这种矛盾性显然需要细致的予以审视"。

与此相反，很多会计学研究者一直在呼吁应该为开发更好的衡量方式做出广泛努力，以求理解品牌、培训和研究方面的投资如何构筑财务报表目前无法记录的重要的无形资产——无独有偶，战略学家亦称这些资产可用于构筑来自于观察者的更高的声誉评估（Rindova and Fombrun，1997；Barney，1986）。这些支出的适当资本化可以更好地描述公司在基础声誉建设活动方面所作出的投资的价值。

在量化方面，会计人员同意上市公司无形资产的价值可以利用市场对账面价值比率来进行估算。福伯恩（1996）将其描述为公司的"声誉资本"，并利用从公司的账面价值（资产减去负债）减去公司的市场价值（股价乘以流通股数量）的方式做了一些跨行业对比，这种定量估算为公司知识、社会和制度资产的隐藏经济价值提供了一种潜在有用的比较基准，而有效的企业传播有助于保护这些经济资产。

将企业传播与企业声誉关联起来

尽管声誉分析在很大程度上要归功于营销学，但声誉研究的促成源头我们却要在更远处找寻。声誉研究者和实践者受益于从心理学、经济学、战略管理学、组织科学和会计学所获得的深刻见解。综观这些学科，我们能从中领悟到企业传播如何影响声誉建设。

图 2 - 5 为针对公司战略目标、企业传播、声誉和财务表现之间关联的战略性思考提出了一个框架。它描绘了应当互为补充的两个周期过程。"商业周期"基于企业战略的标准发展过程，从这种发展过程又衍生出一系列的商业活动，而这些商业活动如果得以成功施行，又能够筑造财务业绩。商业周期的有效施行需要相对应的"传播周期"，它为构筑声誉开发并运行合适的传播系统。如果企业传播得以成功开展，将会诱导利益相关方认同，同时激发其做出支持性行为。

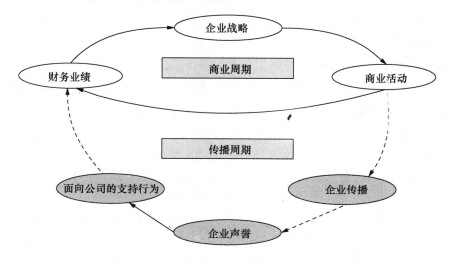

图 2 - 5　将传播和声誉与企业声誉联系起来

在下一章，我们将详述传播周期，并仔细探讨组织面向内部和外部受众建立身份特征和认同的过程。

讨论题

1. 描述企业声誉、企业品牌和企业形象等相关结构之间的差异。

2. 解释观察者逐渐了解某一公司的记忆过程。广告在其中扮演了怎样的角色？

3. 公司的慈善活动是如何帮助强化其在公众之间的声誉的？这种帮助作用是否也适用于顾客、金融分析师和记者？为什么？

第三章　创造身份特征与身份认同

你的话语暗藏谎言，但行为会道出真相

你度过生命的方式，必会显露真实

你懊恼悲伤，只要你一日敢撒谎

所以，寓意是

对己要真实，要言行一致

诚实有益健康，伪善让人心神不宁

——约书亚·斯旺森（Joshua Swanson）

　　为了提高竞争力，公司时常会改变战略方向和战略结构。每当公司着手进行激进变革时，不论这种变革是由新执行总裁上任还是由相关多元化、并购、资产出售或全球扩张所引发的，管理者往往需要面对组织的"身份特征"（identity）和"身份认同"（identification）问题——这些问题需要解决的疑问包括"我们是谁"，"我们代表什么"，"我们的核心目标是什么？"，"加入公司的意义何在？"

　　上述问题的答案对于企业传播和声誉管理至关重要。这些答案的得出需要去细致探察内部员工和管理层如何构想自身与公司的联系，迫使管理人员将自己对公司的内在感知和其他员工的看法并置对比，并需要就内部观点即公司对外宣称的自我认知和外部各方对公司所持有的看法展开对话。内外看法绝少一致，也没有一个简单的答案可以回答公司应该站在哪种立场上。这种情况带来许多疑问：公司向外部人士传递自身形象的方式与内部员工自我感受不符的情况能够维持多久？在媒体严密的关注之下，公司言行不一但还能对内对外保持信誉和声望的情况能持续多长时间？究竟到了怎样的地步，公司才会失去在员工和其他利益相关方心目中的信誉度、可靠性和诚信度？

　　研究表明，可靠性的感知源于组织花时间对其身份特征的核心组成部分进行探索（福伯恩和范瑞尔，2004）。首先是发现的过程，旨在找出公司"搏动的心脏"——组织真实的核心主张是什么。发现的过程是由内而外的，始于组织顶部，并将组织纳入关于公司"核心目标"即存在理由的更广泛的对话之中。公司并非所有的身份特征都具有同等的吸引力，于是所谓的"建构性身份特征"（constructed identities）便应运而生，它体现了公司希望得到赞同与强调的那些身份特征要素。它们往往是对历史事件的反映，后来经由管理高层策略性的遴选来实现关键商业目标。共同的身份特征要素为了获得拥护，需要进行一个首先针对员工，进而针对外部利益相关方的内部表达过程。如果员工在与客户、供货商、投资者和公众的日常互动中不信任，也不表达公司的共同价值，那么公司将始终无法具备可靠性。可以说，员工必须"众口一声"。只有具备强烈身份特质的公司才能打造出明确的企业认同。

在本章中，我们将检视关于组织身份特征认同的多篇文献，进一步揭示公司可以采用哪些不同的方法来增进自我了解。我们将首先甄别"身份特征"一词的多种含义，并统一其在具体应用中的用法。随后我们将描述内部和外部衡量"身份特征"的各种方法。我们还将把"身份特征"与"员工认同"（employee identification）和"利益相关方认同"（stakeholder identification）的关键过程加以区分，这两种认同过程产生于公司采用的"身份特征组合"（identity mix）即将行为、符号和企业传播相结合，用以向内部和外部受众明确阐释企业身份特征。身份特征组合是公司建立"建构性身份特征"的认知基础。定义身份特征组合需要公司对于利益相关方如何看待公司以及这种知觉和"现实"之间的差距有一个根本的理解。本章将为管理人员提供构思、衡量以及克服阻碍策略实施的"现实—知觉"差距的必要工具。在后面的章节中，我们将讨论促使利益相关方对构建性身份特征产生认同的具体方法。

身份特征概念化：三套主要方法

大部分与"组织身份特征"有关的学术讨论都发现，在这个术语的运用方式上学者们很难达成共识。哈奇和舒尔茨（Hatch and Schultz，2000）将其比作"巴比塔"。我们在这里提出三个主要方法，从学术和实践层面对"身份特征"展开讨论。

身份特征：源于设计

关于组织身份特征的历史研究可以追溯到对视觉元素的研究上。伯恩斯坦（Bernstein，1986）认为，"身份特征"（identity）一词源于拉丁语"idem"（意为"相同"），与拉丁语"identidem"（意为"多次相似"或"每次都相同"）显然也有联系。早期的企业身份特征研究者常常根据字典定义，主要将"身份特征"和"设计"（比如标识、内部风格、制服）联系在一起。卡特（Carter，1982）将企业身份特征描述为"一个公司的标识或品牌形象，以及其他所有对公司特征的视觉呈现"。在员工中创造共识和相似性即创造统一存在感的观念，为早期的专业设计师发展并持续使用常见符号提供了核心论点。

公司强调合适的视觉表达，即代表其意识到了第一印象对于潜在客户和现有客户的重要性。Wally Olins 在其 1978 年所著的颇有影响力的《企业个性》（*The Corporate Personality*）一书中，呼吁读者关注身份特征组合中的这些元素。他创办的咨询公司（Wolff/Olins）由于为阿克苏诺贝尔、雷诺汽车、英国电信和雷普索尔等知名公司建立起标识和品牌系统而广受好评。他倡导的视觉表达以风格指南和项目的形式得以具体化，为公司树立起一致的身份特征表达。安斯帕·克格鲁斯曼（Anspach Grossman）、朗道（Landau）和利平科特·默克（Lippincott-Mercer）等美国咨询公司以及荷兰的尼坎普和尼伯尔（Nykamp & Nyboer）公司就经常帮助企业建立一致的视觉身份特征表达系统并加以维护。

选择某种标识或独特风格并不像看上去那样随意。设计学派的成员强调，视觉表达是一系列内部征询过程的积累，即针对组织身份特征（我们是谁?）这个根本问题进行提问，以选择和发展合适的符号和形象。

标识只是公司进行视觉表达的元素之一。公司的身份特征还会通过各种抽象的呈现方式表达出来，包括企业建筑、艺术、选用的制服、着装要求、语言、办公室布局和标志牌等（Gagliardi，1990；Kotha et al.，2001）。这些身份特征表达为由此发展而来的标识和品牌系统创造了背景环境（Henderson and Cote，1998）。视觉符号不仅可以快速而彻底地传达公司的某种简单理念，而且还蕴含着丰富的情感价值。然而，如果将身份特征局限于 Wathen（1986）所提出的"标识姿态"（logomotion），那我们就低估了驱动利益相关方对公司进行认同的其他因素。

　　组织行为的研究者认为身份特征远不只是设计学派所关注的视觉元素。他们认为，身份特征不仅来自针对管理高层选定的建构性身份特征所呈现的视觉和预期元素的审视过程，还来自全体组织成员的共同信念和共同价值。身份特征很大程度上取决于旁观者的观察：你所处的位置决定了你所见的事实（Schultz et al.，2000；Balmer，1997，1998；Balmer and Greyser，2002）。这就是说，相比设计视角所提出的主张，在组织中实施战略转变需要对身份特征有一个更复杂的理解（Pratt and Foreman，2000）。

　　对于"文化"传统中身份特征的大部分研究和分析，都依靠定性研究方法去揭示身份特征的相关元素。主张用量化分析来描述身份特征的学者包括 van Rekom（1997 年）、范瑞尔等（2006）、卡罗尔和范瑞尔（Carroll and van Riel，2001）、戴维斯等（2003）以及 Corley 和 Gioia（2000）。他们的研究表明，实证分析有助于评估身份特征产生的前因后果对于"企业认同"和"士气激励"等组织绩效的影响。

身份特征：源于传播

　　第三种企业身份特征研究方法的灵感来自对信息和传播感兴趣的学者和从业者。该方法检视了公司特定的身份特征如何通过广告和公关手段得到"转译"（Rossiter and Percy，1999；Aaker and Myers，1991；Aaker and Keller，1998；Kapferer，1992，2002；Grunig and Hunt，1984；Grunig，1992）。许多研究描述了围绕核心身份特征和企业故事陈述打造传播项目的准则（van Riel，2000；Larsen，2000），还有不少研究试图填补概念发展和落实执行之间的差距（Jablin and Putnam，2001）。

　　这种方法早期的支持者着眼于通过符号密集型的活动，向利益相关方传递长期商业目标和组织优势（Wathen，1986）。德国研究者意识到了行为要素在身份特征组合中的重要性。在可能的传播方式中，行为的运用最为广泛。单纯通过符号很难进行传播，因为多数利益相关方都会有意无意地依靠自己所有的感觉，来塑造对于一个公司的印象或判断。没有哪家公司可以仅靠视觉设计来创造并维持独特性和可靠性（Tanneberger，1987）。战略的实施需要管理者同等重视符号传播和行为传播。

　　在实践和研究中，这三个方法会有重叠。公司经常请顾问来一同研究公司的战略再定位。这就必然会导致针对转型后的品牌含义和适当视觉效果的辩论。当品牌专员为客户开发出了新的视觉表达后，他们通常会发现需要和转型顾问合作，引导员工接纳新的品牌元素。公司一般会成立一个指导委员会，对身份特征组合中的视觉、行为和符号元素的整合进行指导。

定 义 身 份 特 征

尽管最近出现了一些融合的趋势，但针对组织身份特征的定义仍然存在相当大的分歧。专栏 3 - 1 选列了一些目前常用的定义。

专栏 3 - 1　关于组织身份特征的各种定义

"企业身份特征是公司面向世界进行自我解读，即公司如何看待自己的视觉声明，因此也和世界对公司的看法有很大联系"（Selame and Selame，1975）。

"身份特征的含义是公司选择对全体公众做出自我表达的所有方式的集合"（Margulies，1977）。

"企业身份特征是对公司个性的有形呈现。这种身份特征是对公司真实个性的反映和投射"（Olins，1978）。

"企业身份特征是帮助公司提升经济表现和绩效的策略。它将成就、价值和信息协调一致，并在合作的意义上实现整合"（Hannebohm/Blöcker，1983）。

"组织的一系列特征，这些特征互相依赖，并可以从中产生特殊性、稳定性和统一性"（Larçon and Reitter，1979）。

"组织身份特征是：（1）被组织成员视为组织中心的内容；（2）让组织在旁观者眼里区别于其他组织的内容；（3）被成员视为将现在与过去，甚至是将来长久而持续地联系起来的内容"（Albert and Whetten，1985）。

　　"企业身份特征反映了公司独特的能力和可辨识的个性特征。这个意义上的身份特征还包括整个公司各部分的独特性和辨识度，以及各个部分对整体的归属"（Tanneberger，1987）。

　　"组织身份特征是公司经过战略规划和实际应用的内部和外部的自我呈现和行为。它基于一致的公司理念、长期的公司目标，以及特定的期望形象，并与利用一切工具将公司内部和外部合为一体的意愿相结合"（Birkigt and Stadler，1988）。

　　"组织成员认定为［其组织的］中心、持续、与众不同的特征，以及成员关于何为组织的中心、持续、与众不同的特征的共同信念"（Dutton et al.，1994）。

　　"企业身份特征是一个组织的现实和独特性，通过企业传播，将企业的内外形象以及声誉有机结为一体"（Gray and Balmer，1998）。

　　"组织身份特征包含其成员视为中心、独特而持久的组织特征，即组织身份特征包含其成员视为重要（中心的）、对组织具有独特的描述力（独特的），并且随着组织的存续而长期存在（持久的）的属性"（Pratt and Foreman，2000）。

　　"身份特征由内部定位和外部定位共同形成。'我们是谁'不可与他人对我们的看法以及我们对他人的看法割裂开来。身份特征的多重形象都是指同一个组织。身份特征需要在文化背景之下进行解读。对身份特征的外在表达和默契并存，身份特征包含了对显现的文化符号的工具性应用"（Hatch and Schultz，2000）。

身份特征组合

　　"身份特征"包括组织成员用以描述其组织属性的集合。为了让这些属性被内部和外部接纳，组织必须具备适于目标受众的身份特征组合。公司的一切自我表达都可以被划归为如下三种形式：

　　1. 传播：公司通过口头信息宣示其身份特征。这是管理者用以传递身份特征的最常见战略。抽象的信号更容易被理解、修改，且便于向目标群体传播。

2. 行为：公司通过支持一些活动和做出一些行为来宣示身份特征。行动是目前表达身份特征的最重要媒介。公司宣称自己"富于创新"很容易，但要展示出创新精神就困难得多。最终，目标群体还是要通过公司的行为来做出评判。

3. 符号：公司还可以通过视觉和听觉符号来宣示身份特征。标识、标牌、声音和标语都可以和企业身份特征的其他表达相协调，并给企业希望展现的立场创造标识符（identifier）。

把这些表达形式组合在一起，就构成了企业身份特征组合——这一表达类似"营销组合"（marketing mix）的概念。它们是公司对世界彰显"个性"的途径。事实上，企业个性正是"公司自我认知的呈现"（Birkigt and Stadler，1988）。因此，身份特征组合可以被视为公司的外在表达，使组织的根本特性具体化。这样，"企业形象"就包含利益相关方对公司所做的解读。图3-1展示了企业身份特征和企业形象的关系。

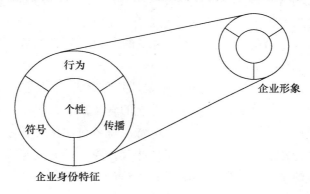

图3-1 身份特征组合对企业形象的影响

资料来源：Birkigt 和 Stadler（1986）。

尽管图3-1的模型有助于在形象和身份特征之间建立联系，但仍存在一些缺陷：

1. 没有意识到形象不仅是对身份特征的反映，还受到情境条件的影响。

2. 忽视了一个事实：形象本身不是目的，它是组织提升合法性和有效性的手段。

3. 模型没有区分静态身份特征元素和动态身份特征元素。静态元素（如文化）变化缓慢，而动态元素（如传播和符号）变化迅速。

4. 静态和动态的身份特征元素对目标受众眼中的公司形象的影响并不均等。和传播、符号等动态元素相比，静态元素可能会带来更深远的影响。

选择身份特征元素

检视组织身份特征的方法有很多。一些人认为，其归根结底在于高层管理人员选择以何种方式对组织身份特征元素进行选择和投射（Birkigt and Stadler，1986）。Larçon 和 Reitter（1979）在一篇有先见之明的文章中提出了选择身份特征元素的三个标准：连续性、中心性和独特性。比方说，假设"客户至上"是核心身份特征元素，那么就可以考虑它是否一直呈现在组织之中（连续性），是否在组织中受到广泛认可（中心性），组织是否能通过这一身份特征要素，有效与其他组织区分开来（独特性）。Albert 和 Whetten（1985）随后提出了一个类似的描述组织身份特征的标准，并得到了广泛采纳。他们建议，评估组织身份特征需要以组织成员的观点为出发点，根据三个标准来界定：

□ 中心性（centrality）：全体组织成员广泛认可的特征是什么？

□ 连续性（continuity）：哪些组织特征最常被成员用以联系过去、现在和未来？

□ 独特性（uniqueness）：在组织成员看来，哪些特征在将组织与其他类似组织区分开来的能力上最为独特？

严谨的读者很快就会发现，这些普遍标准并不容易收集。比方说：

□ 需要追溯多久远，才称得上足够连续？

□ 组织成员能否有效评估独特性？

□ 组织最关键的特征在何种程度上才可算是得到了整个组织、管理人员或是专业人员的广泛认可？

最后，身份特征元素往往看起来笼统，但却起着强力参照点的作用。想想看英国零售业巨头玛莎百货（Marks & Spencer）的例子。这家公司一直用三个核心身份特征元素来描述自己：诚信、质量和服务。尽管初看起来这些特征非常笼统，差异化不明显，不过如果你知道玛莎百货是最早给其牛肉产品发放可追踪证书的公司之一（在整条价值链上全程保证质量），并且对于其他健康问题也最为关注（见图3-2），那么这些特质就显示出差异性了。对于零售商而言，这些行为的呈现就是保持身份特征一致的举措之一。

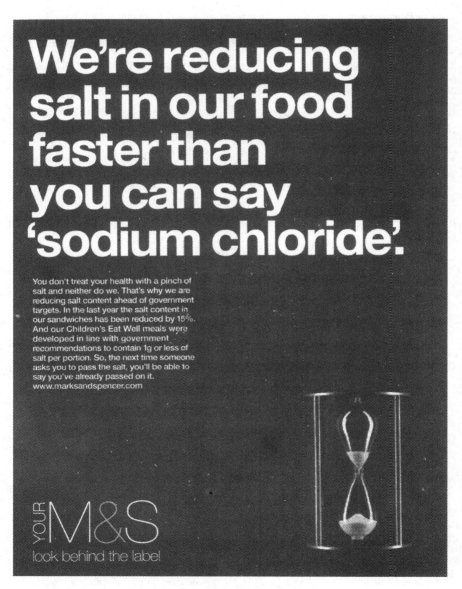

图3-2　玛莎百货的身份特征：诚信、质量和服务

构想组织身份特征

理解组织身份特征的方法有多种。为了整合这些方法，这里对四种身份特征类型做了区分（Balmer，1997；Balmer 和 Wilson，1998，2002）：

□ 感知到的身份特征（perceived identity）：在组织成员眼里，组织典型的"连续、中心、独特"的属性集合。

□ 展示出的身份特征（projected identity）：组织通过传播和符号，向内部和外部目标受众发送的内隐或外显的信号，由此彰显出的组织属性的自我呈现。

□ 向往性的身份特征［desired identity，也称"理想"（ideal）身份特征］：高层管理者认为组织在自己的领导下可能发展成何种理想图景。

□ 实行的身份特征（applied identity）：组织通过内部各层次的行为和活动，有意或无意发送的信号。

Balmer 的 AC^2ID 模型（Balmer and Greyser，2002；见图 3 – 3）提出，

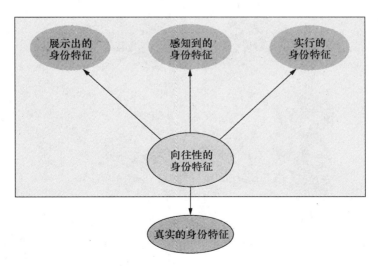

图 3 – 3　身份特征类型：测定组织身份特征的四种方法

资料来源：改编自 Balmer 和 Greyser（2002）。

如果四种对身份特征的解读之间出现不一致，那么对公司的理解将产生冲突，比如公司的展望和策略之间出现矛盾，或是公司的行为和利益相关方对公司行为的期望之间出现差距时。在实践中，模型可以有效评估身份特征项目，也可以用来追踪组织中的身份特征元素。

第四章讨论衡量企业身份特征的工具时，我们会继续讨论身份特征的分类。

关于多重身份特征型和混合身份特征型的问题

组织规模越大，越有可能出现次级身份特征（sub-identity），这会减弱企业身份特征，或是总公司或总部所认为的企业身份特征。发生并购之后，公司常常需要面对这类多重身份特征和混合身份特征的问题。以戴姆勒—克莱斯勒（Daimler Chrysler）为例。2000年，戴姆勒—奔驰（Daimler-Benz）和克莱斯勒（Chrysler）合并后，很多员工仍旧同合并的德国或美国一方保持一致。公司花了相当大的力气为合并后的公司建立起共同的身份特征。图3–4展示了戴姆勒—克莱斯勒一则用以克服次级身份特征的广告，为两个最大的分部建立统一的一致性。广告明确地针对了内部和外部两个受众群体。

图3–4 戴姆勒—克莱斯勒：传递全球整合

一些组织比另一些组织更容易发展多重身份特征。合作企业（Foreman and Whetten，1994）、管弦乐团（Glynn，2000）和医院（Pratt and Rafaeli，1997）经常出现多重身份特征，因为聚在一起"进行音乐表演"或"提供卫生保健"的专家各式各样。如果组织在截然不同的地区运作（Gustafson and Reger，1995），或服务于差异显著的利益相关群体（Cheney，1991；Eisenberg，1984；Ginzel et al.，1993；Pratt and Foreman，2000），多重身份特征现象也会发生。

虽然多重身份特征可能会引发冲突，但对于组织而言并不一定是个问题。只要在公司作为一个整体的中心身份特征里有足够和谐的元素，那么共存也是可能实现的。当公司试图让根本上格格不入的次级身份特征相互协调时，问题往往就产生了。Albert 和 Whetten（1985）将混合身份特征描述为一组互不从属的特征，比如"教会"和"商业"。不过，就连这个例子也远非普遍，因为许多知名的类邪教组织或宗教组织，例如"山达基教会"（Church of Scientology）① 就兼具教会和商业运作两重身份。它们发展出更具包容性的身份特征元素和共同价值，以为其共享的目标集合辩护。罗恩·贺伯特（Ron Hubbard）的"科学"哲学就被用于为这个邪教性质的组织的身份特征元素提供合法性，并在教会成员之中激发统一的目标。

普拉特和福雷曼（Pratt and Foreman，2000）着重强调了组织中多重身份特征的存在。他们希望了解企业领导人如何处理在探讨"我们是个什么样的组织？"这一问题时所引发的概念多重性。一方面，身份特征过多的组织会导致困惑和低效，因为会有各种互相矛盾的要求加之其上。而另一方面，身份特征过少的组织在满足全体成员多样化的需求上又会遇到巨大的困难。因此，大部分大型组织都存在基于身份特征的紧张局面；管理者应对"碎片化身份特征综合征"（fragmented identity syndrome）时可以尝试从以下四种策略中选用其一：区分、删除、整合和汇总。

□ 区分（compartmentalization）：组织及其成员选择保留现有的所有身份特征，但不寻求实现任何协同效应。

□ 删除（deletion）：管理者确定从组织中删除一个或多个身份特征。

---

① 山达基是一套信仰与修行活动的体系及宗教，是由罗恩·贺伯特于1952年所创立，山达基的前身是贺伯特更早期的一套自我帮助的系统——戴尼提。为宣传教义，贺伯特于1953年于美国新泽西建立了山达基教会。山达基的教义及运作方式长期饱受争议。——译者注

□ 整合（integration）：管理者试图将多重身份特征融合成一个连贯的整体。

□ 汇总（aggregation）：管理者试图保留公司的所有身份特征，同时在各身份特征之间建立联系。

身份特征产生身份认同

说到底，一个公司的身份特征之所以重要，是因为身份特征产生身份认同（identification）。对公司保持强烈同一性的员工更容易表现出支持的态度（Ashforth and Mael，1989），并做出与公司目标相一致的决定（Simon，1997）。因此身份认同可以带来战略联盟，在领导和员工之间实现目标统一。因此，管理者应当积极探索、理解并呈现公司的身份特征元素，从而推动员工对构建的或期望的公司身份特征进行身份认同和联合（Cheney，1983；Pratt，1998）。

然而，身份特征管理不能仅止于此。只有当一个公司以有吸引力的方式，面向所有利益相关方，发起传递核心要素的外在表达过程，其可靠性才会被外界认可。外在表达包括精心编制的消息以及主动发起的活动，旨在激发情感吸引，唤起关键利益相关群体内的信任、尊重和喜爱之情。因此，有效的外在表达不仅在公司和员工之间建立起内部联盟，还能在公司及其利益相关方之间建立联系。图3-5展示了连接身份特征和认同的三个过程。

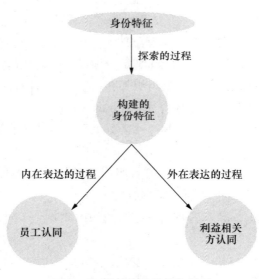

图3-5　联结身份特征和认同

不同类型的组织拥有极为不同的认同模式。意识形态组织或宗教组织历来比商业组织的认同程度高。个体通过其所认同的群体来理解世界。通过意义给予性实践，即身份特征元素，组织可以将个体寻求意义的努力转化为资本（Gioia et al.，2000）。通过向员工投射一种有吸引力的身份特征，管理者不仅驱动了认同，还可以通过有效的社会化实践给公司未来的方向掌舵。从员工的角度来说，他们在得到公司意义给予性倡议鼓励的同时，也满足了自我归类（"我是个有价值的人，因为我为重要的组织工作"）和自我评估（"组织内的人重视我的工作"）的需求。

纽约港务局是一家管理纽约空港和公交总站的准私营企业，在针对该机构的一项颇具影响力的研究中，Dutton 和 Dukerich（1991）展示了对于组织的行为、意图和身份特征的解读如何影响员工认同。研究中，使用终点站候车室的无家可归者受到了港务局工作人员的无情对待，面对顾客对流浪者的抱怨，港务局采取了激进的行为将流浪者驱逐出站。由此所招致的媒体恶评使得港务局作为一个"关怀组织"的形象和其管理者实施的看似无情的政策产生了矛盾。员工认同显著下降，他们呼吁出台一部更进步的新社会政策。政策改变后，员工对于组织身份特征元素的自我概念最终重新得到了调整，并提升了认同感。

从更广泛的层面讲，管理者可以采用两种主要方法来提升员工认同程度：改进人力资源管理系统（奖励和认可措施、表彰程序），以及引导传播系统。有关前者的文献颇丰，我们这里就不再赘述。然而将传播系统用作产生员工认同的工具，这种方法人们却知之甚少，因此我们将在这个问题上多做阐述。

认同同时受到内部和外部管理传播的影响。在以下几种情况下，内部传播能增进认同：

（1）当员工自认为获取了足够多的信息来完成工作；

（2）当员工自认为获取了足够多的信息来理解组织作为一个整体所从事的事务；

（3）当员工自认为受到管理者的重视。

与此同时，外部传播也可以增进认同，前提是组织有能力从外部传播中维持其正面的声誉。组织感知到的声誉越高［Dutton 和 Dukerich 称为

"感知的外部声望"（perceived external prestige）]，员工从组织获得正面感受的可能性越大（Mael and Ashforth，1992）。员工很愿意和有名望的公司产生认同。他们可以说是沐浴在从公司折射而来的荣耀之中，对于自我价值的意识也得到了提升。

结　论

　　本章着眼于"组织身份特征"的概念，检视了身份特征元素如何在员工和利益相关方之中建立内部和外部的认同。尽管根植于视觉美学和设计研究，但经由国际学界所做的理论和实践研究，这一概念已经发生显著的演变。

　　图3-6描述了企业传播作为一种身份特征确立方法的实际含义，具体而言就是身份特征管理过程的五个步骤：

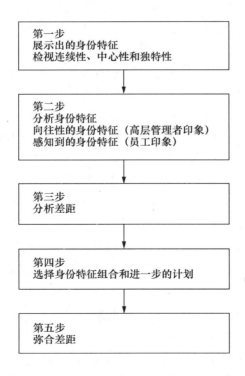

图3-6　身份特征管理过程

□ 第一步：客观确定组织当前所展示出的特征，并依据 Albert 和 Whetten 的三个标准（连续性、中心性、独特性）进行验证。

□ 第二步：同时分析：（1）高层管理者最向往性的身份特征；（2）员工眼中被展示出的特征。

□ 第三步：确定身份特征的四种类型之间是否存在差距。

□ 第四步：依据差距分析得出的结果，可能需要用到身份特征组合的一个或多个元素，并可能需要开展额外的研究来分析组织在这些领域的强项和弱点。

□ 第五步：前一步应当可以得出一套行动方案，以此来弥合组织的向往性的身份特征、展示出的身份特征和真实的身份特征之间的差距。

直到最近，人们通常都认为，身份特征可以定义为成员对组织所持的信念，在他们眼里哪些是组织独特、连续、中心的元素。近几年来，关于身份特征的其他观点在研究文献中也开始得到认可。感知到的身份特征显然是组织身份特征中的一个重要成分，不过，它还有其他三个成分作为补充：组织的向往性的身份特征、展示出的身份特征和实行的身份特征。每个成分都有其强大的研究传统和独特的衡量工具，我们将在第四章中再作详细探究。

讨论题

1. 想一想你供职的机构有什么样的身份特征。你会如何描述组织的"实际身份特征"？

2. 你认为其中有多少身份特征元素在员工内部得到广泛认可？又有哪些没有得到认可？

3. 设想自己是一名客户。你认为他们会怎样解读组织的身份特征？你又会如何描述这些身份特征元素？

4. 怎样发现并区分出组织的实际身份特征、投射身份特征和感知身份特征？你会怎样做？

第四章　衡量企业身份特征

我是谁？你不想知道吗？

我是被压抑的国王，被禁止生长的树。

但是你不打算睁开眼看。

所以你和我一样，戴着伪装。

——詹姆斯·罗伊斯特（James Royster）

企业身份特征很难进行量化衡量。一些研究者甚至认为，由于组织过于复杂和独特，开发任何通用性衡量工具、定义企业独有特征的尝试，都是徒劳无功。

然而，我们不这么认为。在我们看来，每种衡量工具在"身份特征"的本质这一问题上会有各自观点，只要我们承认这点，就有可能开发出一套通用的衡量方法来衡量特定类型的企业身份特征。本章的目标在于考察企业身份特征的主要衡量方法，并展示能够有效描述和分析这些身份特征元素的适当的衡量工具。

衡量企业身份特征有两个主要途径：第一个是衡量方法主要用于考察第三章所阐述的四种身份特征类型。第二个是方法可以帮助我们审视身份特征组合（行为、传播和符号）的特定元素。表4-1对这些方法进行了概括，本章下面将对其进行详细讨论和评估。

表4-1　　　　　　　　　　衡量企业身份特征的方法

身份特征类型				身份特征组合		
向往性的身份特征	感知到的身份特征	实行的身份特征	展示出的身份特征	行为	传播	符号
共识概况			设计清单	SOCIPO 工具	组织传播	
	属性量表	攀梯访谈				图形审计
个性概况			内容分析	ROIT 工具	传播审计	

衡量身份特征类型

我们在第三章里描述了公司探索自身企业身份特征时所涉及的四种身份特征类型，即向往性的身份特征、感知到的身份特征、实行的身份特征和展示出的身份特征。本节将考察一些有益的方法，帮助我们加深对这几种身份特征类型的理解。

向往性的身份特征

要想衡量一家公司偏爱的或者说向往性的身份特征元素，有两个主要方法可供研究者选用，我们将其描述为"共识型"（Consensus Profile）和"个性型"（Personality Profile）。

共识型方法

在《企业形象和现实》（*Company Image & Reality*）一书中，英国作者 Bernstein（1986）描述了一种简单的技术，用以打造对一家公司向往性的身份特征的管理共识。他提议将组织内的全体高层领导人聚集在一个房间里开研讨会。会议开始时，要求参与者根据自己的看法独立地写下一些属性，包括：（1）在公司发展中起了决定性作用的属性；（2）对公司未来发展可能产生重要作用的属性。这张清单需包括所有相关的企业价值，即使其中的一些当前并不受青睐。

我们假设全体参与者给组织选出了八项相关属性。现在，他们每人拿到一张列有全部八项属性的表格，需要给它们打分，依据是公司：（1）实际被这些属性定义的程度；（2）应当被这些属性定义的程度。分数结果可以用一个网状图表呈现出来。图 4-1 概括了评分过程，并展示了某公司身份特征网络的原型。图表中的每个轴都是一个从 0 开始的数值量表。这个图表可用于活跃小组讨论，目的是确定企业身份特征中的关键元素和期望方向。

这样的研讨会有助于将管理者的想法明确化。管理团队内部的分歧也将会暴露出来。该方法最重要的功能在于将管理者的所思所想公之于众，并对管理层对企业身份特征的期望进行明确的阐述。

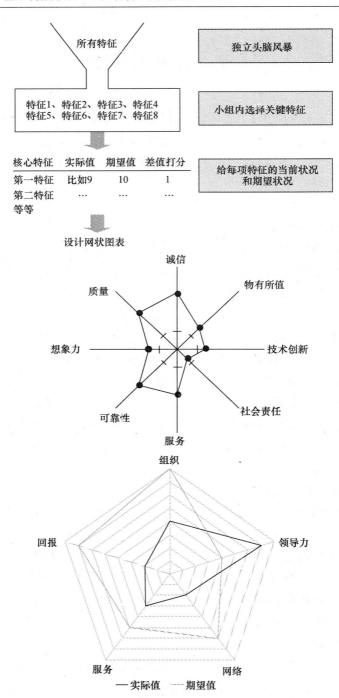

图 4-1 描述公司向往性的身份特征的共识概况

这种衡量方法主要评估的是管理者对于公司的看法，并不一定和其他员工或目标群体的其他成员看法一致。所以，这实际上构成了该方法的一大缺陷：无法真实地衡量公司现有的实际身份特征。最好将它视作一种初步讨论组织目标的方法。

个性型方法

卢克斯（Lux，1986）以七个核心维度为起点提出了个性概况的概念。一家公司的"个性"始终可以用这七个维度来描述。他称自己这一"企业个性"的观点来自 Guildford（1954）归纳的个人性格。Guildford 认为，所有人的性格都可以用七个性格特质加以描述。如图 4 - 2 所示，企业个性概况的七个核心维度是：

1. 需求（needs）：需求是个性概况的中心属性，对于企业的存续至关重要，并为企业的行为提供了基本动力。比如成长、安全和健康的职场等都属于需求。

2. 能力（competencies）：公司的特殊技能和竞争优势。

3. 态度（attitude）：公司的理念和政治背景。态度是企业检视自我及其环境的重要维度。

4. 结构（constitution）：公司运营其中的物理、结构和法律空间。这一维度包含设施、建筑、选址、架构以及对核心业务的描述。

5. 气质（temperament）：公司的运作（或运作失败）的方式。这一维度旨在描述公司的能力、强度、速度和感情基调。

6. 出身（origin）：在这个维度里我们可以看见公司当前个性和过去的联系。该维度首要关注的是塑造了公司历史的属性。

7. 兴趣（interests）：公司中长期具体目标。这一维度关注公司对未来的规划。

个性型方法的价值主要在于刺激管理层就企业身份特征的发展方向进行讨论。个性概况的维度也可以用来对员工的访谈内容、企业的档案材料进行分类，或是概括针对公司的个人观察。共识概况和个性概况的主要不同点在于对定义公司身份特征元素的选择。

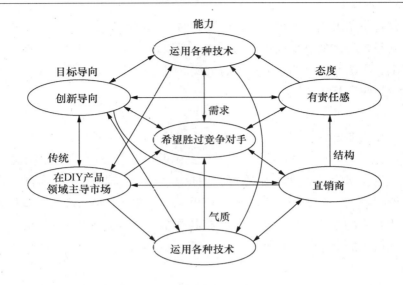

图 4 - 2　个性概况的核心维度

资料来源：Lux（1986）。

感知到的身份特征

每位员工对于公司身份特征核心元素的看法各不相同。一方面，背景影响看法：员工会从自己在公司的位置，如级别、职能和中心作用等，来看待世界，因而会"看到"公司的不同侧面。另一方面，员工对于公司的运作方式，以及其"应有"的运作方式，也有不同的期望和理解。因此可以推断，在公司内不同人眼中，公司身份特征元素的核心特征都各不相同。

衡量核心身份特征的一个常用方法是：（1）对一组有代表性的员工进行访谈，将最常提到的属性列一份全面的清单；（2）调查一组有代表性的员工样本，确定哪些特征被视为公司最典型的特征。Dutton 和 Duke-rich（1991）在对纽约港务局的研究中确定了 84 个身份特征元素，并将其归纳成员工认为"最重要"的五个身份特征：

1. 专业技术和独有技术：100%；

2. 有道德，无丑闻，无私心：44%；

3. 一流的、高水平的组织和出色的服务：36%；

4. 对直接环境里的幸福感高度介入：36%；

5. 员工忠诚度（从属于一个大家庭的感觉）：25%。

在一项针对某大型乡村合作社的研究中，Foreman 和 Whetten（1994）首先和其成员进行了焦点小组访谈。从这些访谈中，他们确定了两个"比喻"："家庭"和"企业"，用以解释内部存在的紧张关系，并将这两个比喻加入调查问卷中，衡量两种身份特征。调查衡量了成员的身份特征感知和对合作社的整体期望，以及他们对于企业整体合法性的态度。结果显示，员工之间的紧张关系也体现出了相互矛盾的企业身份特征。

Gioia 和 Thomas（1996）为发展一套管理改革的框架，考察了一所大学的组织身份特征。他们抽取了一组大学管理者样本，并依据事先对大学所做的理论和研究得出的一系列身份特征元素，邀请管理者为自己的机构打分。研究者还要求他们评估其机构的"功利"或"规范"程度是更高还是更低，并衡量每个机构的"身份特征强度"（见专栏4-1）。

专栏4-1　大学身份特征量表

身份特征类型（U = 功利，N = 规范）

在何种程度上……

1. 最高管理者认为机构不应该像争抢客户或顾客一样"争夺"学生？（N）

2. 符号和仪式对于机构的运作很重要？（N）

3. 对预算的缩减或增加是"一刀切"？（N）

4. 经济回报（如通过体育运动、经济发展等）是机构衡量成功的标准？（U）

5. 机构的使命专注于学术水平？（N）

6. 认为大学应当（或应当继续）积极投身市场宣传，以吸引学生？（U）

7. 对预算的缩减或增加是有选择地在学校各院系进行？（U）

8. 成本效率是指导纲领性或行政性变革的主要依据？（U）

9. 认为经济表现对于实现机构使命或目标很重要？（U）

身份特征强度（态度量表）

在何种程度上……

1. 机构最高管理团队的成员对于机构的历史有强烈的意识？

2. 机构管理者对于机构的目标或使命有自豪感？

3. 最高管理者认为机构在高等教育领域开拓了重要的地位？

4. 最高管理团队的成员对于机构没有一系列定义明确的目标或任务？

5. 机构的管理者非常了解机构的历史和传统？

6. 机构的管理者、教员或学生对该机构有强烈认同？

资料来源：改编自 Gioia 和 Thomas（1996）。

衡量实行的身份特征

除了前文介绍的方法之外，van Rekom（1992，1997；van Rekom 等，2006）还发展出另一种方法，通常被称为"攀梯访谈法"（laddering technique）。根据雷诺兹和古特曼（Reynolds and Gutman，1984），攀梯法是"一种独立的深度访谈方法，用于洞悉顾客如何将产品属性转译为对自己有意义的关联"。

标准的攀梯访谈运用凯利方格技术（Kelly Repertory Grid）生成属性。访谈中向一组受访者给出三个选项，要求他们说明每个选项和另外两个选项的区别何在，并给每个选项打分。攀梯法的关键问题是"为什么它对你而言很重要？"这个问题被反复提出，直到建立起一条意义链，从具体的属性中引出逐级抽象的概念，经由结果层，到达隐藏的价值层。和同一个特定产品相关的所有链条可以组成一张层级价值图（Hierarchical Value Map，HVM），展示出受访者所表达的各个抽象层级之间的联系。

攀梯法最初被用于确定产品或品牌的形象，以及形象中与受访者的购买决定最为相关的因素。受访者通过攀梯法所展示的意义结构对考虑中的行为做出决定，即是否购买或使用某产品。

攀梯法也可以用来测定公司的身份特征。根据 van Rekom，测定身份特征即是测定组织集体形象的结构。攀梯法的起点是一系列的属性，随后检视受访者对其功能的解读。比方说，受访者被问到可以用多快的速度组装某个机械设备的部件。接着向他们提问："为什么这个方面对你很重要？"这一问题不是像产品研究一样针对产品的使用情况，而是为了了解行为预期后果的达成，即目标。对问题（某方面为什么重要）的回答揭示出公司的潜在价值。换言之，首先探索的是公司的具体行为，但很快转而发掘它的个性。例如，荷兰公司奥弗通（Overtoom）承诺，家具下单后24 小时内保证送达荷兰全国任意地区。实现这个承诺对于公司希望建立的"快速"、"可靠"的形象至关重要。

van Rekom 建议，将攀梯访谈中出现的身份特征元素以问卷形式记录下来，并通过调查，尝试将公司整体身份特征结构的元素表示出来。这份问卷是衡量企业身份特征的工具。它包含所有的属性、特征、目标和价值，所得数据将用于生成公司最终层级价值图。

由于它们植根于公司的实际行为，因此得到的价值图为构建针对不同目标群体的传播，以及对公司符号的运用，建立了合法性基础。若想改变组织文化，价值图也能清晰地表明组织文化的哪些方面会直接传达给外部人士。

通过攀梯法，可以概观公司针对其目标群体的所有活动，这些活动背后的价值和目标，以及相互之间的关系。不仅可以针对公司整体进行衡量，还可以单独衡量各部门，比照衡量结果。

然而，攀梯法虽然实用，但也存在一些缺陷。其一，此方法只适用于经验丰富的访谈者，并且需要训练有素的定性分析师。其二，此方法耗时耗力，不仅调查者辛苦，公司自身也不轻松。不过，攀梯法仍然是诊断和衡量组织应用身份特征的一个有力手段。

衡量展示出的身份特征

奇怪的是，考察公司展示出身份特征的方法资料很少。福伯恩（1996）提出了一种系统框架，衡量公司的"消息概况"（messaging profile）。他认为，投射身份特征由公司通过印刷品、视觉、视频和网络进行的传播发展而来。因此，诊断公司的投射身份特征需要：（1）汇集组织采用的所有正式传播和信息，包括网络展示、财务报表、社会报告、通讯邮件、宣传册、企业广告、赞助活动、新闻发布以及高管演讲；（2）一个从这些传播的表达中引出意义的框架。

设计专家往往依靠视觉清单对组织身份特征的所有视觉表达加以描述。这有时候会带来一些有趣的发现：组织通过各种各样的方式，被正式（标识、标志牌等）或非正式（洗手间涂鸦、电子邮件嘲讽等）地在组织内部表征出来，进而形成组织的一个"社会事实"。

然而，为了获得公司的展示出身份特征，我们的关注点不能局限于视觉传播。毕竟，一家公司会通过各式各样的媒体、口头交流和符号来传播其身份特征。因此，将它们共同加以分析，对于深入理解公司的投射身份特征至关重要。

对公司传播中使用的所有词语进行内容分析，能为对符号元素的视觉分析提供有力的补充，公司用这些视觉符号定位其产品、品牌、活动、倡议、员工、历史和战略方向。通过词语使用和口头表达的统计，我们可以更深入地理解公司的展示出的身份特征。若想有效实现目标，必须遵循一套系统的过程，从内容分析中推断出潜在的核心展示出身份特征元素。这一过程的实施有赖于训练有素的调查者。

图4-3展示了针对某一流技术公司在新闻发布和传播中所表达的意义进行内容分析的结果。图中列出的身份特征属性所呈现的内涵意义显示，公司展示出的身份特征的"对话"主要包括财务、战略和产品性能属性。在本例中，公司传达出的关于其社会表现、组织属性、企业公民或员工相关行为的内容非常少。

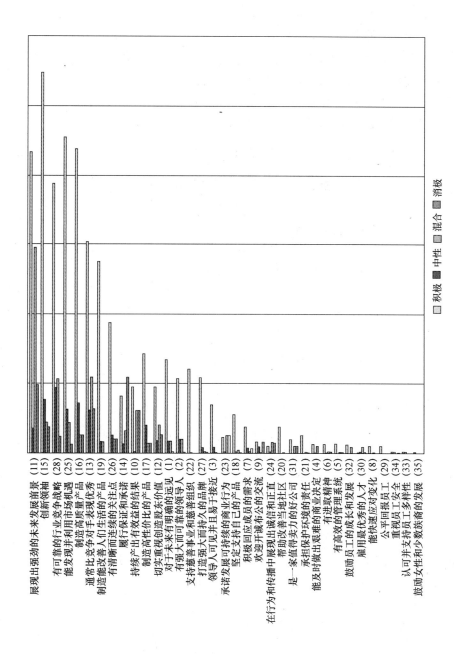

展现出强劲的未来发展前景 (11)
创新领袖 (15)
有可靠的行业竞争战略 (28)
能发现并利用市场机遇 (25)
制造高质量产品 (16)
通常比竞争对手表现优秀 (13)
改善人们生活的产品 (19)
制造能改善生活的关注点 (26)
有清晰而连续的承诺 (14)
履行保证和连续的结果 (10)
持续产出有效益的结果 (17)
制造高性价比的产品 (12)
切实重视创造股东价值 (1)
对于未来有明确的远见 (2)
有强大而可靠的领导人 (22)
支持慈善事业和慈善组织 (27)
打造强大而目易于接近 (3)
领导人可见并持自己的产品 (23)
承诺可持续的商业行为 (18)
坚定支持自己的需求 (7)
积极回应成员的交流 (9)
欢迎并诚布公的交流 (24)
在行为和传播中展现正直 (20)
帮助改善当地社区 (31)
是一家值得努力的好公司 (21)
承担保护环境艰难的责任 (4)
能及时做出艰难的商业决定 (6)
有进取精神 (5)
有高效的管理系统 (32)
鼓励员工的成长和发展 (30)
雇用最快速优秀的人才 (8)
能快速适应对变化 (29)
公平回报员工 (34)
重视员工安全 (33)
认可并支持员工多样性 (35)
鼓励女性和少数民族商的发展

图4-3 公司传播内容分析举例

□积极 ▨中性 ▧混合 ▦消极

　　福伯恩和范瑞尔（2004）在《名与利》（*Fame and Fortune*）中提出了一系列消息传递行为，并按照五个关键维度进行划分。他们考察了美国、澳大利亚、丹麦、意大利和荷兰多家一流公司的消息传递行为，认为有效的企业传播能在公众脑海中产生良好的感知，并能展现出"差异性"、"连续性"、"可见性"、"透明性"、"可信性"和"响应性"，良好的声誉才能由此而生。图 4-4 用一个诊断公司"表达概况"（expressiveness profile）的模型描述了这几个维度。

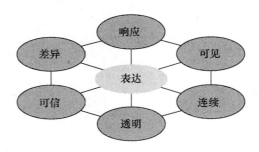

图 4-4　公司表达的关键维度

衡量身份特征组合

　　要考察促进组织身份特征建立的三个身份特征组合元素——行为、传播和符号，有很多工具可供使用。在本章余下的部分里，我们将介绍几个专门的工具，分别从这三个核心元素出发，深入洞悉公司概况。

行为

　　可以用来评估组织中员工行为的实验工具数不胜数，在这里我们从中选择了两种，主要因为它们的传播定位有助于发展出实际的解决办法。首先是比利时勒芬大学（University of Leuven）研究者研发的 SOCIPO 工具，其次是鹿特丹伊拉兹马斯大学企业传播中心研发的 ROIT 工具。

景气指数（SOCIPO）

　　营利组织机构社会组织景气指数（Social Organizational Climate Index for Profit Organizations，SOCIPO）出自 de Cock 等（1984），它基于一个提

议，即所有公司都被迫在两组核心对抗关系中做出选择：

□ 组织是关注人的自我发展，还是更关注组织目标的实现？
□ 组织是灵活处理与环境的关系，还是试图掌控当前局势？

对这两个问题的回答可以表述为如图4－5所示的二维图以及表4－2，生成组织氛围的四重分类法：

1. 支持性（supportive）：人/灵活性象限描述公司的"支持性"氛围。
2. 基于规则（rules based）：人/控制象限描述公司对规则的尊重。
3. 目标导向（goal oriented）：组织/控制象限描述公司着重投资发展有效的信息流。
4. 创新性（innovative）：组织/灵活性象限描述公司重视激励创新。

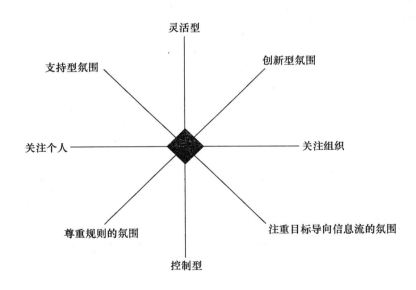

图4－5　衡量组织氛围类型的维度

资料来源：德科克等（de Cock et al.，1984）。

表4-2   衡量组织氛围类型的维度

名称	特征	主要关注焦点
1. 支持型氛围	以人为导向；以价值为导向	合作、宽容、支持、最大化人的参与
2. 基于规则：尊重规则的氛围特征	安全性、连续性、一致性、对现状的确认	结构化、形式化、集中化、标准化
3. 目标导向：目标导向信息流的氛围特征	计划性、政策明晰、高效	生产力、效率、工作量、发展逻辑准则、组织
4. 创新型氛围	变化、适应、个人项目多样化、竞争	成长和风险、激励首创精神、个人责任、优化利用人力资源、跟踪学术进展

资料来源：德科克等（1984）。

公司氛围用调查工具进行衡量，并将结果与勒芬大学研究者提出的一套准则相比对。他们将SOCIPO工具应用于比利时公司的代表样本，以测定每个象限内的"理想类型"。图4-6将公司在这些属性上自身的得分和理想类型做了对比。

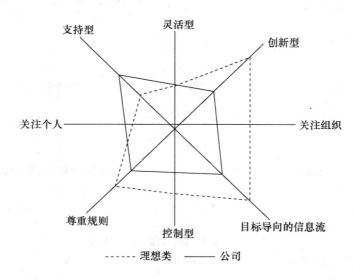

图4-6 某中等规模公司与理想类型的SOCIPO结果对比

SOCIPO 衡量法的价值在于可以为公司提供数据，阐释在公司内发起特定类型的变革所带来的行为含义。若想评估公司对内改变内部氛围的有效性，SOCIPO 衡量法是一个合理的出发点。长期、反复运用这种工具，便可以推演出身份特征导向的活动对于公司行为改变的有效性。

从身份特征到身份认同

鹿特丹组织认同测试（the Rotterdam Organizational Identification Test，ROIT）

当员工对组织的认同感强烈时，更有可能以支持的态度接受组织的预设前提，并依据组织声明的目标做出与之相一致的决定（Ashforth and Mael，1989；Littlejohn，1989）。对组织的认同受到一些先决条件的影响，诸如"员工传播"、"感知组织声望"、"工作满意度"、"目标和价值"以及"企业文化"。ROIT 工具便是为了衡量这些条件如何影响员工对公司的（鹿特丹组织认同测试）量表的认同而设计（van Riel 等，1994；Smidts 等，2001）。

完整的 ROIT 工具包含225 项陈述，要求受访者根据李克特七点量表（seven-point Likert scales）做出回答。这套工具已经在一组公司中进行了广泛测试。ROIT 可分为四个模块。

第一个模块通过 15 种属性衡量员工对公司的认同。

第二个模块包含80 个问题，衡量组织认同的先决条件（感知组织声望、工作满意度、感知组织目标和价值、达成这些目标的手段，以及感知组织文化）。

第三个模块通过122 个项目评估员工传播，包括有关个人表现和组织表现的信息量和信息有用性，以及传播氛围。

第四个模块收集人口统计学数据，包括年龄、任期和组织职能。图4 –7概览了 ROIT 模型的结构。

ROIT 调查能帮助组织发展出一套指标，用以衡量员工对于公司整体，或者只是对其所在的组织部门及其功能的认同程度。ROIT 还能通过针对业务单元或企业整体层面认同的主要先决条件，就如何提升员工认同提供有价值的信息。

考察运用 ROIT 工具进行的实证研究，我们往往会发现员工对公司的认同深受两个关键预测指标的影响：（1）员工对于公司声誉的感知；

（2）员工自身的工作满意度。这些研究结果强化了我们的认识——员工是关键的利益相关方，管理者必须注重鼓舞员工士气，积极打造自身声誉。

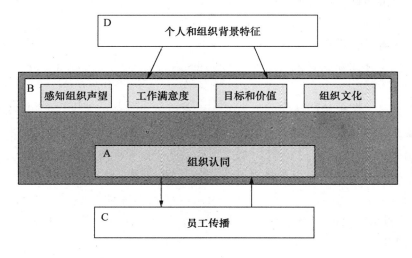

图 4 - 7　运用 ROIT 衡量组织认同

传　播

传播是身份特征组合的重要组成部分。大部分致力于影响企业身份特征的从业者都会借助对企业职能的审计来检视传播的有效性。"审计"（audit）一词源于拉丁动词"audire"（听），并常常取其"定期评审"之意。"审计"一词还和拉丁单词"auditor"（意为"评判"）联系紧密。审计一般是评价性的，通常用于改变公司的管理方式。如果审计操作得当，那么往往阻力很小，并能改善传播媒介和公司对符号的运用。

传播审计有许多种类。最简单的一种是直接汇总并评价现有的传播机制，同时对机制的连贯性和影响做一个主观评估。较复杂的传播审计则需运用有关"组织氛围"的文献。例如，Redding（1972）区分了打造理想传播氛围的五个重要维度：（1）支持型；（2）参与决策；（3）信任、信心、可靠度；（4）开诚布公；（5）高绩效目标（Falcione，1987）。罗伯茨和奥赖利（Roberts and O'Reilly，1973）开发的"组织传播"（Organizational Communication，OC）工具很大程度上就依赖雷丁（Redding）的早期研究。从雷丁的观点还引出了"传播满意度"（Communication Satis-faction，CS）的概念，由 Downs 和 Hazen（1977）提出，用以衡量员工对于企业传播的满意程度。

最知名的传播审计来自美国的国际传播协会（International Communi-cation Association，ICA）。这种方法最初被称作 ICA 审计，后来经由 Gold-haber 和 Rogers（1979）改进，更名为"传播审计调查"（Communication Audit Survey，CAS）。

最后，芬兰政府曾发起一项颇有价值的研究，产生了一套衡量工作关系中的传播氛围的工具（Wiio and Helsila，1974）。它起初被称为"LTT传播审计问卷"（LTT Communication Audit Questionnaire），后来进行了修订，更名为"组织传播审计问卷"（Organizational Communication Audit Questionnaire，OCA）。我们将逐一考察这些工具。

组织传播（Organizational Communication，OC）

组织传播工具使公司之间可以互相比较各自的传播方式。组织传播包含 13 个显性传播变量，即：（1）互动意愿；（2）上行传播；（3）下行传播；（4）平行传播；（5）准确性；（6）概括频率；（7）把关；（8）过载；（9）满意度；（10）书面传播；（11）面对面传播；（12）电话传播；（13）其他传播渠道。此外，还要对其他三个传播相关的变量进行衡量：对上级的信任、上级的影响、流动的愿望。

表 4 - 3 描述了组织传播量表中最重要的元素（Greenbaum et al.，1988）。

表 4 - 3 组织传播量表

维度描述及维度项目数	示例项目（李克特七点量表）
1. 信任（3 项）	在何种程度上，你可以和上级自由讨论工作中的问题和困难，而不会损及你的职位或随后受到针对？（完全自由到非常谨慎）
2. 影响（3 项）	总体而言，你认为直接上级对你在组织中的职业发展有多大帮助？（极大到极小）
3. 流动性（2 项）	对你而言，从目前的组织获得升迁有多重要？（不重要到非常重要）

续表

维度描述及维度项目数	示例项目（李克特七点量表）
4. 互动意愿（3 项）	在所在的组织中，你是否愿意经常和同级别的员工接触？（非常愿意到完全不愿意）
5. 上行传播（3 项）	工作时，你愿意花百分之多少的时间与上级接触？（填入百分数）
6. 下行传播（3 项）	工作时，你愿意花百分之多少的时间与下属接触？（填入百分数）
7. 平行传播（3 项）	工作时，你愿意花百分之多少的时间与同级接触？（填入百分数）
8. 准确性（3 项）	从下列来源（上级、下属、同级）获得信息时，你认为信息的准确性通常如何？（完全准确到完全不准确）
9. 概括（3 项）	你向直接上级概括（突出重点，弱化非重点）地传递信息的频率有多高？（一直如此到从不如此）
10. 把关（3 项）	工作中接收到的全部信息里，你向直接上级转达了多少？（全都转达到都不转达）
11. 过载（1 项）	你是否曾感觉接收了过多的信息，无法有效利用？（从不如此到一直如此）
12. 满意度（1 项）	哪个表情最能反映你对整体传播的感觉，包括接收到的信息量、和上级及其他人的接触、接收信息的准确性等，在下面打钩。（受访者在七个从愉快到不愉快的表情中选择其一）
13—16. 各种传播形式（4 项）	你在工作中参与传播的全部时间里，以下形式各占多大比例？书面_____%；面对面_____%；电话_____%；其他_____%（填入百分数）

传播满意度（Communication Satisfaction，CS）

来自管理层的传播并非总能让员工满意，这无疑会影响到员工的士气、忠诚和对企业的认同。Downs 和 Hazen（1977）提出了一套工具，用于衡量员工对企业传播的满意度，其中包括 8 个传播满意度变量、6 个职业满意度变量和 5 个人口统计学变量，均以 10 分制来评分。其中，8 项传播满意度变量是：

1. 传播氛围：对于感知传播氛围有效性的整体满意度；
2. 上行传播：受访者对于和主管之间的向上和向下传播的满意度；
3. 组织整合：在何种程度上员工可以获取其直接职场的信息；

4. 媒介品质：在何种程度上会议组织有序、书面指令简短清晰、传播量充分；

5. 同事传播：对组织中平行传播关系的满意度；

6. 企业信息：关于组织整体的信息，诸如公司的财务状况；

7. 个人反馈：员工需要了解的有关个人评价和表彰的信息；

8. 下行传播：这一项只需管理人员作答，包括"下属主动进行上行传播的程度"（Greenbaum，1988）。

传播审计调查（Communication Audit Survey，CAS）

传播审计调查也称 ICA 审计，用于对比感知传播环境与公司的期望情形。这套工具考察了如下核心主题：对获得信息量的评价；对向他人发送信息量的评价；对所发送信息的反馈的评价。调查问题包括"我向直接上级发出信息，现在获得的反馈量为……"；以及"我向直接上级发出信息，需要得到的反馈量为……"其他问题还包括诱导对信息量的评价（"我获取的信息量"），对获取信息的时间间隔的评价（"你获得信息的及时程度如何？"），对传播氛围的评价（"你对同事的信任程度如何？"），对职业满意度的评价，以及对组织采用的渠道的评价。

组织传播审计问卷（Organizational Communication Audit Questionnaire，OCA）

为数不多的欧洲传播审计方法之一，是最初由芬兰的 Wiio 和 Helsila（1974）研发的审计方法，这一方法起初称为 LTT，后更名为 OCD，最近又更名为 OCA。OCA 的 12 个核心变量是：

1. 整体传播满意度；

2. 从不同来源接收的信息量——当前；

3. 从不同来源接收的信息量——理想；

4. 关于特定的工作项目所接收到的信息量——当前；

5. 关于特定的工作项目所接收到的信息量——理想；

6. 需要改进的传播领域；

7. 工作满意度；

8. 计算机信息系统的可用性；

9. 一个工作日中的时间分配；

10. 受访者的一般传播行为；

11. 组织相关的问题；

12. 信息寻求的模式。

　　如果某组织与传播质量相关的信息可以用外界标准进行检验，那么信息就具有了额外的价值。最明显的参照就是同行业其他公司遵循的准则。这一对比可以通过 CAS 审计和 OCA 进行，因为美国的国际传播协会和芬兰的人际传播研究所（Institute for Human Communication）拥有丰富的审计结果数据。

传播审计的信度和效度

　　组织常常请外界专家来进行传播审计，以确保结果可靠。本节阐述的所有审计方法都经过了多位研究者对信度和效度的检验。表 4-4 概括了这些传播审计的关键特征（Greenbaum et al.，1988）。

表 4-4　　　　　　　　　　　传播审计对比

	OC	CS	CAS	OCA
整体结构				
项目：总计	35	51	134	76
传播项目	27	40	109	54
人口统计学	—	5	12	7
结果变量项目	—	6	13	7
传播相关项目	8	—	—	—
组织相关项目	—	—	—	8
维度	16	10	13	12
答题形式				
量表类型	7 点	7 点	5 点	5 点
开放式	无	少量	大量	少量
多选	—	5 项	12 项	16 项
公司人口统计学				
实施				
实施容易度	高	高	高	中
制表容易度	高	高	中	中

续表

	OC	CS	CAS	OCA
过去工具采纳度	中	中	高	高
有无规范	无	有	有	有
心理衡量数据				
信度				
整体信度	0.70	0.94	0.838	不适用
量表内部信度	0.84—0.53	0.86—0.75	0.90—0.70	不适用
分项对总体的信度				0.39—0.22（仅限 LTT 项目）
效度				
表面效度	高	高	高	高
区分效度	高	高	高	不适用
因素稳定性	中	中	低	中
是否经过其他研究者的评定	是	是	是	是

符号

各种符号在构建企业身份特征上都扮演着重要的角色，包括标识、名称、标记、音乐、风格、着装要求、设计和建筑等。在身份特征组合中，符号实际上是管理者唯一能完全掌控的要素。不幸的是，大多数公司给予符号的重视并不平均，一般在采纳新的品牌策略和内部风格时达到峰值，随后就急剧下降。管理者常常忽略了符号对于内部和外部利益相关方的意义赋予具有多么高的价值，令人遗憾。

符号是"组织语境中存在的实体对象，其所暗含的关于组织的意义有别于其脱离语境之外所传递的意义"（Green and Lovelock，1994）。符号有两个功能。在组织内部，符号是具体可见的实体，目的是增进个人对组织的认同力。在组织外部，符号的作用是增进人们对组织的本能的识别。研究显示，视觉符号往往比语言符号更易于识别（Edell and Stailin，1983）。

图形审计

图形审计包含对组织内使用的一整套符号的审计（Napoles，1988），以及这些符号通过企业传播进行传递的方式。几乎所有载有公司标识的实体对于传达公司的身份特征都很重要。因此，图形审计还应当囊括一切载有视觉信息的实体，例如公司建筑、室内设置、交通工具和设备。举例而言，公司货车上的标识每年能够向消费者传递上百万次视觉印象，表明了公司车队的重要性。由于视觉印象是传播途径之一，因此也是一种间接的销售工具。

对符号的检视一定会导向对公司服务的所有场合和所有目标群体的调查，包括询问公司在各种场所是如何运用空间、色彩、灯光和符号来表达公司身份特征的。有了这些多元的信息，就可以建立起对每个场所的概览——它们如何运用图像、视频和消息来传递企业身份特征，是增强还是减弱了利益相关方的认同。

亨德森和科特（Henderson and Cote，1998）考察了企业标识中各种图形元素的相对有效性。他们认为，标识不同程度地展示了如下属性：

☐ 自然（具象、有机）；
☐ 和谐（平衡、对称）；
☐ 精致（复杂、活跃、有深度）；
☐ 平行；
☐ 重复；
☐ 比例；
☐ 圆。

他们随后向多位专家询问，测试这些标识的有效性。通过刺激性重复，其中一些特征被证明非常有效（自然、重复的元素、平均水平的和谐），而其他元素则不那么重要（完全和谐、圆、平行等）。他们总结道，标识分四种，其中两种更为有效，值得推荐（取决于组织目标是提升熟悉度还是改善形象），另外两种则不应使用。

☐ 可辨识度高：非常自然，和谐，相对复杂；
☐ 低成本：自然程度低于一般水平，高度和谐，相对细节化，平行，比例均衡；
☐ 形象鲜明的标识：适度细节化，自然，相当和谐；

□ 设计欠佳的标识：不太自然，和谐程度低，细节缺乏。

范瑞尔和范登班（2000）围绕荷兰拉博银行（Rabobank）采用的新标识进行了一次实验。研究显示，人们面对不同类型的标识会产生不同的联想，回忆程度也不同。如图4-8所示，当受访者看到标识背后的公司名称时，标识产生的联想会增加，从而产生更大的影响力并降低识别错误率。新标识发布后，在荷兰全国的广告宣传使得积极联想增加，而消极联想减少了。受访者大部分都能够描述出银行希望借由新的企业符号传递出的期望身份特征。

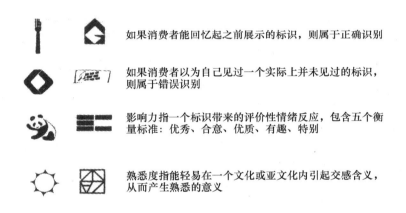

如果消费者能回忆起之前展示的标识，则属于正确识别

如果消费者以为自己见过一个实际上并未见过的标识，则属于错误识别

影响力指一个标识带来的评价性情绪反应，包含五个衡量标准：优秀、合意、优质、有趣、特别

熟悉度指能轻易在一个文化或亚文化内引起交感含义，从而产生熟悉的意义

图 4-8　测试标识回忆的有效性和无效性

资料来源：亨德森和科特（1998）。

总的来说，尽管身份特征结构十分复杂，不过本章还是检视了各种实用工具，研究者可以使用这些工具评估所有组织内都存在的四种主要身份特征类型，并衡量公司所采用的身份特征组合。在下一章里，我们将探索公司如何利用企业身份特征来强化企业品牌，从而打造声誉资本。

讨论题

1. 想一想你所在的公司有什么样的身份特征。如果公司最高管理层展开共识概况研讨会，会得出何种结果？

2. 如果向员工代表样本发送问卷，调查公司的身份特征，你认为可能得到什么样的结果？从这样的研究中你可以得出什么结论？

3. 将通过攀梯法可能获得的结果和由个性概况得出的一套身份特征元素进行比较和对照。

4. 请解释为什么符号在身份特征政策的形成上至关重要。

5. 想象一下，一家公司时间紧张，被迫启动一个企业身份特征项目（比如公司急于进行首次公开募股）。你会推荐他们使用什么方法来（1）确定公司的独有特征，（2）揭示大部分员工是否认为这些特征是独特的身份特征元素？

6. 在何种情况下，公司有必要开展本章描述的几种传播审计？

第五章 企业品牌传播

技术的魔法

在于发出方和接收方

无论在哪儿都行

只穿着内衣也行

但我们迷失在其中

四处查找

原本是省时间的事

现在让我们直揪头发

我们花了太多时间接收

和检索屏幕上的东西

而其实一次简单的对话

就可以表明用意

——戴卫·基格（David Keig）

在本章中，我们将通过一个问题来考察身份特征和企业传播之间的关系：管理者如何确保公司传播策略引导利益相关方与公司和公司产品建立起良好的关联？在这一过程中，我们探索了公司能否依靠企业品牌，让利益相关方与公司的核心、中心、独特的身份特征元素产生积极的关联。在内部，公司努力确保公司想要做的事和员工对公司及其战略目标的看法相一致。我们稍后将在第七章检视这个问题，本章主要关注的是企业品牌建设的预定逻辑。

我们将企业品牌（corporate brand）定义为将一个公司的一组产品或业务联系起来，并通过使用单一的名称、共同的视觉身份特征以及同一套符号，将其推向世界的视觉呈现。而企业品牌建设（corporate branding）包含公司为同内外部利益相关方建立有利的关联和积极的声誉所采取的一系列活动。

对当今世界的商业领域即便只是粗略一瞥，也能发现各企业品牌日渐显著。企业品牌有助于公司寻找机会与消费者和投资者建立起连贯的身份特征。举例而言,通用电气（General Electric,GE）就拥有极具辨识度的企业品牌。通用电气的名称和标识聚集起了不同行业中超过 200 项的各种业务。类似的,菲利普·莫里斯（Philip Morris）公司 2003 年更名为奥驰亚集团（Altria Group）,来凸显其同时涉足烟草行业和食品行业,并中和烟草业务给卡夫食品分公司带来的负面影响。图 5 – 1 所示的宣传广告,表明了作为食品和烟草公司母公司的奥驰亚集团对其角色的强调。

综观全局的价值

来自卡夫食品、菲利普·莫里斯国际,以及菲利普·莫里斯美国的母公司作为一个烟草公司和食品公司的母公司,我们知道如何制造新闻——不仅仅在财务报告方面。而像奥驰亚集团这样的公司的长远表现,则并不总能成为新闻。

我们不仅是道琼斯工业平均指数计算的 30 家公司之一,也跻身全球盈利最高的公司之列。在过去的 37 年间,我们 39 次增发股利。由我们运营的品牌系列包括家喻户晓的麦斯威尔、万宝路、维尔维塔、维珍妮、费城、卡夫、纳贝斯克等等不一而足。

我们也明白,为了让公司继续运作,公司需要努力达到奥驰亚股东、消费者、监管者和社会的预期。这就是通往未来的唯一途径。

对于我们这样有报道价值的公司,有时可能会只见树木不见森林。然而,超越眼前的挑战,将公司定位于长远的成功,我们就需要纵观全局,正视整片森林。

 Altria

这就是我们认为值得分享的愿景。
我们的名字是奥驰亚集团。

图 5 – 1　奥驰亚集团强调其作为母公司的角色

在许多行业，公司差异性的唯一来源就是顾客对产品和服务的体验。比方说，对"体验营销"（experience marketing）日益高涨的兴趣，便强调了为公司顾客建立连贯的企业体验的价值，对于服务行业的公司尤为如此。咖啡零售商星巴克的爆炸性增长就可以追溯到将消费者与企业品牌相连的一系列要素：产品（精品咖啡豆、烘焙过程、优质休闲食品）、环境（沙发椅、社交氛围）以及符号（点咖啡时使用的专门语言）（参见Rindova，1999）。拉斯韦加斯的恺撒、巴黎、百乐宫、哈拉斯等大型赌场也通过类似的方式，大笔投资为其主顾打造一致而有差异性的体验，从而打造顾客忠诚度，吸引回头客，尤其是它们极力取悦的高风险玩家。它们都在系统性地培养着自己的企业品牌。

另外，维持多种产品品牌的代价也极为高昂，于是我们看见越来越多的品牌和业务在进行合并，公司管理者力图在品牌之间挖掘潜在的协同性。业务合并因此往往能刺激企业品牌建设。随着公司合并运营，它们被迫要应对合并身份特征的需求。这种结合是"对等合并"还是"收购"？这些词语对于合并后的实体即将采纳的企业品牌的特征有着重要的影响。企业品牌的决定性特征部分取决于公司试图确立的"母合优势"（parenting advantage）的类型（Campbell et al.，1995）。母公司希望从业务单元中取得的协同程度越高，在向员工传达合并产生的价值时，企业品牌就越重要。

管理者可以通过打造单一企业名称并应用在所有产品之上来节约成本。雀巢和飞利浦这两家公司多年来一直仰赖这种策略。近期，医药公司对企业品牌建设的兴趣也日益浓厚，例如辉瑞、默克、诺华和葛兰素史克都在力图减轻其强调产品的策略带来的沉重负担。近年来，它们在机构广告上的大手笔，反映了它们越来越重视利用更可见、更独特的企业形象来为公司行为提供支持。这也展示了许多公司愈加坚定的信念，相信依靠企业品牌建设，组织可以创造附加值。在欧洲，物流公司敦豪（DHL）被定位为德国德意志邮政集团（Deutsche Post）的成员之一。在波兰，西里西亚银行由于身为荷兰国际集团（ING）的一员，有集团支持，因而自视为世界一流的公司。

公司的运营日益在公众视线里公开，它们因此被迫向世界更多地展示自己，以取得行为的正当性（Greenley and Foxall，1997）。迫于投资者、消费者维权积极分子和记者的压力，公司被期待公布更多的财务、社会和环境活动的信息。诸如美国 2002 年的萨班斯—奥克斯利法案（Sarbanes-Oxley Act）和欧洲的新巴塞尔资本框架（Basel Ⅱ）等法规，规定了严格的企业监管规范和框架，公司必须采用这些规范和框架，以展现其透明度。随着监管者促使公司开放接受外部审查，公司也在设法为其他受众呈现出有吸引力的一面。应对社会对于透明和公开的吁求的最佳方案，就是通过企业品牌，将公司整体拟人化。

概括来说，学术研究认为，公司适宜在以下情况下推行企业品牌建设：

□ 当公司和客户之间出现了严重的"信息不对称"（Nayyar，1990年）；即顾客与公司相比，对公司产品的了解甚少；

□ 顾客认为购买公司的产品或服务有高度的风险（Aaker 和 Myers，1991；Kapferer，1992）；

□ 品牌背后的公司特征与顾客考虑购买的产品或服务有关联（Brown 和 Dacin，1997；Keller，1993）。

在上述情况下，强有力的企业品牌能在公司和顾客之间建立起信任的纽带，从而提升绩效。

本章余下部分将考察如何以最佳方式在公司内部确定企业品牌的特征，并选择具体的命名体系。论述过程中，我们将综述企业品牌的各种类型学，以及旨在为发展企业品牌提供实践指导的实证研究。本章集中着眼于：（1）描述相关步骤；（2）定义在何种具体情况下，管理者应当就公司所售的产品和服务背后的组织特征进行沟通。

创建企业品牌的驱动力

各业务单元经理对企业品牌建设的支持程度不一。针对四个行业的管理者的访谈显示，品牌建设的支持者和反对者之间在"拔河"。争论的焦点集中在对共同身份特征带来的期望增益以及品牌统一将导致的自主权丧失的不同解读。

倾心于创建企业品牌的人通常认为：

□ 企业品牌将建立一种内部凝聚感，并将简化内部合作；

□ 企业品牌将有助于对外呈现我们组织的力量和规模；

□ 与支持一系列不同的产品品牌相比，维护一个企业品牌的成本更低。

而反对创建企业品牌的人则倾向于认为：

□ 投资企业品牌暗示着我们在打造各产品品牌方面浪费了大量的投资；

□ 应用企业品牌意味着放弃强大的地方品牌，并丧失市场份额；

□ 共用一个企业名称将限制我们的分销选择；

□ 规模也许对于母国市场的金融受众有吸引力，但无益于地方市场的消费者；

□ 企业品牌日益提升的重要性将降低业务单元管理的影响力。

　　管理层中对企业品牌建设的支持和反对之间的紧张关系，意味着在推行企业品牌之前首先需要管理高层之间建立起内部支持。范瑞尔（1994）发展出了一个基本的模型，用于测定业务单元经理对于在自己的业务单元传播中使用企业品牌的意愿。模型（见图5-2的概括）认定了驱动管理层支持企业品牌建设的四个关键因素：

（1）战略：业务单元之间的相关程度；

（2）组织：总部对各业务单元的集中化和管控程度；

（3）员工：相对于业务单元，员工对企业总部的认同程度；

（4）价值：采用企业品牌产生的预期业绩和声誉增益。

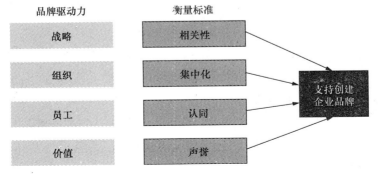

图5-2　企业品牌建设的驱动力

战略驱动

企业战略深深地影响着支持企业品牌的可能性。战略包括"将组织的主要目标、政策和行为结构整合为一个紧密整体的模式或计划"（Quinn et al.，1988）。自 20 世纪 80 年代起，关于多元业务公司的大量研究显示，拥有各业务单元之间相关程度不同的业务组合的公司，其效益层次也不同。预测此类公司相对效益最重要的指标，是公司通过挖掘业务间的关联，将业务中的潜在协同性进行资本化的能力（Rumelt，1974）。

多样化给业务组合和业务单元经理带来压力。应该如何在业务单元之间建立并挖掘潜在的协同？公司战略应该多"相关"？应该以什么为依据来定义相关性并使之具体化？谁应该对企业传播负责：传播应该来自总部还是来自业务单元？它们的同质化程度应该如何？应当向外部受众实际传播多少关于公司战略的信息？

关于对外公开公司战略信息的风险的研究表明，开放的公司在金融市场获得的正面评价更多（Higgens and Diffenbach，1989；Sobol and Farrelly，1989）。诚然如此，但管理者还是应该谨慎，避免向竞争对手泄露过多的信息，尤其是关于公司的技术、企业文化或创新的敏感信息。戴姆勒—克莱斯勒、福特汽车公司和通用汽车公司的汽车行业广告（见图 5 - 3）显示，这三家公司都不约而同地力图通过将多个汽车公司品牌合并为更大的企业业务组合，来传播其对"相关性"战略的追求。在这个过程中，它们力图将企业个性注入母品牌之中。该企业战略的成功极大地取决于公司是否有能力向受众阐明其产品品牌整合背后的逻辑。这三家公司是否成功地在企业层面上通过挖掘潜在的协同创造出了经济价值，还有待分晓。

相关性包括"经营业务扩张或补充母公司战略的程度，进而在财务和非财务目标上为母公司做出可辨识的贡献"（Jemison and Sitkin，1986）。公司可以通过寻找有共同范围、共有技术、相同目标以及类似时间跨度的业务来打造"相关性"。相关性往往发展自公司自身以及公司将其独特的历史、技术和发展经历具体化的核心竞争力（Prahalad and Hamel，1990）。

图 5 – 3 汽车行业对协同性的寻求：重新定位戴姆勒—克莱斯勒
汽车公司、福特汽车公司和通用汽车公司

"范围"（scope）和公司活动的本质及散播有关（Johnson and Scholes，1989）。它描述了公司的地理和心理边界，即其运营、技术和市场的物理和社会距离。各业务相似度越高，公司就越希望传播公司整体的力量。农业公司就是一例。它们往往控制着从种子、谷物到牲畜，经由加工处理，到麦片、牛奶、奶制品和肉制副产品的整条供应链。由于垂直整合，这类公司往往会告诉利益相关方，它们可以保证产品的"整个质量"。然而，与此同时，过于具体地描述公司的垂直整合，可能会加剧消费者和监管者潜在的恐惧，担心这家公司太过强大。

有核心竞争力的公司往往支持企业品牌建设的倡议。核心竞争力标志着公司在内部和外部创造的附加值。以3M公司为例，这家公司将"创新"视为核心竞争力。3M以其极为成功的便利贴Post-It®而闻名。最早源于采矿业的3M公司，在世界范围内推行了旨在激励创新的政策。在被3M制度化的惯例中，有一项政策允许其7000名研发员工用15%的时间来思考对公司有利的新产品。这项措施强化了公司的核心竞争力。同时，它也向外部受众展示了3M具有将公司团结在一起的组织凝聚力。

组织驱动

对企业品牌建设的支持部分取决于组织本身已经存在的集中化程度。企业的业务越多元、业务关联越少，公司的不同部门之间越有可能出现争夺对公司整体控制权的政治联合。在一些公司里，控制集中化：中央办公室完全指挥和控制着各业务单元。其他公司则盛行权力分散，业务单元和总部交涉，并独立承担管理业务单元的责任。荷兰日用品巨头联合利华传统上就按权力分散的模式运作，秉承的格言是任何能在业务单元层面解决的事绝不拿到总部去。

传播职能更集中的公司也更倾向于支持企业品牌建设战略的推行。为了加速对企业品牌建设政策的支持，促进政策的实施，管理者也会考虑将其他管理和支持职能集中，包括信息技术（IT）、财务和营销等职能。举例而言，让一个人为公司在欧洲所有的IT活动负责（而不是允许在各国设立半自治的IT总部），能极大地提高成功开展连贯的企业品牌建设活动的可能性。集中化的组织结构促进了企业品牌建设的执行。

员工驱动

对公司整体认同强烈的员工也更有可能支持企业品牌建设战略（Ashforth and Mael，1989）。如第三章所述，员工的认同诉诸个体对于自我分类（Turner，1987）和自我提升（Tajfel，1981）的需求。自我分类通过定义内群体（in-group）和外群体（out-group），让员工可以明确其在工作中的界限。认同还可以促进自我提升，让员工在工作中感到受重视，并将自我成就和公司成就联系起来（Dutton et al.，1994）。

确保员工对公司正确的部分进行认同，这是管理挑战所在。人们通常对于与自己更亲密、满足自身需求的群体认同更强（Ashforth and Mael，1989；Handy，1992）。因此，员工往往对公司整体的认同较弱，而对职责领域或业务单元认同更强。伊拉兹马斯大学企业传播中心进行的大量研究表明，员工对业务单元的认同始终高于对组织整体的认同。尽管这本身不成问题，不过当企业层级和业务单元层级的认同差距过大，以致产生了"我们—他们"的思想时，局部认同就变得棘手了。图 5 - 4 和专栏 5 - 1 展示了有关员工对次级群体或业务单元的认同和对公司整体的认同产生差异的四种情形。当差异巨大时（见情形 2 和情形 3），只有弱支持的品牌建设策略是可行的。如果差异小而认同度高，则强支持的策略可以获得成功推行。

		对业务单元的认同	
		低	高
对公司的认同	低	情形1	情形3
	高	情形2	情形4

图 5 - 4　员工对企业层级和业务层级的认同

价值驱动

最后，对企业品牌的支持还有赖于地方管理者认为企业品牌能否在其市场为其创造附加值，不论是通过影响产品销售来直接增值，或是通过给公司产品品牌加上一圈声誉光环来间接增值。只有当企业品牌建设项目预期能带来价值和声誉时，管理者才会较少地抵抗企业品牌建设活动。

专栏 5-1　员工对企业层级和业务层级的认同

情形	描述
1	对两个层级的认同度都低。开展全面调研，寻找原因，并在进行企业品牌建设的外部步骤之前先开展集中的激励活动
2	强烈希望向母公司"寻求庇护"，对品牌背后的公司有正面的认同，通常是由员工自身业务单元的消极发展所致。首先，分析这种感觉存在的原因，尤其是管理者对业务单元作何打算。如果该业务单元准备撤销，则不要和企业品牌建立明显的联系。如果不准备撤销业务单元，则可以应用"弱支持"策略
3	对业务单元认同强烈，而在企业层级上认同较弱。这往往发生在强大的、财务独立、自视为公司摇钱树的业务单元。此情形也应用"弱支持"策略
4	对业务单元和公司都具有强烈认同，这是开展统一的企业品牌建设战略的理想起点

　　声誉研究所按照这种思路开展的实证研究显示，在企业品牌建设战略中成功保持一致的公司发展更壮大、声誉更佳，并更有可能一直保持更高的声誉（福伯恩和范瑞尔，2004）。

　　在下一节里，我们将更详细地检视企业品牌如何通过提升产品感知来创造经济价值。

通过企业品牌创造价值

　　企业品牌建设活动的目的是利用企业品牌给公司的产品和业务加上一圈积极的光环，由此为产品和业务带来比其自身属性更有利的印象。研究认为，只有当满足以下两个条件时，才适宜打造企业品牌：

　　□ 企业品牌对于公司产品的投放市场中的核心利益相关方有充分的高度认识；

　　□ 企业品牌将增量经济价值转移到单个产品品牌上。

　　市场研究者将价值创造称为"形象溢出效应"（image spillover effect）（Sullivan，1990）。该领域的大部分研究都检视了由产品线或品牌扩张带来的从产品 A 到产品 B 的价值转移（Aaker and Keller，1998）。新兴品牌可以从已有品牌的形象中获益。

　　企业品牌建设是品牌延伸的一种特殊形式。在这种情况下，新产品借助企业品牌的名称被推出（Keller and Aaker，1998）。使用企业名称能将现有的一套组织联想和一个产品或业务单元的组织联想相连接。如果利益相关方认为企业品牌和产品品牌扩张之间存在某种程度的相似性，则更容易获得成功（Bousch and Loken，1991）。如果企业联想和产品联想不一致，那么企业支持不仅可能限制新品牌的引入，还可能损害原始产品的品牌。因此，建立企业品牌并不一定适合所有情形。

组织联想

　　针对企业品牌的研究显示，当提到某企业品牌名称或符号时，人们会自发地产生不同种类的联想。一项研究让一组个体描述他们对一长串企业品牌各产生了什么联想（Maathuis et al.，1998）。参与者的回答被分为两组联想：第一组包含组织联想（例如：上市公司、有很多员工、盈利、工作有趣、管理优秀、擅长做研究）；第二组包含产品联想（例如：产品昂贵/便宜、设计出色、店面漂亮、有儿童产品、产品经久耐用）。研究者随后详细检视了每个企业品牌，明确产品联想和组织联想哪个更普遍。结果显示，没有任何企业品牌 100% 受组织联想或产品联想主宰。

　　作为研究的一部分，研究者还考察了一些企业品牌是否会更容易延伸开来，给产品以支持。他们总结说，相比主要由产品联想主导的企业品牌，组织联想更多的企业品牌更容易支持一系列广泛的产品。对于观察者对公司产品的质量和信誉的评估，组织联想强烈的企业品牌提供的支持具有更积极的作用。

　　企业品牌有助于减少观察者在和公司产品打交道的过程中感知到的风险，从而提升了产品评价。所以企业品牌基本上是启发式的，是一种简化对公司产品及服务的优点进行决策的"脚本"。组织联想在帮助观察者评估产品方面的能力各有不同（Brown，1998）。因此务必需要明确：（1）哪些类型的组织联想与之有关；（2）在何种情况下，这些联想对产品偏好有积极影响。

"企业联想描述了针对一家公司的认知、感受（情绪和情感）、评价（依附于特定的认知或感受）、总结性评价、和/或联想模式（例如图式、脚本）"（Brown，1998）。企业联想有六个维度与此相关：

1. 企业能力（corporate abilities）：企业的能力是什么？
2. 和交流伙伴的互动（interaction with exchange partners）：公司与利益相关方的关系有多公平？
3. 和员工的互动（interaction with employees）：公司与员工的相处方式是否合理？
4. 社会责任（social responsibility）：公司是否达到了利益相关方对于社会责任的期望？
5. 营销（marketing）：利益相关方对于公司采用的营销传播持积极联想还是消极联想？
6. 产品（product）：利益相关方对于组织的产品有何联想？

也有研究将组织联想分为两类：企业能力联想和社会责任联想（Brown and Dacin，1997）。企业能力指的是公司在生产和发行产品方面的专业技能。企业社会责任指公司所处的地位，以及公司参与的被认为具有社会义务的活动。Keller 和 Aaker（1998）也有类似结论。他们进一步区分了三种类型的组织联想：

□ 企业专长（corporate expertise）：公司在何种程度上能胜任其产品和服务的制造和销售工作。

□ 企业可信度（corporate trustworthiness）：公司在何种程度上被认为是诚信可靠的，且能敏锐地把握消费者的需求。

□ 企业亲和力（corporate likability）：公司在何种程度上被认为具有亲和力、有声望、有趣味。

不同的作者都关注了组织联想对产品评价产生积极影响的条件。布朗（Brown，1998）针对组织联想对产品偏好的前因后果作了全面的综述。他还讨论了个体属性、组织和组织提供的产品所起的调节作用。

另一项研究探索了各种组织联想（企业能力和企业社会责任）和产品偏好之间的关系（Berens et al.，2005）。他们提出了一套调节企业品牌对购买意愿的影响的风险因素（见图5－5）。风险可分为金融、物理、心理、社会和时间相关等成分。如果观察者感知的风险低，则对企业组织相关信息的需求较低，从而会产生较高的感知契合度（对需求和产品属性的匹配）。与之相反，如果风险高，则高感知契合度将无法提供有关产品质量的足量信息，对有关企业能力信息的需求就会增加。毕竟，目标受众在产品方面往往不是行家。

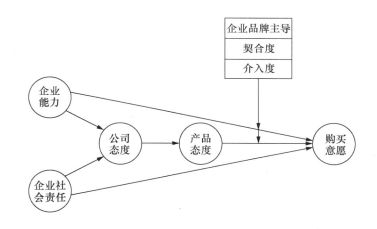

图5－5　企业品牌的主导地位、契合度和介入度对能力和社会责任

联想影响购买意愿的程度起到调节作用

资料来源：贝伦斯等（Berens et al.，2005）。

最后，研究还表明，组织联想的这两组主要类别（企业能力和企业社会责任）对购买意愿的影响并不相同。能力的联想最重要，但不能抵消公司在社会责任方面的恶劣行为。而另外，社会责任联想虽然重要，但只有当企业能力对消费者而言相对不重要时才体现出来。

以下部分为探寻企业品牌建设战略提供了指导方针和基本原理。一旦最终决定要寻求企业品牌建设，就必须从可用的几种策略中选择其一。有关学术文献提出了诸多模型，可以帮助管理者实施企业品牌建设战略（Aaker and Myers，1991；Kapferer，1992；de Chernatony and McDonald，1992）。我们发现其中三种模型最为有效。

企业品牌类型学

奥林斯的品牌战略

沃利·奥林斯（Wally Olins，1990）提出的模型大概是最著名的企业品牌战略分类。他提出企业品牌建设战略有三种主要类别：

1. 单一战略（monolithic strategy）（壳牌、飞利浦、宝马），全公司使用一种视觉风格。公司可以被立即识别出来，并且同样的符号随处可见。这样的公司往往在一个相对较窄的领域内发展成了一个完整的实体。

2. 支持战略（endorsed strategy）（通用汽车、欧莱雅），子公司有自己的风格，但母公司依然在背景中保持可见。不同的分支可以被独立识别，但母公司的地位仍然是很明显的。这些公司是多元化经营，它们的组成部分保留了自身部分文化、传统和/或品牌。

3. 商标战略（branded strategy）（联合利华），子公司有自己的风格，母公司在其中并不可见，是"不知情者"（uninitiated）。这些品牌表面上彼此没有联系，与母公司也不相关。品牌与母公司在身份特征上的分离限定了产品失败的风险，但也意味着品牌无法从母公司可能享受的任何有利的声誉中获益。

卡默勒的行为类型

卡默勒（Kammerer，1988）展示了在内部推行企业传播的不同方式。他特别区分了企业品牌建设战略的四种"行为类型"：

1. 财务导向：子公司被视为单纯的财务参与者。它们保有自身的全部身份特征，母公司的管理并不干预子公司的日常运营或策略。

2. 组织导向的企业品牌建设：母公司接管分部的一项或多项管理职

能。在卡默勒看来，母公司和子公司共享组织规则至关重要。与财务导向的情形相比，此种情形下母公司对子公司文化的影响程度要深得多。然而，企业品牌建设的运行在组织整体的层级上完全是内部的，并不直接对外界可见。

3. 传播导向的企业品牌建设：各子公司与一个母公司的从属关系通过广告和符号象征被清晰地传递出来。选择这种企业品牌建设方法的一个重要原因是向目标群体传达公司的规模。这样可以提升对子公司的信心，或提升对公司整体的尊重，还意味着其他子公司可以利用某一子公司获得的商誉。传播导向的企业品牌建设可以从组织导向的企业品牌建设入手，不过未必一定要这样做，也可能无非是建立一个共同的外观。

4. 单一公司企业品牌建设：这一类型的行为统一性比其他类型更进一步。这是企业品牌建设的一种相当单一的风格：所有的行为、消息和符号都给人留下一致的整体的印象。

范瑞尔的类型学

奥林斯的分类引发了一种观点，认为：（1）企业品牌建设主要由视觉选择主导；（2）多元业务只能从他所描述的三种类别中选择一种。当然，奥林斯也乐于承认，在实际情况中，公司往往混合搭配这些企业品牌建设战略。

事实上，企业品牌建设不仅包括推行一个新名称、选择一个合适的标识，还需要对传播的内容和公司希望表达的属性进行仔细的分析。

范瑞尔的模型的出发点是发展企业品牌建设战略时应该考虑两个因素：第一，公司业务单元在何种程度上愿意并准备好作为一个更大的公司群体的一部分来进行传播（"与母公司显性特点保持一致"）。第二，业务单元在何种程度上认同企业品牌建设战略的出发点（"出发点保持一致"）。图5－6和表5－1呈现了企业品牌建设战略的四种可能选择。

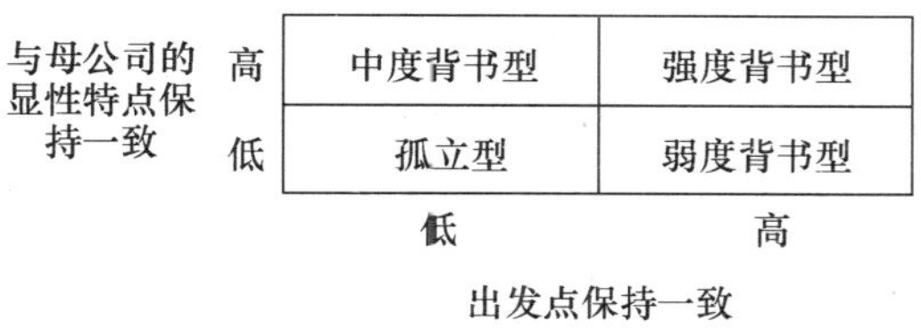

与母公司的显性特点保持一致		
高	中度背书型	强度背书型
低	孤立型	弱度背书型
	低	高

出发点保持一致

图5－6 企业品牌建设战略类型学
资料来源：范瑞尔和范布鲁根（van Bruggen，2002）。

表 5 - 1　　　　　　　　　　　企业品牌建设战略类型学

	A. 孤立型（独立）	B. 弱度背书型	C. 中度背书型	D. 强度背书型
可视化	"子公司名称"	"母公司名称"（标识）成员"子公司名称"	"母公司名称"（标识）"子公司名称"	"母公司名称"（标识）"专营业务"
范例	巴林银行	"ING（狮子）成员"巴林银行	ING（狮子）巴林银行	ING（狮子）投资银行
企业品牌建设战略	独立、母公司可见度低，业务单元层级自治程度高，避免溢出效应	母公司可见程度低，用于公司从完全自治向整合市场转型阶段	母公司可见程度高，与企业信息关键要素不一致，用于新项目或竞争对手已取得强势地位的较成熟的市场	母公司可见程度高，企业层级认同度高，高透明度，严格对等的传播战略，展现集团的力量

　　一旦组织选择展现一个或多个业务单元很高程度的企业支持，就有必要确定品牌背后的母公司实际所代表的立场、它的价值，以及如何将这些信息用于对各种目标受众进行的传播。在探索公司的核心目标和价值时，建议管理者也应当仔细权衡内部理想的选择和外部受众认知驱动力。

　　应用此种模型的经历表明，最好不要强迫公司的所有业务单元都一举转为选定的模式。国际公司尤其应该具体问题具体分析，考虑评估各业务单元的市场契合。一个业务单元应当仅在如下条件下才转向一个程度更强的商业传播企业支持：

□ 可以通过市场研究，显示企业品牌在当地市场足够知名、受重视；
□ 由于企业品牌日益重要，当地品牌在当地市场逐渐式微。

图 5 - 7 展示了我们提倡的向企业品牌强支持迈进的过程。

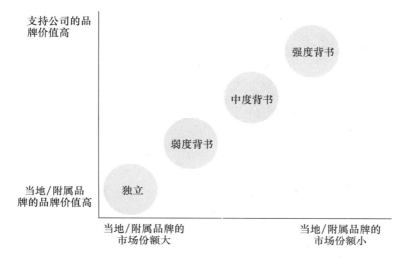

图 5 - 7　企业支持层级

资料来源：范瑞尔（2002）。

重塑企业品牌

有时候，企业品牌建设战略要求对公司进行彻底的重新定位。为了消除原有的联想，往往会发展出一个全新的名称。比方说，品牌重塑有时就是对合并后的公司来说阻力最小的途径。品牌重塑通常能够绕过由公司合并带来的输赢感知而产生的棘手的政治问题。举例而言，在会计行业，普华（Price Waterhouse）和永道（Coopers and Lybrand）早期的合并就产生了新的公司名称普华永道（Price Waterhouse Coopers）——Lybrand 完全被去掉了。当安达信（Arthur Andersen）会计师事务所从管理咨询业务中获得了大笔收益后，它单独成立了一个业务单元，叫作安达信咨询公司（Andersen Counsulting）。后来，会计师和咨询顾问之间在 20 世纪 90 年代出现裂口，公司又将安达信咨询公司整体分裂了出来。经过了大量的关于安达信名称使用权的法律纠纷后，咨询顾问同意重命名他们的分公司——埃森哲咨询公司（Accenture）就此诞生。这一过程发生得极为迅速——为了在内外受众之中让新身份特征获得全球的接纳及认同，公司在不到 90 天的时间里就选定了新名称，打造了吸引眼球的传播广告（见图 5 - 8）。讽刺的是，这个一度拼力想要保留安达信的名称，而最后失败的公司，成了真正的赢家：2002 年，它的前母公司安达信会计师事务所被控在能源巨头安然公司（Enron）的破产事件中妨碍司法公正，并败诉。公司后来被解散，而安达信的名称如今在企业界完全消失了。

员工的态度是公司名称变更的关键因素。如果更名没有对员工仔细传达，那么整个活动可能会由于员工的怀疑而失败（Muir，1987）。员工需要有归属感，感到自己是共同文化中的一部分。他们需要为供职的公司以及一切与之相连的事物而感到自豪。这些问题都不能疏忽。为了唤起员工的忠诚，组织必须建立诸如标识、仪式和名称等符号。公司必须使用仪式和典礼来赞颂自我和自我存续的原因。公司必须不断地坚定员工的信念（Olins，1989）。如果这一点无法实现，那么公司很容易会停滞不前。

想一想英国航空公司的例子，它于 1973 年由英国海外航空公司（British Overseas Airways Corporation）和英国欧洲航空公司（British European Airways Corporation）合并而成。观察者指出，这次合并几乎没有预先准备，对新公司也没有审慎的介绍。结果，员工无法和新公司产生认同，合并十多年后，一些员工依然在桌面摆放旧公司的标识。这家公司采用军事化的管理风格，其服务声誉很差。在 20 世纪 80 年代早期，公司开展了一场意在整顿现状的运动。新的管理团队发展的策略植根于为顾客提供优质服务，并引入了新的标识来彰显改变以及英国航空公司的"重生"。公司借此成功摆脱了"世界最差航空公司"的恶名（Diefenbach，1987）。的确，在 20 世纪 90 年代早期，迅猛的增长让公司正式获得了"世界最受喜爱的航空公司"名号，它运送的乘客里程比其他航空公司都要多，获得了最高评价。

归根结底，公司使用的符号不仅包括名称，还包括强化并支持其行为和传播的形象。照片、插画、非语言图形、商标和标识等视觉形象是推行企业品牌建设战略的有力符号。这些符号的力量在于它们能为公司传播吸引到越来越多的注意。优秀的符号能减少公司宣传所需的过剩传播。

企业品牌通常包含一个标识和一句口号。如果设计得当，二者的协同可以成为引导人们在脑中与公司所希望传播的一切产生组织联想的脚本。商业街上的标牌就是一例。即使在陌生的城市，人们也能迅速认出国际通用的符号，尤其当它们以熟悉的颜色出现时。全球的柯达产品使用的亮红色和亮黄色很容易映入脑海。它像一个熟悉的指示牌，告诉各地的游客在哪里可以找到售卖胶卷的商店。

图 5 - 8　埃森哲的企业广告

　　化学工业是运用这种方法的一个好案例。公司发现人们对于"chemi-cals"（化学制品）的概念有负面反应，于是明确实施了新战略，用更受欢迎的"chemistry"（化学）来描述这个行业。比方说，American Chemistry Council（美国化学理事会）就是一个代表化工厂的集团。它的口号是"Good Chemistry Makes it Possible"（意为：好的化学带来可能）。类似地，大多数制药公司现在也有意识地将自己描述为涉及"生命科学"，而非药品行业。辉瑞制药公司的口号就是"Life is our Life's Work"（意为：生命是我们一生的工作）。

结　论

　　企业品牌建设近年来越来越重要。一直以来盛行的"企业沉默"的面纱已再无可能。在公司外，有关企业信息披露的法律规定迫使公司展现前所未有的透明和公开。在公司内，员工、顾客和投资者希望更清楚、更明白地了解公司的商业及非商业活动。因此每个人都在叫嚷着想更多地了解品牌背后的公司，了解它的核心竞争力和社会责任。

　　选定一个企业品牌建设战略并非易事。企业管理者对于此事非常敏感，并往往发现自己和公司不同业务单元的管理者彼此冲突。然而研究显示，这类冲突多少具有可预测的模式。一些通常需要数年来解决的问题，可以通过用理性的标准关注企业品牌建设决策来设法预防。

　　企业品牌建设战略有必要适应组织面临的市场情形的复杂性。企业品牌的支持为公司实施的整体传播系统的设计提供了背景，地方业务单元必须适应它提供的带宽。

　　本章阐述了管理者在选择企业品牌建设战略时应当加以考虑的因素。为避免长久的动荡，我们推荐将内部和外部的研究作为决策过程的出发点。随后则当对选择特定的企业品牌战略时所涉及的理性因素进行详细评估。只有当结果有力地显示公司可以获得显著的母公司优势时，才可以接受企业支持。自然地，在所有相关市场上密集地对企业品牌进行呈现，可以对其产生部分影响。只有当企业品牌足够强大时，来自品牌背后的公司的支持才有效果。企业品牌只有在被有关利益相关方了解并青睐时，才可以被用作支持工具。因此，对企业品牌建设的投资就是对潜在的利益和代价的权衡。

　　总而言之，我们基于品牌重塑项目的经验做出如下概括：

1. 企业品牌建设活动的开展几乎总是源自企业受众希望公司传播更清晰、透明的压力。这些压力通常会遇上市场导向的管理者的抵抗。

2. 再多的谈判也无法产生最优的企业品牌。发展并推行企业品牌建设战略需要强有力的坚定领导。

3. 符号支持很重要。一旦决定推行企业品牌建设，那么就必须配以适当的内部和外部信息传递及大肆宣传。

4. 推行企业品牌不可避免地会产生抵抗。这些抵抗往往源自忽视了为业务单元设定需要遵循的规则，并监督它们的实施。业务单元的管理者常常无视或自行改变规则，并就组织可见的尝试传播身份特征的方式进行争辩。这是企业品牌建设过程中的关键节点之一，需要依靠决绝的领导来避免延误或恢复原状。

5. 品牌建设是一个西西福斯式（Sysiphian）① 的过程，必须反复进行：每当新的首席执行官就任，内部关于企业品牌优势的讨论往往就会从头开始。

讨论题

1. 找出首要目标受众是投资者、员工或消费者的企业品牌。

2. 阐释公司如何运用特定的决策模型来查明抵抗企业品牌建设战略的阻力点。

3. 描述从企业层级向产品层级传递积极品牌价值所必不可少的组织联想类型。

---

① 西西福斯是希腊神话中一位被惩罚的人。他受罚的方式是必须将一块巨石推上山顶，而每次到达山顶后巨石又滚回山下，如此永无止境地重复下去。在西方语境中，形容词"西西福斯式"代表"永无尽头而又徒劳无功的任务"。——译者注

第六章　开发声誉平台

声誉不是游戏
声誉亦非玩物……
记住，终有一天
你的声誉就是你的创造之物
而不只是他人的口中之词

——莎娜·麦克米伦（Shana McMillen）

　　通过选定名称、标志以及独特风格，公司将其命名体系公之于众，这是企业品牌的直观表现形式。然而，企业品牌的塑造过程不仅涉及视觉风格的选择和呈现及其他感觉输入，还包括管理者希望在其企业传播中传递的特定信息内容的选择。认真审视优秀企业品牌我们可以发现，这些品牌的企业传播大多紧紧围绕一个核心声誉平台，并以此为"出发点"延伸出对企业战略定位及方向的更详细描述。大部分声誉平台以及由此衍生的传播行为都旨在打造旁观者心目中独特的组织团体形象。特别是，声誉平台还是范瑞尔（2000）所称的"可持续的企业故事"得以发展的"出发点"。研究证实，有力而一致的符号应用和故事传达与更加有利的企业声誉和良好的企业估价密不可分（福伯恩和范瑞尔，2004）。

　　本章将探讨公司如何建立声誉平台，如何选择命名体系并据此创作企业故事。企业标识、口号、出发点以及故事是深层声誉平台强有力的表现形式，公司可以围绕这一平台建立起良好的企业品牌。声誉平台的显著特点在于每个人都会基于这一平台形成对公司的认识。以音乐作类比，声誉平台可以说是一首歌中的"hook"或者配乐里的大和弦，整首曲子都围绕着这段即兴重复的旋律。在业务单元管理者依据本地受众的需求，诠释并调整声誉平台的过程中，整个公司产生出大量的即兴旋律（Hatch，2003）。有效企业传播的关键就在于防止每天传达的信息不要偏离主旋律太远。

企业品牌的命名体系

　　"命名体系"（nomenclature）是传播者用来综合描述各种名称和标志的术语。在第三章中，我们讨论了命名体系的一般特征，在这里我们主要讨论企业品牌建设战略对公司所使用的命名体系产生的实际后果。视觉元素在增强公司的短期吸附力中起到了至关重要的作用。正如奥林斯（1990）所言，考察"一家公司的视觉风格如何影响其在市场中的地位，以及公司目标如何在其设计及行为中实现可视化"是非常关键的。公司用于区别自身、品牌及关系企业的名称、标识、声音、颜色以及重大仪式，无不透露出一家公司的身份特征。正如第三章指出的，命名体系有着和宗教图标、纹章、国旗等符号同样的功能：它蕴含着集体的归属感，并将其以可视化的形式表现出来。它们还传达出一个虚拟的保证，使人们认为这家公司是可以信任的，它可以提供稳定的质量标准，值得利益相关方对其保持忠诚（Olins，1990）。

　　公司不会自动地获得它们所掌握的这些符号。奥林斯指出："有时，（公司）需要去创造这种名称和符号，还必须发明以及再改造企业的传统和重大仪式，就好像它们往往要依据不同国家的不同制度进行调整一样。"奥林斯称为"创造传统"，并列举了许多政治和军事领导者的例子，他们试图借用某个众人引以为豪的历史时期中出现的符号，创造一种壮丽辉煌的气势。无论在欧洲国家的首都，还是在第三世界国家，我们在国家资助的艺术创作中都能够发现类似的符号主义。其基本战略也已经渗透到了商业领域。如今企业总部大楼的规划设计越来越令人印象深刻，上述论点在这一趋势中显而易见。试图重新夺回在世界的声望，激发雇员的忠诚度，经常要涉及企业符号主义的大量运用：推出一个新名称、一面旗帜、一个公司博物馆、一个展示区、一些回顾公司历史的书籍，或是转换公司风格，比如公司建筑、陈设或着装（Olins，1978，1989）。

　　图6－1列举了若干世界最知名公司的名称、标识以及宣传语。其中一些公司打造各自企业传播所依赖的声誉平台较为类似。比如，3M和惠普都使用"创新"作为其战略定位的基石。而辉瑞公司确立了专注于"生命"的声誉平台，医药行业的大多竞争对手如今纷纷效仿。另外，

公司	标志	宣传语/口号	出发点
微软	Microsoft	Your potential. Our passion（你的潜能，我们的激情）	激情
3M（明尼苏达矿务及制造业公司）	3M	Innovation（创新）	创新
惠普	hp invent	Invent（创造）	创新
柯达	Kodak	Take, share, enhance, preserve, print, and enjoy pictures（拍照、分享、优化、保存、冲洗、享受照片）	影像
IBM	IBM	Leader in creation, development and manufacture of advanced information technologies（引领先进信息技术的创造、开发和生产）	技术
通用电气	GE	Imagination at Work（梦想启动未来）	性能
诺基亚	NOKIA Connecting People	Connecting People（沟通你我）	网络
辉瑞制药	Pfizer	Life is our life's work（您的健康是我们半生努力的目标）	生命
飞利浦	PHILIPS	Sense and Simplicity（精于心 简于形）	技术
耐克		Just do it（想做就做）	行动
施乐	XEROX Technology Document Management Consulting Services	The Document Company（文件管理专家）	技术
麦当劳	M I'm lovin' it	A people company serving hamburgers（卖汉堡的人性化公司）	速度与服务
埃克森美孚	ExxonMobil	Taking on the world's toughest energy challenges（直面世界最严峻的能源挑战）	能源挑战
BP（英国石油公司）	bp	Beyond Petroleum（不只是石油）	未来能源

图 6-1　若干世界最知名企业品牌命名体系

也有公司的定位别具一格，比如诺基亚的"networking"（网络）。

在为公司选择名称，并决定以何种方式为其提供支持时，我们通常可以考虑从以下四个方面着手建立名称体系：

☐ 企业能力；

☐ 企业活动；

☐ 企业位置；

☐ 企业责任。

下面我们以全球 B2B 公司 INVE 为例，解释一下公司在建立一个新的企业品牌名称时可以选择的这四种途径。INVE 主要经营动物生长初期的饲料研发。公司的理念是用健康的原料饲养幼龄动物，使随后消费的人们可以得到更健康的食物。为贯彻这一理念，公司选择使用"Healthy Feed for Healthy Food"（健康饲料成就健康食品）作为其口号，试图以此表明公司定位。当然，起初 INVE 应该有不少选择，可以选择各种不同的能力（比如技术、价值创造）；或者不突出能力，而是强调公司的社会责任（动物健康、食物安全）。

图 6-2 概括了命名体系选择的几个关键步骤。所做选择取决于将能力、活动、位置或者责任作为核心来区分企业品牌的相对好处。

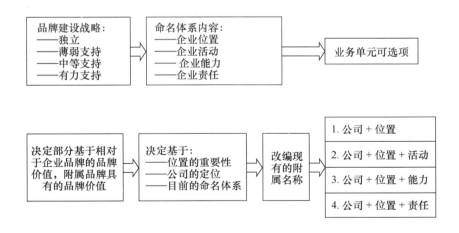

图 6-2　建立企业品牌命名体系

什么是声誉平台？

公司往往会讲述许多关于自己的故事，但很多关于公司的故事和公司自己讲述的故事并不一致。著名组织心理学家卡尔·韦克（Karl Weick）说道："故事让在某一小领域实现的透明度扩展至和强加于不太具有条理性的另一邻近领域。"（1995）有些故事使公司更受欢迎，有些故事更为迅速地流传开来，也有些故事满足了媒体的喜好，还有些则充实了非政府组织的民间素材。于是，公司运作处在一个充满各种各样的社会演绎的环境之中，到处是叙述、故事、反面故事、民间传说以及战略信息。

声誉平台描述了一家公司向内外观察者呈现自我时采用的根本定位。这是一个战略性选择。一个强有力的声誉平台必须做到在展示公司的历史、战略、身份特征以及声誉时，不论内部还是外部观察者都能感觉到真正实在。因此，声誉平台的好坏可以通过以下三个关键标准做出评判：

□ 声誉平台是否具有关联性？
□ 声誉平台是否具有现实性？
□ 声誉平台是否具有吸引力？

很多公司有着不错的平台，企业故事也很有意思。一些世界最知名公司声誉平台的特征可以用以下三个主题描述：

□ 活动主题：一些公司尝试围绕公司涉及的主要活动或业务建立声誉。它们传达出这一活动在公司中的核心地位，比如 e-Bay 的网上贸易，戴姆勒—克莱斯勒的交通运输技术，以及 Sun Microsystems 技术服务公司的网络计算。此外，壳牌和埃克森美孚公司主营能源业务，而朗讯科技公司则着眼于通信领域。

□ 受益主题：还有一些公司强调利益相关方可以从公司活动中得到诱人的成果和好处，以此寻求对方的忠诚。索尼强调娱乐。戴尔节约成本。迪斯尼愉悦心情。K-Mart 和 Sears 百货给你"天天低价"。普利司通/

凡士通（Bridgestone/Firestone）制造"高性能"轮胎。而通用汽车公司或许觉得更大就是更好。

□ 情感主题：最后，公司激发支持所依赖的情感主题也各不相同。沃尔沃的重点在于"安全"，辉瑞强调"生命"，强生注重"母爱"，杜邦突出"科学奇迹"，亚马逊致力于"个性化服务"，而西南航空公司则着眼于"喜悦和友好"——它们都试图与利益相关方建立情感上的纽带，形成个人联系。

为说明声誉平台以及由此导出的企业故事的性质，接下来我们将重点介绍三家公司：英国的维珍集团、瑞典的宜家家居以及一家来自比利时的小型 B2B 公司 INVE。

很多人都知道维珍集团（Virgin Group），这家英国联合企业由理查德·布兰森爵士（Sir Richard Branson）创建而成（见图 6-3）。一些人了解这家公司是因为它们的产品（比如维珍唱片、维珍可乐或者维珍航空）。还有一些人是因为联想到了理查德爵士在很多美国节目中的友情客串。更多的人则会想起他的多次热气球探险经历和其他的公开作秀。

维珍的声誉平台紧紧围绕着两个理念："物有所值"（creating value for money）和"开心快活"（having fun）。公司确定行将没落的业务，并通过精明的组织再加上积极的营销使其重焕生机，以此贯彻公司理念。

这样一个平台为传播系统打好了基础。如案例研究 6-1 所示，维珍公司网站通过讲述"维珍故事"向世界展示自我。故事解释了维珍努力的目标是什么，已经取得哪些成就，以及维珍为什么会成功。其中，还描述了公司的核心竞争力：公司重点关注行将没落的产品及服务的相关活动。维珍真正的核心竞争力在于它能够把高效的内部组织和创新的品牌建设结合在一起。维珍的成功大部分要归功于理查德·布兰森爵士的个人风采，身为一位公众人物，他拥有绝对的个人魅力和领导实力，时常为了维珍的企业传播抛头露面。

和维珍类似，瑞典零售商宜家家居也将企业故事建立在"物有所值"的声誉平台，以及精明的市场营销之上。事实上，在欧洲或者美国，几乎每个人都曾拥有或购买过宜家产品。宜家的所有建筑都使用明亮的蓝黄两色搭配，十分显眼，以此展示其声誉平台。在世界各地，宜家向所有顾客提供同样的实惠产品，使用同样的分销系统，并给顾客同样的宣传材料。

显然，宜家拥有一个强大的声誉平台，而且如案例研究 6 - 2 所示，还有与此相匹配的简明的企业故事。

案例研究 6 - 1　维珍企业故事：物有所值

图 6 - 3　维珍创始人理查德·布兰森爵士

"维珍，英国排名第三的知名品牌，如今成为 21 世纪第一个全球品牌。公司业务涵盖极为广泛，包括飞机、火车、金融、饮料、音乐、手机、度假、汽车、酒品、出版、婚纱等。将所有这些业务维系于一体的，是我们品牌的价值以及全体员工的态度。我们在世界各地拥有 200 多家公司，在职员工达 25000 人以上。1999 年，公司全球总收入突破 30 亿英镑（约合 50 亿美元）。

我们相信与众不同必能脱颖而出。在顾客眼中，维珍代表着物有所值、品质保证、开拓创新、开心愉悦、不惧挑战、富有竞争力。下放权力、员工自主，我们为顾客带来优质的服务；鼓励反馈、时刻监督，我们运用创新不断完善顾客体验。

维珍始创于 20 世纪 70 年代，起初是一家学生杂志和小型邮购唱片公司。随后，公司发展之迅猛引人注目，同时，公司还将以通过一流的管理理念所发展而来的优秀创意作为基石，而非看重公司所得。

我们致力于提供更优秀、更新鲜、更超值的产品服务，一旦发现机遇便迎头而上。产品服务较弱的传统领域，或是竞争激烈的热

门领域，往往是我们的下一个目标。随着我们电子商务的不断壮大，我们同样寻求以新颖的方式为顾客送上'传统'的产品和服务。我们积极主动，反应迅速，常常令规模较大且体系烦冗的组织机构望尘莫及。

当开启一项新的事业时，我们都要经过大量的研究和充分的分析。通常，我们会认真审视这一行业，从顾客的角度设身处地地考察可以提升的空间。我们会自问这样几个基本问题：重构市场、树立竞争优势，能否换来新的机遇？竞争对手有何行动？目前是否满足了顾客需求，提供了良好的服务？维珍品牌涉足该行业的时机是否成熟？我们能够增加行业价值？这和我们的其他业务有没有联系？风险与回报之间能否平衡？前景是否看好？

我们还可以充分利用集团上下的杰出人才。新的事业往往依靠临时调派维珍其他部门的人员为其掌舵，这些人带来了维珍特色的管理风格、技能与经验。我们经常与他人建立伙伴关系，联合双方技能、知识、市场形象，等等。不同于一些人可能的定式思维，我们持续扩张、不拘一格的商业帝国既不随机善变，也不轻率鲁莽。每一项成功的事业都彰显着我们善于选择市场、抓住机遇的出色能力。

每当一家维珍公司建成投入运营，有多方因素推动其迈向成功——维珍的品牌力量；理查德·布兰森爵士的个人声誉；我们无可匹敌的朋友、联络及伙伴网络；维珍管理风格；集团内部权力下放，人才自主，一派生机盎然的氛围。对于一些传统人士，这些也许还不难接受。在他们看来，维珍管理层小之又小，不存在官僚政治，只有一个微型董事会，没有大规模的全球总部，这才是令人百思不得其解的事。

我们的各家公司聚集在一起，更像是一个大家庭，而不是等级分明的集团。各公司有权处理自身业务，互帮互助，遇到问题可以通过各种途径得到解决。感觉上我们就好比一个社群，有共同的理念、价值、利益以及目标。我们成功的证明是实实在在的。"

资料来源：www.virgin.com。

案例研究 6 - 2　宜家企业故事：提高生活品质

图 6 - 4　一家宜家家居店

"宜家家居的商业理念是提供品种齐全、设计精良且性能优异的家居产品，以低廉的价格最大限度地迎合广大消费者的购买能力。然而依然可以盈利！

大部分情况下，设计精美的家居产品只面向一小部分受众，很少有人消费得起。创业之初，宜家便反其道而行之。我们决心站在大部分消费者一边。

这就意味着要响应世界各地群众对家居产品的需求。即那些有着不同需求、品位、憧憬、愿望……以及价格要求的人们；那些希望改善家庭环境，提高生活品质的人们。

生产价格高昂的精品家居并不难，只要投入大量资金，然后让顾客支付就可以了。然而，生产价格低廉而持久耐用的精美家居绝非易事，这就需要开辟其他途径，寻找简单的方案，从各个角度进行节约——除了创意。

但是，我们并非单打独斗。我们的从业理念基于与消费者建立的伙伴关系。首先，我们完成我们的工作。我们的设计师和生产厂家一同寻找绝妙的途径，在现有生产程序的基础上生产我们的产品。最后，我们的采购员从全球范围内寻找优秀的供应商，采购最适合的原材料。接下来，我们以全球规模大量采购，因此也最为实惠，这样大家便可以买到最低廉的产品。

下一步你来完成你的部分。翻阅宜家产品目录，逛宜家商店，自由选择家居产品，到自助仓库取货。大部分产品都有平整包装，因此可以轻松地运送回家，自己组装。也就是说，你可以自己轻松搞定的事情我们将不再提供付费服务。于是这样一来成本又节省了……而生活品质却提高了。

我们有何不同

宜家家居和其他家居店有什么不同呢？其他家居店销售的产品或品种齐全，或设计精良、性能优异，或价格低廉。然而我们销售的产品集合了所有优点。这就是我们的从业理念。

我们的传统

宜家的标识选择蓝黄两色绝非偶然。这正是瑞典国旗的颜色。

在瑞典，自然和家在人们的生活中都是极其重要的部分。事实上，对瑞典家居风格最恰当的描述方式即来自自然的描述——光线充足、空气清新，却又内敛而朴素。

19世纪末，艺术家卡尔·拉松（Carl Larsson）和卡琳·拉松（Karin Larsson）将古典风格与温馨的瑞典民间格调融合在一起，创造了瑞典家居设计模式，如今享誉全球。20世纪50年代，现代主义和功能主义之风渐渐兴起。与此同时，瑞典也建成为基于社会平等的国家。宜家产品系列现代而不浮华，实用又不失美观，以人为本且儿童友好，无不践行着瑞典家居的这些不同传统。

提到瑞典，很多人会联想到清新、健康的生活方式。瑞典的这一生活方式在宜家的产品系列中得到体现。大自然清新的气息体现在色彩与材料的运用及其所制造的空间感之上：浅色木料、原生纹理、未经处理的天然表面。瑞典一年中大部分时间气候寒冷，天气阴沉，像这样清亮而明晰的生活空间，使身在家中的人仿佛一年四季都沐浴在夏季温和的阳光之下。

宜家的理念同其创始人一样，都来自斯莫兰（Små land）。斯莫兰位于瑞典南部，土壤贫瘠。当地的人们辛勤劳作，依靠小手艺维生，善于思考，尽最大可能地利用手中有限的资源，并因此而远近闻名。这种做事方法正是宜家保持廉价之道的核心。

但是，对低成本的追求并没有影响产品的质量。瑞典在安全及品质上享有国际声誉，值得信赖，而宜家业主更是以在各种情况下均能提供品质优良的产品为自豪。

宜家家居创立之初，正当瑞典迅速成长为关爱型社会的典范之时，不论贫富都可以得到精心的呵护。这同宜家的愿景不谋而合。为了为广大民众带来更美好的生活，宜家广邀顾客与我们并肩战斗。宜家产品系列儿童友好，老少兼顾，满足了全家人的需求。我们携手共进，为每个人创造更美好的生活。"

资料来源：www.ikea.com。

维珍和宜家都是大型知名全球公司。声誉平台、命名体系以及企业故事要求选取适当、关联性强，不仅仅是对大型知名公司，对规模较小、知名度较低的公司也是如此。我们来看来自水产行业的小型 B2B 公司 INVE。INVE 主要经营动物生长初期的饲料研发与供应。公司深信，动物应该得到优质的饲料，这样消费者才能摄入更健康的肉、禽、鱼，从中受益，公司以此为根基开展各项活动。

INVE 的声誉平台体现在它的口号中：健康饲料成就健康食品。环保的"绿色"在公司网站及传播活动中无处不在。与公司"健康饲料"这一核心理念相符合，INVE 的企业故事条理清晰，具体如案例研究 6 - 3 所示。

案例研究 6 – 3　INVE 企业故事：健康饲料成就健康食品

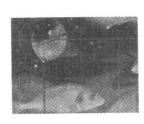

图 6 – 5　INVE 企业故事

"INVE 是一个大家庭，旗下拥有超过 30 家公司，主要为动物饲养提供营养和健康解决方案。INVE 活跃在亚洲、欧洲及美洲的 70 多个国家，并在各地设有生产基地。

公司始建于 20 世纪 70 年代早期，整合了家庭养殖场和屠宰场。几年后，公司将重点转移至关系动物生命的基础因素上来：即特殊原料与应用配方。INVE 的独特优势在于其精于为饲养动物，特别是幼龄动物提供营养和健康解决方案。

今天，集团重点关注基于经验和研究的水产养殖及农业解决方案。水产养殖方面，最突出的产品有来源多样、应用广泛的丰年虫（Artemia），Selco® 系列增肥产品，Frippak® 以及 Lansy® 系列食品。农业方面，INVE 研发出 Toxy-Nil、Adimix® Butyrate、Salmo-Nil、Mold-Nil 等饲料添加剂，创造了 Lechonmix®、INVE Boar Vital、INVE NRJ Beef、植物萃取等饲养理念。此外，还有各种先进的解决方案，比如原料及饲料保存和处理的独特方案。

INVE 产品品质优良，主要专注于动物饲养的关键阶段，为客户带来关键效益，比如提高动物存活率，加快生长速度，降低畸形和患病风险，提早喂食时间，增加饲料摄入量。这些独特、创新，乃至具有开拓性的产品为 INVE 在市场上赢得了良好的声誉，产品开发或许正是得益于对资深专家研究的持续关注。INVE 的中坚力量在于 INVE 科技（INVE Technologies）组织下的强大的全球研发部门。INVE 在世界范围内建立了自己的检测中心，与知名院校机构一同参与长期项目，选取客户进行实验研究的市场验证。在专业软件的帮助下，INVE 的营养工程师运用自己关于原料、预混料、特色产品、添加剂的丰富知识，配置最佳的饮食方案，同时还考虑到动物不同年龄、不同性别的需求。INVE 具备生产安全健康饲料的必要认识和责任心。

通过遍布各地的一线销售人员、解决方案经理、INVE 商店以及当地服务中心网络，INVE 一贯秉承极具个性化的市场途径，注重与客户建立长期的伙伴关系。INVE 简化了农场及孵化场的饲养管理，促成更高效的工作流程以及更优质的成果产出，为客户提升了经济效益。INVE 的终极目标，是要让世界各地的人们可以摄取更多营养，生活更加健康。因此，INVE 致力于提升整体食物链，为养殖动物提供安全饲料，而这些动物最终将成为我们日常饮食中的重要部分。INVE 不仅力求保持人们的健康，还在努力提升健康。通过公司生产的预混料和添加剂，INVE 平衡了牛、禽、猪相关产品中的脂肪酸和维生素含量。饮用富含共轭亚麻酸的牛奶，有助于预防癌症；食用富含 omega – 3 脂肪酸的鸡蛋，可以增强心脏功能；食用富含某些植物脂肪的猪肉，可以有效减少脂肪堆积。INVE 还通过改善饲料和浓缩料的营养价值及安全，提升了优质鱼虾的生产。已有研究表明，这促使压力和疾病得以减少。不论是动物还是人类。

INVE 的理念扎根于公司创始人 Flor Indigne 先生的强烈信念，他认为，人们必须创造与自然相和谐的积极事物。为了幸福——这正是他想要和员工、客户以及所有与 INVE 公司业务相连的人们所分享的。因此，INVE 的主要核心价值"带来解决方案"（Bringing solutions）代表的便是"带来幸福"（Bringing Happiness）。公司超越对"常规"业务目标的追求，更加强调社会责任感。为此，INVE 上下超过 600 名员工为成为公司的一分子而感到骄傲。尊重不同文化是公司的另一大优势，也成为 INVE 特色声誉的重要组成部分。

INVE 集团财务状况稳健，当前综合营业额约为 1.2 亿欧元。公司经济的健康发展为 INVE 拥有长期稳定的员工、供应商以及客户群打下了坚实的基础。

资料来源：www. inve. com。

企业故事的构建模块

企业故事，是一段结构清晰的文字描述，可以向所有利益相关方传播公司的本质，帮助增强员工与公司之间的纽带，并使公司在竞争对手面前找到成功的定位。企业故事主要由三部分构成：明确公司的独特元素，构思情节将其交织在一起，以引人注目的方式呈现出来。

独特元素

明确一家公司的特色元素并不容易。由于公司制度都是由专业管理者制定，而这些管理者大多有着类似的文化及教育背景、生活经历以及观点主张，因此大部分公司看上去大同小异。不足为奇的是，有研究发现，各公司对不同价值体系的表达有着惊人的相似，其陈述有如信条教义一般，让人联想到以那句"我们人民"（We the people）开头的著名的美国宪法。

独特情节

独特的企业特征元素必须要用一个情节串联起来。比如一家银行，它的核心元素是"顾客至上"。作为核心元素，这几乎没什么独特性可言。但是，如果将其通过一个积极生动的情节表达出来，有演员有动作，就会有不一样的效果。我们来看看荷兰合作银行 Rabobank"顾客至上"的声誉平台是怎样通过独特的情节得以展示的：

> Rabobank 银行股东的主要兴趣点不在于其个人投资能否获得高额回报。他们唯一关心的是当下和未来是否能够一直满足顾客的需求。Rabobank 银行选择与顾客建立长期的伙伴关系。也就是说，银行给出的意见符合顾客的意愿，绝非一味谋求银行自身利益的最大化。然而，这也意味着，在 Rabobank 银行身陷困境时，它能够得到来自广大顾客的支持。
>
> 资料来源：www.rabobank.com。

一个好的故事必须有一条情节主线。民间传说、童话故事、史诗历程、浪漫传奇是四种典型的情节。比如史诗情节，可以记述某公司面对各种敌人和障碍表现出英勇无畏的气概。公司上下齐心合力，立刻就迎来了胜利，市场份额增加，利润提升，工作稳定。如果是浪漫情节，则可以描述公司从某段衰败或危机的阴影中恢复过来，也许是因为过度扩展、流言蜚语或创始人离世。

独特呈现

为企业故事找到独特的呈现方式也不是一件容易的事。如同之前的其他传播行为一样，在经过一段时间的混乱之后，大部分企业网站如今传播的内容和方式都极其标准化，相差无几。因此，想要在企业故事的讲述上标新立异需要下很大功夫。然而，我们相信这是值得的，至少说时尚潮流便是因此而起，即便是公司在自我呈现时表现出的细微差异，也能上升为感知和声誉上的巨大影响。以我们的经验而言，一个出彩的企业故事不应超过 400—600 个英文单词（合 600—1000 字中文）。

公司的声誉平台越是独特，越容易为公司创造出一个与众不同、强有力的企业故事。图 6 - 1 罗列的公司中，很多不仅具备与众不同的标识和口号，而且还有独具特色的企业故事，可以帮助顾客及其他利益相关方更好地了解公司，在声誉市场中将其区分开来。

比如乐高，乐高公司的发展建立在乐高积木的基础之上。公司利用各种原色唤醒利益相关方头脑中有关童年时的记忆、年轻时的抱负以及动手能力的炫耀等一系列特殊的关联。乐高积木可以拼出各种各样的造型，包括一些位于突出位置的玩具店前的巨形拼图创意（比如纽约 FAO Schwartz 高端玩具店），还有公司遍布世界各地的乐高主题公园，整个公园完全是由乐高积木搭建而成。图 6 - 6 和案例研究 6 - 4 展示了公司如何运用乐高积木作为企业符号，塑造了一个专注于想象、游戏以及学习主题的声誉平台。乐高的企业故事引人入胜：

仔细分析乐高、维珍、宜家和 INVE 的企业故事，我们可以发现其中包含几大特色元素，这也是所有优秀企业故事的共性：

☐ 故事引出了独特的词汇用来形容公司；
☐ 故事提到了公司独特的历史；

□ 故事描述了公司的核心优势；

□ 故事将公司人格化、人性化；

□ 故事有一条情节主线；

□ 故事强调了不同利益相关方关心的事项。

案例研究 6 – 4　乐高企业故事：想象、学习与游戏

图 6 – 6　乐高声誉平台

"自 1932 年乐高公司成立以来，我们一直在寻求不同。尽管我们制造玩具，但我们并非玩具公司。尽管我们创造利润，但我们绝不唯利是图。尽管我们的产品远近驰名，但我们以自己的理念立足于世。

我们的名称来自丹麦语，是 'leg godt' 的合成体，本意是 '玩得开心'。这既是我们的名称，也是我们的本性。我们相信，游戏是孩子成长和发展中必不可少的组成部分。游戏可以助长人类的心灵。游戏可以激发想象、概念思考以及创造力。游戏是我们人性的内在核心。

我们期望在孩子和成人心中建立的品牌定位是 '创造的力量' (The Power to Create)。我们为孩子们制造机会，让他们找到属于他们自己的喜悦，开发他们的想象力和技巧。'力量' 是我们帮助孩

子释放的力量。'创造'突出了我们可以激发想象力和创造力的能力。'创造的力量'表明我们有能力释放不同年龄段的孩子内在的优秀因子，为发展和学习增添创新的动力，同时也滋养我们每一个人内心的童真。

我们通常会强调三个 B：床上（Bed）、浴室里（Bath）和自行车上（Bicycle）。这些时候通常是你的好点子要蹦出来的时候。这时没有人逼迫你去创新，你的潜意识有了空闲，可以自由活动。但是，如果你必须每时每刻都要思考新点子呢？那些好奇心重、创造力强、想象力丰富的人，没有失去他们对学习的本能渴望，正全副武装要在这充满挑战的世界闯出一片天地，打造我们共同的未来。

过去 60 多年间，乐高积木的全球销量高达 3200 亿块，全世界 60 亿人口平均每人大约有 52 块乐高积木。早在 1932 年，我们便开始生产乐高产品，时至今日，我们成为世界十大最畅销玩具榜单中唯一一家欧洲玩具制造商。我们的员工达 8000 人，都是忠实的乐高迷，其中 4000 人位于丹麦比隆（Billund），其余员工分布在世界各地。

从 20 世纪 30 年代公司创建之初时起，我们便以"Only the best is good enough"（只求最好）为座右铭。因此我们不断审视我们的环境及安全政策，确保我们的最低标准至少与世界上最严格的标准看齐。

要想收购乐高公司的股份是不可能的，因为乐高是一家家族企业。但是我们还是会每年公布一期年度报告，对过去 12 个月做出统计概括。

此外，我们还是世界上最大的轮胎生产商：仅 2000 年，乐高公司生产的轮胎不少于 3.06 亿个。

在乐高公司，我们有一项悠久的传统，即始终将保护身边的环境以及顾客和员工的健康安全放在首要位置。我们的环境意识突出表现在产品生产环节上。在设计乐高组件时，必须考虑到孩子可能将其放在口中、用牙咬、用脚踩或者当锤子砸。我们了解孩子们喜欢这样玩。因此，我们做好了充分的预防措施。"

资料来源：www.lego.com。

创作企业故事

设计企业故事的首要目的是构建企业传播。从整体而言，企业故事并非一定要适合广泛散播。企业故事为广告商、分析人士、记者及其他想要抓住公司"本质"的观察者提供了一个有用的简介。判断企业故事是否成功，可以观察公司内的不同成员如何讲述他们的企业故事。如果对故事的各种解读在部门边界之外得到了广泛的传播，那么这样的企业故事更胜一筹。

创作企业故事——特别是集合内外资源创作这样的故事——的过程，在学术文献上所得到的关注通常是有限的，但是也有个别著名的案例（van Maanen，1988；Roth and Kleiner，1998；Senge，1994；Collins and Porras，1994）。这一研究的普遍共性在于强调让组织成员参与到有关战略意图的内部决策中来，以此确保其顺利执行。尽管他们都在强调内部参与，但是将利益相关方包括其中也是建立强大的企业故事必不可少的一部分。

企业故事的形式多种多样。本节中，我们建议公司可以采取以下六个步骤，创作可持续的企业故事。最后成稿的企业故事应该在400—600字英文（合600—1000字中文）（见图6-7）。

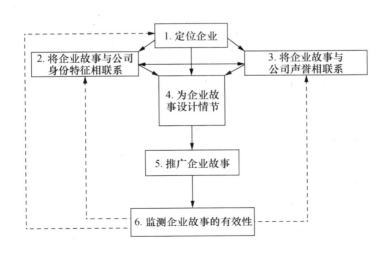

图6-7　创作企业故事

资料来源：范瑞尔（2001）。

第一步：定位企业

一个好的企业故事可以参照市场竞争对手，给公司一个明确的定位，清晰表达自身认识到的竞争优势（Porter，1985）。同时，好的企业故事还将涉及主要利益相关方可能关心的事项。

竞争

创作企业故事首先要从公司参照竞争对手进行定位的相关正式文件和档案研究中摘取信息。对于一家多种经营的公司，对公司每个业务单元的相关"市场吸引力"和"竞争能力"进行定性评估是很有帮助的。图6－8为一个典型的定位图，表明了某公司的企业故事应该围绕哪些"关键制胜因素"展开。

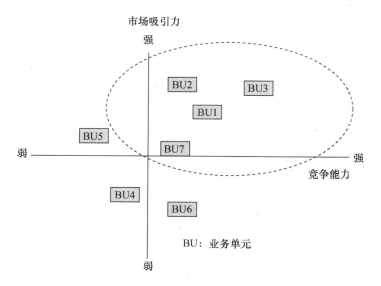

图6－8　选择可用于企业故事的定位元素

利益相关方

企业故事的另一组定位元素应该来自对公司利益相关方状况的详细审查。关联性最强的利益相关方是那些对公司有着最高程度的迫切性、合法性以及感知力量的人群（Mitchell et al.，1997；Grunig and Hunt，1984）。公司应该采访每个主要利益相关方群体的代表，明确他们主要关心的公司事项。

第二步：将企业故事与企业身份特征相互关联

一个好的企业故事必须反映公司的身份特征。在第三章中我们谈到，公司的身份特征包括员工对公司独特性、连续性、中心性"真相"所持有的内部信念。这些身份特征元素可以通过内部调查以及员工和管理者的小组讨论获得。

参与讨论组的管理者通常要：（1）参与对公司的公开讨论；（2）形成他们会用来描述公司的关键词列表；（3）投票选出大多数参与者感知到的关键词。表6-1显示了通过这种身份特征元素分析可能得出的结果。

表6-1　　　　　　　　　　身份特征元素网格分析结果

网格分析结果	实际值			期望值			差值
	最小值	最大值	平均值	最小值	最大值	平均值	
全球公司	5	8	7.2	8	9	8.6	-1.4
商业伙伴	6	8	6.9	8	10	8.8	-1.9
快速执行	8	9	8.6	8	10	8.9	-0.3
顾客中心	4	7	6.2	8	10	8.5	-2.3
规模生产	7	8	7.5	8	9	8.4	-0.9
优秀雇主	6	7	6.9	8	10	8.6	-1.7
服务提供	4	7	6.0	7	10	8.7	-2.7
值得信赖	8	8	8.0	8	10	8.7	-0.7
高新科技	5	8	6.9	8	9	8.6	-1.7
友好开放	6	7	6.8	8	9	8.1	-1.3

对身份特征元素的网格分析提供了可持续企业故事的另一个有价值的"出发点"。从分析中得出的关键词体现了公司的内部语言风格，易于被内部利益相关方所接受。

第三步：将企业故事与公司声誉相互关联

一个好的企业故事还应该考虑到公司外部感知形象的潜在推动因素。对于外部声誉调查结果的审视也可以为构建企业故事提供有价值的信息。

图 6-9 为指明某一公司声誉关键推动因素的因果图。如图所示，建立企业故事的另一组有用的出发点在于强调有助于在广大受众之间推动公司声誉的各种属性。在这个例子中，诸如"可靠性"、"物有所值"这样的产品属性是公司声誉的主要贡献因素，此外还有公司工作场所属性如"员工技术熟练"、"福利优越"，财务属性如"利润丰厚"，领导层属性如"善于管理"。这些都应该在企业故事中突出强调，而对公司声誉作用没有那么显著的属性，在作为出发点时则可以少做强调。

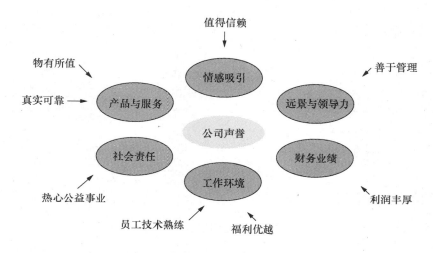

图 6-9　运用声誉推动因素作为企业故事的出发点

第四步：设计企业故事的情节

按照前三个步骤，我们可以通过研究得出出发点，利用这些出发点，就可以起草企业故事了。首先是要做"定位声明"，公司向世界宣布什么是其独特优势。创作定位声明时应该召集一个小组，由不超过四位到六位企业代表组成。最终声明应该邀请公司内外的人员进行检验，并通过检验做出调整，使其更有关联性和现实性。在创作过程中让尽可能多的人参与进来还可以增进共识。

其次要为前三个步骤选出的每个出发点提供"证明点"。"全球公司"这一出发点的证明点可以是"产品远销世界超过 42 个国家"。"热心公益事业"这一出发点的证明点可以是"公司为当地社区免费提供了超过 ×

×小时的员工志愿服务"。

最后是选择讲述企业故事的"语言风格",主要包括进取、谦逊、幽默、朴实、激情。故事的语调是自吹自擂还是谦虚谨慎?故事里出现的公司形象是激昂还是沉闷?保守还是前卫?活泼还是严肃?乏味刻薄还是幽默诙谐?语调对故事内容有着重要的影响,会极大地左右外部观察者对公司的情感兴趣,还会引起员工的讥讽或支持。

尽管可用于构建企业故事的情节有很多,因果逻辑往往是其中最有说服力的。若以这种方式构建企业故事,我们推荐运用下面的 AAA 模式。首先描述企业的(1)能力(Abilities),即能够令公司获得成功的核心竞争力;(2)总结企业涉及的核心活动(Activities);然后(3)概括企业取得的成就(Accomplishments)。AAA 模式的概念结构如图 6-10 所示,可以通过与资深管理者结成的讨论组共同构建。

能力

确定自身能力可以通过研究:

□ 组织如何运作;
□ 与竞争对手相比自身有何不同;
□ 什么令组织身份特征经久不衰。

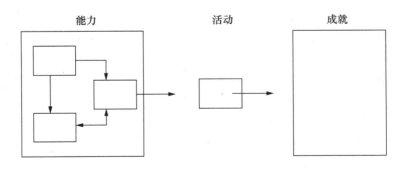

图 6-10　运用 AAA 模式构建因果关系情节

活动

确定核心活动可以通过思考以下问题:

□ 我们经营哪些业务?

□ 组织的主要业务是什么？
□ 我们的业务经营涉及哪些国家？

成就

确定成就可以通过审视：

□ 顾客满意度、市场份额、员工士气；
□ 投资回报；
□ 外部调查的声誉评价。

图 6 - 11 显示了某企业故事的因果情节原型。

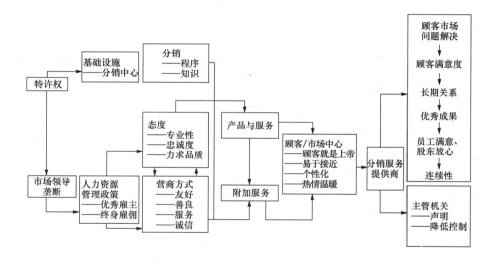

图 6 - 11　AAA 模式实践示例

资料来源：范瑞尔（2001）。

第五步：推广企业故事

为测试企业故事草案的外部支持度，我们推荐根据 Rossiter 和 Percy
（1997）提出的 IDU 方法，对主要利益相关方进行调查。IDU 方法是指邀
请外部受众评价企业故事中确定的出发点对他们而言其"重要性"（im-
portant）和"独特性"（unique）的程度如何，以及他们认为公司可以在
多大程度上"传递"（deliver）出这些要求。同样的手段应该运用在多个

利益相关方群体中，以便反复验证故事草案。

一旦某个故事版本经过测试，最终完成，故事片段应该进入公司向其利益相关方传播的各种媒介。表 6 – 2 所示的信息矩阵可以用来跟踪企业故事强调的特定元素在各种媒介中的运用。

表 6 – 2   **将企业故事嵌入多种传播媒介之中**

出发点	管理演讲	内部媒介	网站	年度报告	企业广告	活动与展览
物有所值						
值得信赖						
员工技术熟练						
热心公益事业						

第六步：监测企业故事的有效性

企业故事是动态的，而非静态的。认为故事一旦写好便一成不变是非常危险的想法。一个好的企业故事和组织本身一样，是鲜活的。组织会适应环境的改变而改变，企业故事也必须做出相应的调整。

一个好的企业故事应该能够激发支持者和反对者同公司展开对话。网络技术使得挑选来自众多观察者的广泛信息成为可能。企业网站本身日益成为促进与公司对话的流行媒介。组织应该系统分析线上反馈，以便观察受众对企业故事元素的反应。

传统研究工具同样也是监测企业故事持续效果的重要途径。公司可以邀请利益相关方展开对话会议，听取利益相关方心目中企业故事吸引人的地方，以及组织应该在哪些方面继续努力。最后，各种各样的传统市场研究工具可以用来跟踪查明公众对公司的感知，为企业故事注入更多特色元素，确保企业故事与时俱进。

总　　结

公司通过建立声誉平台，确定命名体系，提升企业传播的有效性。公司还通过仔细辨别关键出发点、证明点以及向利益相关方传达公司"本质"的情节，来创作出可持续的企业故事。一个好的企业故事是一个工具，能够增进组织与其主要利益相关方之间相互理解。

一个可持续的企业故事可以刊登在企业手册或公司网页等正式场合中。但是企业故事的真正用途相当于一个框架，它在各种媒介间传达公司本质和引导对于公司的解读。

最后，企业故事的有效性可以依据四大标准进行判断。在公司主要利益相关方看来企业故事必须具有：

□ 关联性（Relevant）：它描述了公司活动有何附加价值。

□ 现实性（Realistic）：它描述了公司的真实状况及真实行动。

□ 持续性（Sustainable）：它识别并平衡了不同利益相关方的矛盾需求。

□ 响应性（Responsive）：它鼓励人们与公司进行开诚布公的对话。

高层管理者以自己的方式和理解反复讲述这个故事，也可以提升企业故事的有效性，前提是要保持在 AAA 模式范围以内。然而，不论故事有多吸引人，终究只能在公司的声明和公司的行动相符合时才有作用。二者相差越大，观察者在听到这个企业故事时所产生的讽刺反应就越强烈。

下一章中，我们将考察公司声誉平台和企业故事的实际落实。我们还将审视面对五类关键目标受众进行企业传播时的特定方面，这五类受众即员工、金融界、政府、非政府组织以及顾客。

讨论题

1. 为公司选择命名体系时，管理者应该注意哪些因素？
2. 什么是声誉平台？公司为什么要建立声誉平台？
3. 如何建立一个强有力的声誉平台？
4. 创作一个可持续的企业故事可以采取哪些步骤？
5. 在企业故事完成之前，公司的每一个人都必须赞同这个故事吗？

第七章　企业表达

欣快的活力

激荡起流动生活中的

每个分子

潮起潮落，

绘出一道航线

绕过我，穿透我。

一场宇宙音乐会

包围住我

无声的能量

充斥我的风格

忧郁的旋律

抚慰着我的旅程。

——帕梅拉·沃特博德·戴维森（Pamela Waterbird Davison）

　　声誉平台一经确定，管理者不仅应该利用这个平台创建可持续的企业故事，还应该将这些故事贯彻到对内对外的传播活动中。本章考察了建立传播项目时应予以考虑的主要因素，为管理者提供了一个框架，用于识别其传播行为的广大目标，建立更富表达力的公司，让利益相关方可以感觉公司达到了关键的业绩目标，满足了一致性、独特性、真实性、透明性以及响应性。

　　要完成一个企业故事，管理者的灵感可以来自：（1）一个市场模型，引起对潜在顾客或利益相关方可以从公司活动中获得的好处的注意；或者（2）一个内部模型，着眼于在传播活动的关键执行上形成内部一致性的必要性。

　　IDU 模型（Rossiter and Percy，1987）采取营销途径规划企业传播。

该模型设想，制订传播方案时，管理者应该始终定义一个"关键好处"，它需要：

□ 对目标群体有其重要性或激发作用；
□ 可以通过品牌传达；
□ 属于品牌特色。

其他这类基于营销的模型描述了传播活动的理想组合（Cutlip et al.，1994），建议所有传播活动计划应该随外部市场因素而定（Reynolds and Gutman，1994；Rossiter and Percy，1997；Petty and Cacioppo，1986）。

也有研究者提出了相反的观点，他们认为，执行决定应该受内部文化及政治因素支配（van Riel，1992，1994；Campbell and Tawdy，1990；Grunig and Hunt，1984）。他们提请注意主要领导者与传播方案执行中充当中心角色的支持者之间达成内部一致性的重要意义。

这两种方法互为补充。将二者相结合产生了以下七步模型，该模型以企业故事作为出发点，旨在设计出高效的传播（见图7－1）。

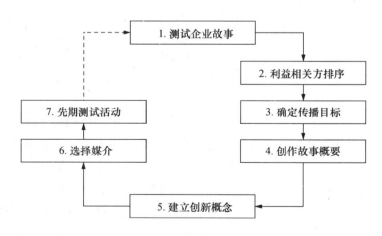

图7－1　完成企业故事的七步模型

第一步：测试企业故事

在一次投入巨大的传播活动之初，评估传播方案中涉及或不涉及特定业务单元的程度往往是很有帮助的。共识建设练习（第四章中谈论过这类练习）可以用来评估主要管理者对采纳的企业故事的支持程度。经验表明，不是每个人都会支持创作出来的企业故事，一些业务单元甚至可能只字不提。

传播的多样化如果能够起到积极作用也是可以采用的。然而，最重要的是，要提前弄清谁支持、谁不支持，这样，才能选取适当的案例传达企业故事各个元素。以 ING 集团为例。荷兰金融服务巨头 ING 集团的企业故事是相继完成的，最初突出强调了荷兰以外，ING 实力雄厚的其他国家。第一个传播活动是在美国，通过公司 ING 直属机构，赞助了纽约马拉松比赛。随后一系列的传播活动走进亚洲，再回到位于欧洲的公司总部。

第二步：利益相关方排序

每个公司都有很多利益相关方，很难将其全部顾及。因此，有效的传播必须从确定利益相关方的优先顺序开始，目标对准那些对公司实现其目标最为关键的人群。弗里曼（Freeman，1984）认为，利益相关方可以定义为"任何影响组织成就或被组织成就所影响的群体或个人"。确定优先级有两点必要事项：（1）选择最为相关的目标群体；以及（2）细分被选目标群体。

选择目标群组

选择目标群体时，需要区分较为重要的目标群体和较不重要的目标群体。一个目标群体可以简单地描述为实现某一目标需要依赖的关键人群。换句话说，在最后决定目标受众或利益相关方之前，必须首先明确目标。

目标群体可以根据公司对其的依赖程度划分为主要和次要群体。Grunig 和 Hunt（1984 年）提出的"利益相关方联动模型"（stakeholder linkage model）利用 Pfeffer 和 Salancik（1978）提出的资源依赖理论，依据各群体的"依赖关系"对各群体进行归类。他们将这种依赖关系称之为联动（linkage），指该群体控制或影响对公司运营至关重要的资源的能力（见图 7 - 2）。

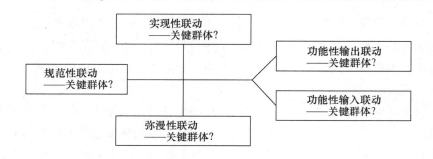

图 7 – 2　利益相关方联动模型

　　实现性群体（enabling groups）指的是对公司而言存在根本性运营联动的群体，其中包括股东和财政支持者。功能性群体（functional groups）指的是涉及公司投入和产出的群体，可划分为投入目标群体（员工）以及产出目标群体（顾客）。规范性群体（normative groups）指的是竞争对手或盟友，这类群体与公司具有相同的利益。最后，还有弥漫性群体（diffuse groups），这一群体不是以某正式组织成员的身份特征与公司发生联动（Grunig and Hunt，1984）。

　　与组织没有直接商业联系的利益相关方群体往往是最有可能寻求与组织接触的群体，这种接触是公司极少欢迎的，然而同时也是不容忽视的。非政府组织通常不在公司目标群体之列，往往被认为是不相关的群体。但是，你可以问问看反对童工的非政府组织对耐克意味着什么：这些组织经常抱怨耐克在对发展中国家分包商的管理上不负责任，使得耐克的公司行为和传播成为众矢之的的。显然，非政府组织已经成为耐克在进行传播时重要的目标群体和考虑对象。

细分目标群组

　　想要对目标群组有一个更深入的了解，我们可以研究该群组有关因素的一系列社会经济特征，诸如群体成员、群体动机、对公司的感知（无论合理与否）、对企业的实际认识、群组生活方式以及媒介消费模式。使用这些变量进行细分，可以得到目标群组标准定义之下的不同人群子集，引导管理者定制适合特定细分市场的传播活动。

　　从营销角度来看，可以围绕三个类别进行细分：

1. 群组的品牌特异性特征：涉及目标群体对某企业品牌的感知方式，例如顾客对某特定啤酒生产厂家的啤酒品牌（比如百威或者喜力）的忠实度，以及对这一品牌的消费频率。

2. 目标群组的产品类别特征：仅涉及消费有限类别的产品，比如只限消费无醇啤酒。

3. 目标群组的一般特征：如教育程度、婚姻状况、生活方式等。

表 7 - 1 对上述定义做了总结，描述了对目标群体进行细分的典型方法。

表 7 - 1　　　　　　　　　　　细分利益相关方

细分策略	客观标准	主观标准
特定品牌（品牌的使用）	品牌忠实度（行为） 使用频率 惯例	品牌忠实度（态度） 偏好 评价 购买意向
特定领域（产品类别的使用）	使用频率 替代物 互补性 行为	兴趣、观点 感知 态度 特定领域的价值
一般特征（行为模式或个人特点）	收入 年龄 教育 居住地 行为模式	生活方式 个性 一般价值

资料来源：van Raaij 和 Verhallen（1990）。

目标群组可以依据他们对公司的介入程度，或者公司想要传播的特定"议题"进行界定（Grunig and Hunt，1984）。在设计传播方案时，管理者应当注意目标群组在内部是被识别为"问题性"（制造问题）还是"制约性"（制约问题解决）。如果依据这两个维度进行简单的双向分割，可以得到涵盖八类目标群组的列表（见表 7 - 2）。

表 7 – 2   目标群组类型

	高介入度 (High Involvement, HI)		低介入度 (Low Involvement, LI)	
	行为类型	公众类型	行为类型	公众类型
面对问题时的行为 (Problem-facing Behavior, PF): 高问题识别度, 低限制识别度	HIPF	积极	LIPF	觉察/积极
受限制的行为 (Constrained Behavior, CB): 高问题识别度, 高限制识别度	HICB	觉察/积极	LICB	潜伏/觉察
常规行为 (Routine Behavior, RB): 低问题识别度, 低限制识别度	HIRB	积极	LIRB	无/潜伏
持宿命论的行为 (Fatalistic Behavior, FB): 低问题识别度, 高限制识别度	HIFB	潜伏	LIFB	无

资料来源：改编自 Grunig 和 Hunt (1984)。

另一种对利益相关方进行优先排序的方法是按照他们的相对影响力、合法性及迫切性对利益相关方进行特征分析 (Mitchell et al. , 1997):

□ 影响力：利益相关方对组织的影响力。如果目标群体"在与组织的联系中，具有或能够获得将其意志强加于组织的强制性、功利性或规范性手段"，则认为该群体具有较大的影响力。

□ 合法性：利益相关方和组织之间关系的合法性。如果"某一实体的行为在有关规范、价值、观念或定义的某种社会建构系统中被认为是可取的、正确的或适当的"，则认为该群体具有较强的合法性。

□ 迫切性：利益相关方对组织提出的索求的迫切性。如果"利益相关方的索求要求立即给予关注"，则认为该群体具有较高的迫切性。迫切性有两个条件：二者关系必须具备时间敏感性和严重性。

利用该框架可以将利益相关方划分为以下七大关键群体（见图 7 –3）：

1. 潜伏利益相关方（具有潜在影响力的群体）；
2. 自决利益相关方（受合法性驱动的群体）；
3. 苛刻利益相关方（受迫切性驱动的群体）；
4. 主导利益相关方（索求具有合法性的强势群体）；
5. 危险利益相关方（要求迫切但缺乏合法性的强势群体）；
6. 依从利益相关方（索求具有合法性但缺乏影响力的群体）；
7. 权威利益相关方（具有影响力、合法性以及迫切性的群体）。

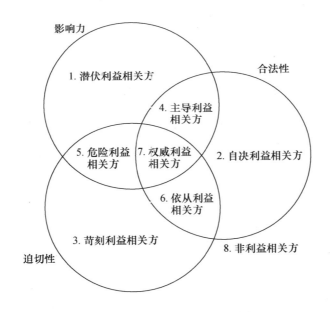

图 7 –3 确定核心利益相关方

资料来源：改编自米切尔等（Mitchell et al., 1997）。

管理者应该认清，他们在应对很多上述利益相关方群体时，可能占有优势，尽管并不总是如此。有时，如果公司运营需要维持某特定非目标群体的许可，此时，与该群体的传播不可避免，但却十分必要。仅仅从营销角度确定利益相关方是很危险的，营销角度往往会忽略很多群体，而公司一样有必要向这些群体有效地传播其企业故事。

第三步：确定传播目标

公司可以依据它们是否寻求改变某特定利益相关方的"知识"、"态度"或"行为"来确定其传播目标。成功的传播涉及创造消息，让目标利益相关方注意该消息的信息内容（"知识"），使他们对内容做出积极反应（"态度"），并令他们改变某一特定支持性行为，比如，购买或投资（"行为"）。这一序列通常被称为"多米诺效应"，参见图 7 - 4。

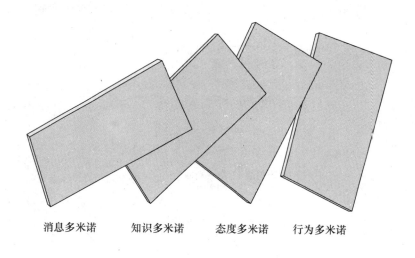

消息多米诺　　　　知识多米诺　　　　态度多米诺　　　　行为多米诺

图 7 - 4　多米诺原则

资料来源：Grunig 和 Hunt（1984）。

尽管多米诺模型为概括企业传播活动的目标提供了一个有用的参照，但是如何实现这些目标常常并不明确。实践中，改变发生的顺序往往前后颠倒，作为传播活动的目标，态度的改变发生在知识的改变之前在逻辑上也是说得通的（van Raaij，1984）。认知、情感及意动阶段之间的假设关系将极大地影响传播活动的构建方式。

图 7 - 5 所示的联合定向模型可以帮助公司界定传播目标（McLeod and Chaffee，1973）。该模型从公司的角度出发，确定公司与其目标群体之间存在的"感知差距"。这一模型有助于公司对所要求的知识、态度和

行为上的特定改变进行优先排序。

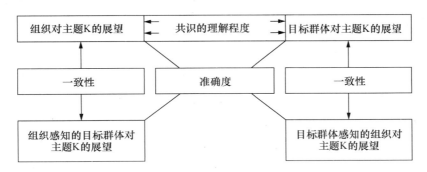

图 7 – 5 利用联合定向模型界定感知差距

资料来源：McLeod 和 Chaffee（1973）。

该联合定向模型一开始先界定组织眼中的主题 K（Subject K）。这样做可能有些难度，因为公司里很可能对主题 K 盛行着各种不同的内部感知。就此，建立共识往往是中心任务。一旦公司上下建立了对主题 K 的一致意见，公司必须立即评估目标群体对主题 K 的可能感知。要想提高评估效率，需要进行专门的研究或对话，探查目标群体的成员实际上对主题 K 有何看法，以及他们认为公司对这一主题是如何感知的。将二者并置，很可能会出现感知差距。McLeod 和 Chaffee 区分了四种可能存在的问题：（1）缺乏一致性；（2）缺乏准确性；（3）缺乏理解；（4）对当前情况如何界定缺乏共识。

一致性指的是某人认为自己与他人对一个对象看法的一致水平。准确性指的是双方观点的精确程度。理解指的是两组感知之间的一致水平。而共识指的是双方评价的相似程度。

只有对公司眼中的情况以及目标群体眼中的情况都有所了解时，才能确立传播目标。如若分析指明，问题主要在于准确性，那么公司努力的重点应该放在旨在增进理解的传播形式上。正如 Grunig 和 Hunt（1984）所言："消息的接收者并不一定会同意所接收的消息，或者打算就此采取某种行动。他们只是对你说过什么有印象。目标受众知道对方有何观点和评价，然而他们并不一定持有相同的观点和评价。"

如果问题在于理解，那么公司必须努力确保目标群体收到并接受了传达的消息：目标受众不应该只是留存了解释对方观念的消息，还应该接纳这一消息，将其作为有关现实的观念。

最后，如果对主题 K 的评价不存在感知差距，则双方达成共识，不需要改变态度。

假设准确性出现问题。要克服准确性的差距，在采取其他行动之前，公司传播的重点应该放在增加目标群体对公司的知识之上。换句话说，如果问题出在事实信息错误上，这时利用传播改变态度就没有任何意义了。1995 年，壳牌集团就布伦特·史帕尔（Brent Spar）储油平台危机在应对与绿色和平组织的关系时便亲身经历了这一问题。绿色和平组织最后承认，问题出在对事实的错误报道上，特别是绿色和平组织错误地估计了将废弃的储油平台沉入海底可能造成的环境影响。就这一情况，壳牌本应明智地展开基于知识的传播活动，而不是做其他无用功。由于壳牌未加以阻止，绿色和平组织得以说服媒体和公众相信这一错误数据，同时诋毁壳牌集团。

第四步：创作简报

在准备企业活动时，一般会邀请外部机构的创意专家一同参加。他们需要一份简报，即通常所谓的"复制平台"。这份"简报"应该包含三个部分：

1. 竞争环境

描述提出展开传播活动需求的市场环境。通常包括有关竞争对手总体战略以及传播战略的基本信息。

2. 核心任务

描述公司之所以存在的理由。关键问题包括（Hamel and Prahalad，1996；Campbell and Tawady，1990）：

□ 公司为什么存在？
□ 公司的核心价值观是什么？
□ 公司独特竞争力的关键来源是什么？

□ 公司为确保员工"恪守公司价值观"采取了哪些措施？

就简报而言，第四点大概是最能说明问题的。比如，很多公司声称有自己的行为规范，然而大部分规范是大多数员工不知道且无人使用的，因此在简报创作中也不太可能证明其有用性。相反，1996 年壳牌集团修订其《企业原则》时，公司小心确保这份《企业原则》不要成为另一个"企业行为规范"，成为只能躺在书架上与灰尘为伍的（无用）之物。为赋予《企业原则》以活力，壳牌要求公司顶层人员签署了一份声明，称自己将切实履行《企业原则》。不签署这一声明或者言而无信的管理者后果不堪设想。这点信息可以作为简报的有力组成。①

3. 核心信息

简报的第三个组成部分通常是描述传播活动应该传达的核心信息。在选择传播的核心信息时，有两个因素发挥着关键作用：应该说什么以及应该怎样说。PPT 模型是组织简报信息创作的一个便利工具。该模型表明，传播活动有三个最重要的组成部分，即证明、承诺和语调，而这些主要通过一个核心创作理念来传达。

□ 证明：可以有据可依，最好和所选择的创作策略的主要趋势相联系。

□ 承诺：简要描述活动中使用的核心承诺。

□ 语调：简报内容应该是信息密集型，还是情感吸引型？活动应该使用进取的、幽默的还是煽动性的口吻？就制定明确公司信息，在目标群体中留下可信的印象而言，存在哪些限制？

第五步：制定强有力的创作理念

声誉平台和企业故事可以有无数种方式来实现。受到限制的只不过是

---

① 需要注意的是，2001 年颁布的《萨班斯—奥克斯利法案》（*Sarbanes-Oxley Act*）对美国公司提出了类似的强制要求。法案要求首席执行官必须亲自签署其公司发布的财务报表，并对此负有法律责任。现在，首席执行官在法庭之上不得声称对公司财政体制不知情。

设计团队向目标群体解释其故事的创意性。因此，平台和故事的吸引力在很大程度上有赖于创作理念。

　　创作理念使故事生动鲜活，常用的技巧是运用与故事相结合的视觉刺激。色彩、比喻、声音、趣味性以及图像的运用都能够在感官上给人以深刻的印象，全部可以应用在企业故事中。比方说，汇丰银行 2003 年发起的大规模宣传活动，如图 7-6 所示。通过展示银行了解地方惯例的各种

印度——可以辟邪

墨西哥——可以饱腹

千万不要低估地方知识的重要性

为了理解一个国家和她的文化，你一定要成为她的一部分。这就是为什么汇丰银行比其他任何公司都在更多的国家拥有本地的银行。我们全世界的办公室里都是当地人在工作。正是他们的视野让我们抓住了那些对外人来说不可见的金融机会。

HSBC
The world's local bank

图 7-6　汇丰银行定位（"the world's local bank"）：环球金融，地方智慧
资料来源：Richard Pullar 摄。

传播行为，活动强调了汇丰银行的核心信息——"the world's local bank"（环球金融、地方智慧）。为此，宣传活动使用了特色鲜明的传播组合，包括语言内容、地方图像，以及字体、色彩和符号等，以使其核心信息具体化。

实际而言，一个强有力的创作理念应该为公司所有的传播活动提供一个参照框架，即一个代表公司背后的产品品牌的独特形式和内容，所有的公司信息都可以透过其进行过滤。很少有公司长期以来始终保持一个创作理念。通用电气的核心信息"We Bring Good Things to Life"（GE 带来美好生活）坚持了很多年，但是 2004 年，放弃了这一理念，改为"Imagination at Work"（梦想启动未来）。荷兰电器巨头飞利浦的口号"Let's make things better"（让我们做得更好）使用了六年之久，但是同样也在 2005 年改头换面，推出新的核心信息"Sense and Sensibility"（理智与情感），旨在展示飞利浦致力于为人们发展技术。美国消费品、医疗设备及制药公司强生超过一个世纪以来一直以母婴纽带定位公司品牌。在广告方面，强生不仅严格限制"Johnson & Johnson"标志性的红色及标识，还限制其子公司不能在其自身传播活动中利用母公司基于婴儿的品牌资产。强生广告几乎能使人闻到刚扑了粉的婴儿的气息（见图 7-7）。

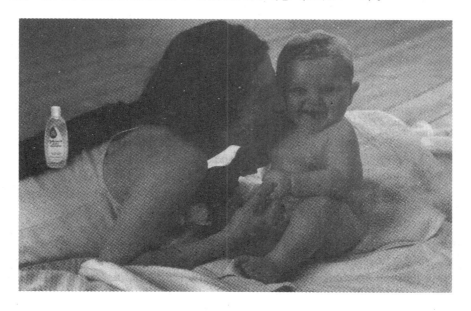

图 7-7　强生公司定位：强调"养育"和"母爱"

2002 年，强生发起了一项运动，旨在鼓励人们考虑将护士作为职业，以解决美国护士严重短缺的问题（见图 7 - 8）。这项名为"Dare to Care"（勇于关爱）的运动为护士奖学金及教育募集了大量资金，增加了护士学校和更多教育选择的生源。

图 7 - 8　强生宣传活动："支持我们的护士"

Reynolds 和 Gutman（1984）提出的 MECCAS 模型（means - end conceptualization of components for advertising strategy，广告策略元素手段式概念化）可用于形成更有效的广告内容。该模型建议，管理者在构建创作理念时需要注意如下五个要素：

□ 驱动力：传播策略、公司目标重点关注的价值取向。
□ 借力点：公司活动达成并实现目标，或者激活所传播的价值的方式。借力点强调驱动力（价值）和活动中理性、道德、情感元素之间的联系。
□ 执行框架：有关价值向目标群体进行传播时使用的行动计划和手段。

执行框架提供了活动开展的背景，特别是所用到的基调和风格元素

（如布局、视觉效果、标志等）。

□ 消费者效益：目标群体可以得到的重要的积极后果，在传播活动中，公司与目标群体通过口头及视觉途径进行了外显的传播。这些效益可以是功能性的、心理的或者社会的。

□ 信息效益：通过信息得到的与产品相连的属性、特性或效益，其传播可以是口头的或者视觉的。

雷（Ray，1982）指出，创作理念一经确立，应该就以下问题进行测试：

□ 创作理念是否与企业战略相一致？

□ 是否适应目标群体的性质？

□ 是否与总体传播策略相配合？

□ 该理念是否具有"杠杆效应"（"乘数效应"）？

□ 该理念是否过于复杂？

□ 该理念是否足够独特？

□ 该理念能够应用于各种不同的大众传播形式？

□ 该理念是否有可能遭到竞争对手的讥讽？

□ 该理念能否使用足够长的时间？

第六步：选择媒介

马歇尔·麦克卢汉（Marshall McLuhan）有一句著名的经典言论："媒介即信息"。尽管已被滥用，这句话仍然是关于媒介组合对公司声誉平台及企业故事有效传播的重要性的最清晰的表述。选择何种媒介用于传达传播信息与传播活动中的其他因素相比有过之而无不及。全部传播预算中，大约有90%都用在了媒介购买上，而战略设定、活动实施以及结果评估总共只占10%。这一事实表明了公司媒介战略的重要性。

媒介战略制定的核心紧紧围绕着一个概念，即所选媒介必须能够传达活动的创作内容，传达方式必须满足传播目标，并能以预期的方式影响目标群体（Rossiter and Percy，1987）。在某个不知名的公司发起一项大规模的媒体宣传活动时，其主要目的应该是提高认识和熟悉度。随后，宣传活动应该集中聚焦于特定的目标群体，进行更为直接且个性化的传播，针对不同的采纳类型突出不同的侧重点。这样做的目的是说服目标群体的成员，从而推动目标群体的态度或支持性行为的改变。

　　总体而言，媒介的选择需要依据四个指标：预算、范围、曝光频率和连续性。"媒介气球"描述了范围、频率和连续性的平衡。正如 Rossiter 和 Percy（1987）所言："如果气球打了结（指代媒介预算有限），管理者不可能让一个气球变大，而保证另外两个气球中没有一个变小。"如果允许管理者吹出所需的任意大小的气球（指代媒体预算放开），那么所有三个气球都将变大，于是产生一个更加全面的媒介计划，图 7-9 阐明了其中原理（Rossiter and Percy，1987）。制定媒介战略时，人们越来越多地开始利用计算机模型。比如 MEDICA 模型（Little and Lodish，1960）和 AD-MOD 模型（Lancaster and Katz，1989）。这些模型的缺点在于其设计主要是应用于广告媒介的选择，最适合于检视广告的大众媒介选项。

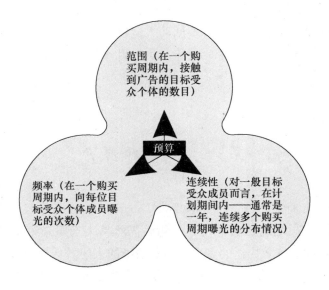

图 7-9　媒介气球

资料来源：Rossiter 和 Percy（1987）。

Minekus（1990）发现了另一个顺序问题，在选择传播媒介时经常会出现，"最困难的任务是明确在某特定情况下，建立何种媒介组合将带来最大的协同收益"。他提出一连串尖锐的问题，1＋1＋1 什么时候能等于3，什么时候能等于5？什么时候针对某情况最佳的解决方案会涉及广告、公关以及直接营销的组合？而什么时候通过直接营销、赞助和产品布置会达到更好的处理效果？此时，专家对这些问题的洞见不见得比直觉更多。这里几乎很少涉及有关传播效应、单个传播行为的效应的科学知识，更不用说不同媒介的协同效应了。

《营销传播手册》（*Handbook of Marketing Communication*，*Rinnooy*，1988）提出了一种可能的问题解决方案，即就一系列特征对可用媒介进行评估，然后决定在何种程度上它们的弱点和优点可以在媒介组合中彼此互为补充、相辅相成。当然，这种评估必须在一个连续的基础上进行，同时参照目标群体以及活动目标。

第七步：活动影响力的先期测试

公司围绕其声誉平台和企业故事构建企业活动，活动构建一经完成，对该活动进行先期测试是至关重要的。这时，公司可以运用 IMPACT 模型（Internal Measurement for Predicting A Change on Targets，预测目标群体变化的内部衡量）对其进行评估（van Riel and van Bruggen，2002）。该模型可用于在企业活动完成之前衡量活动可能产生的影响和效果。

IMPACT 模型考察了三个方面：创新性、专业性和一致性。创新性关注活动的原创性、独特性和区别性。专业性强调活动的信息清晰度、公司关联性、员工吸引力、可信度、现代性以及目标群体适用性等特征。一致性涉及稳定性、连贯性以及活动理念呈现出多大力度等属性。通过知识、态度和行为的预期变化可以解释一个企业活动预计能否取得成功。

从务实的角度来说，践行 IMPACT 模型通常涉及邀请所构建活动的直接参与者——不论是内部员工还是外部机构——回答一份结构式问卷，调查他们预测该活动可能对观察者带来怎样的影响。要做到这一点，需要制定企业活动的两个或三个替代方案。将这几个概念性版本呈现给参与者，参与者依据 IMPACT 调查问卷对各版本做出评价。基于数据分析结果，可以创作出活动的"最佳版本"。对修订后的活动进行再测试,检查其是否呈现出最积极的测试结果。一旦通过评估,活动即进入实施阶段。图 7 - 10 概括了在对活动的先期测试中如何应用 IMPACT 模型。

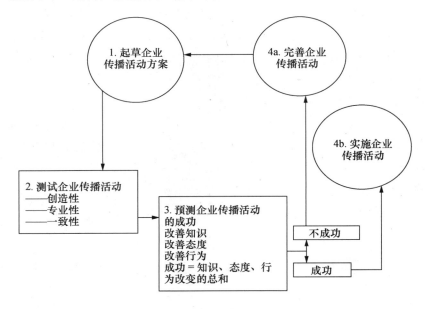

图 7 - 10 运用 IMPACT 模型对企业传播活动进行先期测试

资料来源:van Riel 和 van Bruggen(2002)。

对比研究表明,仅对内部利益相关方进行活动的先期测试,和针对外部利益相关方进行的测试结果通常极为相似。鉴于施测容易性、内部团体响应性以及成本经济性更胜一筹,到目前为止,内部先期测试更受青睐,而且也最为经济实惠。内部先期测试还有一大好处,即公司各管理者如果参加了先期测试,并支持活动引出的最终信息和概念,其合作积极性则很可能得到提升。

企业表达力

福伯恩和范瑞尔(Fombrun and van Riel, 2004)对 IMPACT 模型进行了扩展,提出企业传播活动的预期效益应该有关声誉建设。富有表达力的活动可以助长企业声誉,所谓表达力,即活动不仅为公司传达了更高的知名度和独特性,同时还包括透明度、真实性和响应性。由此导出的声誉

IMPACT 模型如图 7 – 11 所示。利用定量调查工具，公司可以对知情团体或测试对象进行先期测试，以确保活动的期望效果有可能实现。

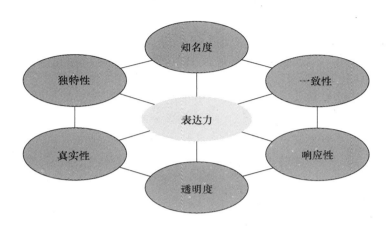

图 7 – 11　可用于评估企业传播活动表达力的声誉 IMPACT 模型

资料来源：改编自福伯恩和范瑞尔（Fombrun and van Riel）（2004）。

结　论

在落实声誉平台的过程中，传播管理者可以利用各种模型和检查清单准备并执行其传播活动。本章讨论的七个步骤旨在帮助规范围绕声誉平台和企业故事对企业传播活动进行构建的过程。

本章重点强调了公司可以将传播作为面向目标群体表达企业故事的一个方式。然而，我们不应忽视，声誉平台和企业故事属于公司整体，而不是只属于传播功能。如此一来，传播活动就应该被视为使公司面对核心利益相关方群体寻求自身定位的途径制度化的更为广泛的过程的一个必要但不充分的组成部分。

当公司将声誉平台和企业故事瞄准更为专业化的内部或外部受众时，还必须考虑一系列鲜明却又互补因素。关于这个问题我们将在第八章讨论。

讨论题

1. 讨论如何运用企业传播规划模型构建更为有效的传播活动。

2. 公司应怎样为利益相关方优先排序？将某一群体置于另一群体之上明智吗？

3. 对传播简报而言，至关重要的组成部分有哪些？

4. 公司的核心信息和所使用的创作理念之间存在怎样的关系？

5. 公司应当如何选择用于传达其核心信息的媒介？

6. 判断一项传播活动是否有效，你应该运用哪些标准？

第八章　核心利益相关方传播

线上沟通永远不能，
替代面对面沟通，
人们会真心鼓励对方，
勇敢并且真实。
——查尔斯·狄更斯

　　　　资料来源：ThinkExist. com 语录。

"查尔斯·狄更斯语录"

ThinkExist. com 在线语录

2006 年 3 月 1 日、4 月 4 日

　　公司发展依赖五大核心相关利益者群体，即员工、顾客、投资者、政府以及公众。公众往往由自我任命的活动家——非政府组织作为代表，这些组织为自身赋予了特定的战略性使命。为解决上述一般性团体关心的问题，大部分公司设立了专门的部门，以针对这些群体规划传播行为，与其进行沟通：

　　□内部传播部门：该部门负责与员工进行的传播，经常会与公司的人力资源部门相对接。

　　□营销传播部门：该部门负责与公司顾客进行的传播，经常会与公司的市场营销以及客户服务部门相对接。

　　□投资者关系部门：该部门负责与投资者和分析师进行的传播，这部分群体监测着公司的财务表现和未来前景。

　　□政府关系部门：常被称作"公共事务部门"，该部门专家通常负责提升公司与监管者、立法者以及其他政府代表之间的关系。

　　□公共关系部门：该部门的职责包括与非政府组织和活动团体等一系

列范围广泛的群体之间的相互作用，这些群体的动机主要来自对某一特定的社会问题的关注，而公司在这一问题上或有牵涉。

　　上述五个群体如图 8 - 1 所示，可以联系到前面第七章讨论的利益相关方模型（Grunig and Hunt，1984）。公司中这些群体的专家展开的传播活动各自具有其特定的动力学，在设计制定企业传播活动时，认识并解决他们所关心的问题十分重要。这些专家传播的主题各不相同，他们对传达品牌背后的公司信息的相对兴趣也存在差异。因此，在制定以及开展活动的过程中得到他们的支持是很重要的。

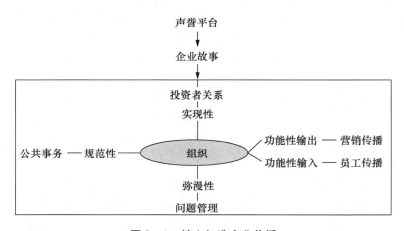

图 8 - 1　精心打造企业传播

　　尽管各专业领域有其特殊的动力学，然而经验表明，所有的传播专家都将受益于：（1）对公司声誉平台有一个坚实的认识和理解；（2）有一个适应其目标群体的利益兴趣、清晰明确的企业故事。不同专家之间对企业故事阐释的一致性有助于增加认识和理解，并最终在其核心利益相关方中建立起对公司的信任和尊重。声誉建设来自核心信息的重复，以及专家将与这些利益相关方传播的内容的构建。

　　本章余下部分分别概览了上述五个领域传播专家关注的问题和采取的方法，并探讨了他们在执行传播活动、促进公司声誉平台和企业故事的发展及推广中起到的作用。

投资者关系：金融传播的作用

投资者关系（Investor Relations，IR）部门只存在于股票在证券交易所上市交易的公司。在此类公司中，投资者关系专家的职责是与现有以及潜在的金融利益相关方进行对接，即个人投资者、机构投资者和金融分析师。

尽管投资群体在公司具有极其重要的地位，但是有关投资者传播方面的科学研究十分有限，直到最近才开始形成一定的知识体系。在某种程度上，这是因为金融管理严重依赖于"市场效率"的主导模型，而这一模型主要由金融领域的领先学术研究发展并普及。在一个有效市场中，所有关于某上市公司的信息都应该是免费的，并且散播广泛、易于理解。因此，根据有效市场假说，没有必要专门进行金融传播，因为所有投资者都能极好地获取一切有关公司的可得信息。

当然，现实情况并非如此，低效市场比比皆是（Dreman，2001）。在大型投资者或中小投资者之间，获取到的信息种类、数量以及质量存在很大差距；投资者并非平等地获得企业信息；公司和投资者之间存在信息上的不对称，对公司同样也对投资者而言，拒绝分享可能会影响公司未来业绩的私有信息有其潜在诱因。

认识到上述事实，1952年，通用电气成为全球首个启动专门的投资者关系部门的公司。如此一来，相关需求便得以明确：该部门不仅可以管理公司与其金融利益相关方之间的常规互动，还可以从战略角度针对这些利益相关方展开工作，令其相信公司未来的发展前景，从而提高他们对公司股票形成有利估价的可能性，增加公司可能获得的金融资本。自此以后，相关文献逐渐增多，研究内容不仅涉及投资者关系专家必须履行的法规要求，还包括他们在面对金融受众传达公司信息、为公司定位的过程中发挥更为制度化的作用（Marcus and Wallace，1997；Rieves and Lefebvre，2002）。

举例来说，荷兰投资者关系协会（NEVIR）将投资者关系定义为"对与现有以及潜在资本提供者之间关系的一致性建设及维护"。Thönissen（2003）则将投资者关系视为一个创造便利的部门，有助于公司"履行资本市场机构和当局加之于公司的信息披露义务，为与现有以及潜在投资者及其中介机构的联系创造了有利的出发点"。此外，伦敦证券交易所（2001）给出了更为一般性的描述，称投资者关系是"在为公司建立更广泛的正面形象的过程中，以投资者为目标的'先锋部队'"。

总的来说，大多数观察者同意投资者关系的作用在于实现如下三项主要职能：

□遵守相关法规；
□建立与关键金融受众间的良好关系；
□推动构建并维护公司形象和声誉。

归根结底，这些作用之所以集为一体是因为一个信念，即认为与金融受众的良好关系将提高公司声誉，进而推动其财务业绩。为此，公司采取的主要途径是改善信贷获得，降低感知运营风险，降低资本成本（Fryxell and Wang，1994；Fombrun and Shanley，1990）。一些实证证据证实了公司通过被感知而赢得的赞赏度和公司财务业绩之间存在联系（相关文献汇总参见福伯恩和范瑞尔，2004）。

投资者关系专家和许多关键的内部及外部受众紧密合作。这些受众如图8-2所示。而图8-3展示了投资者关系专家对组织内与组织外及其相关关系进行运作的广阔场地（Larsen，2003）。

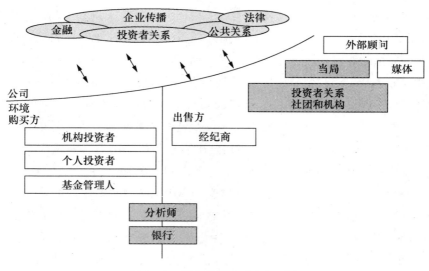

图8-2　投资者关系的目标受众

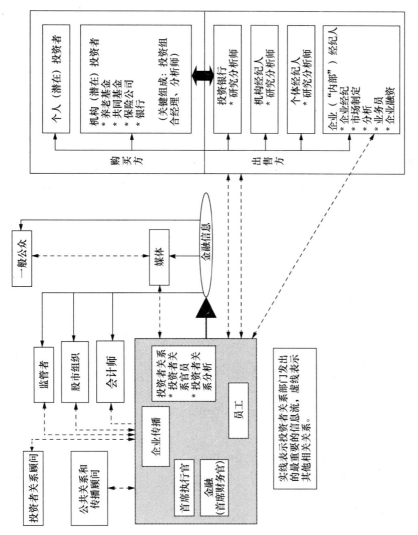

图 8－3 投资者关系：利益相关方之间的关系

资料来源：拉森（Larsen，2003）。

内部受众

投资者关系部门通常需要与金融、企业传播以及法律部门密切合作。首席财务官和首席执行官在面对外部受众进行的投资者关系信息传播过程中必须履行关键作用，所以这些信息必须经过创作、排练、确认以及精心策划。因此，从投资者关系部门产生的大部分信息应该体现高层管理团队的集体智慧，所以，也是公司声誉平台和企业故事对外阐述与传达的一个重要途径。

外部受众

投资者关系通常指导着公司高层团队的信息传递，一般通过投资者报告、分析师来电、公司考察、网络广播以及其他定期会议，目的是向分析师和投资者介绍公司，从而构筑其对公司及公司前景的正面感知。关键外部受众包括两个重要的目标群体："购买方"和"出售方"。出售方包括定期出售公司股票的投资银行及其他中介机构。这些机构的出售方分析师是至关重要的利益相关方，因为他们的任务在于客观地评价关于公司的所有可得信息，以便形成他们的个人建议（"买入"、"持有"或是"卖出"）。杰出的出售方分析师依靠他们过往的建议建立了个人声誉，因此常常对个人及证券投资者的投资决定产生巨大的影响。于是，投资者关系专家极力拉拢这些分析师，力求向他们快速、高效且可靠地传达公司信息。一些证据表明，投资者关系部门向分析师提供的信息越可信，公司股票的表现往往越优异（Brounen et al.，2001）。

综上所述，投资者关系部门开展的金融传播的主要目标是：

☐为公司股票创造潜在需求的储备池；
☐减少公司股票的客户流失率，保持低水平的价格波动；
☐准确反映公司的过往业绩；
☐提供公司未来业绩的可靠预测；
☐监测公司传播活动的市场反应；
☐保持投资者和公司高层管理者对公司价值感知的一致性；
☐最大限度地提高公司的市场价值，尽可能减少公司的融资成本，同时降低信贷成本和资本成本。

若能达成上述目标，不仅可以构建信誉和声誉，而且研究证实，在公司为新项目或并购计划寻求额外的信贷或资本市场融资时，也会发挥极其重要的作用（Brennan and Tamarowski，2000）。

实践中，投资者关系活动在不同公司、不同国家截然不同。美国和英国活跃的证券交易市场在这两个国家建立了较长的金融传播传统。从历史上看，欧洲和亚洲则较少涉足投资者关系领域。然而，自20世纪80年代以来，公司市场价值呈指数增长，加之世界各地市场交易中活跃的上市公司股票激增，推动了这一领域向前发展。

证券交易所和国家监管机构规定了公司有义务透露给所有投资者的诸多财务报告。然而，为增加自身"透明度"，不少公司还公开了一些规定之外的信息。尽管安全法规对公司年度报告应该包含的内容做出了规定，但很多公司在其报告中还披露了公司参与的志愿捐赠、无偿奉献，以及其他涉及道德和社会责任方面的各种行为。这类自愿信息披露存在很大差异，目前就其对公司金融估值的影响尚未达成共识。以荷兰食品业巨头阿霍德集团（Ahold）为例。多年来，该公司一直被视为拥有荷兰最出色的投资者关系部门的组织之一。然而，2003年，阿霍德位于美国的食品服务部门遭遇财政困难，暴露出公司财务会计实践方面存在惊人的违规行为，从此之后，公司严格限制其投资者关系传播，只得披露规定公开的信息。这一举措对阿霍德的感知透明度和声誉是否会产生长期影响，就此人们只能做出猜想。一些学术研究表明，仅仅是在面向投资者发出的交易信号中列出增加透明度和信息披露的承诺，就可以显著增加分析师的涵盖范围，并提高其对公司未来可能收益预测的准确性。此外，还可以带来更高的市场估值（Doidge et al.，2005；Lang et al.，2002）。

近年来，互联网大幅提升了投资者关系专家向金融市场迅速可靠地传达信息的能力，从而增加了公司的感知透明度和反应力，加大了投资者关系部门对市场估值的影响。互联网作用之大使得在公司金融传播中运用信息技术的能力成为衡量投资者关系部门先进程度的一个替代指标（Hedlin，1999）。

员工关系：内部传播的作用

所有公司都要与他们的员工进行传播。随着传播的增加，很多公司设立了员工关系（Employee Relations，ER）部门，专门管理内部传播的各种媒介，用于高层管理者之间以及高层管理者和组织其他人员之间的传播。有些时候，员工关系功能隶属于人力资源（Human Resources，HR）部门，以求充分利用人力资源部门在管理收益、薪酬、考核和发展活动时与员工进行的常规交流。然而，在大多数公司，员工关系也要向涵盖更广泛的企业传播部门汇报。

通常认为，员工关系专家履行着如下四项职能中的任意一项或多项（Krone et al. ，2001）：

1. 提高效率：内部传播的首要用途在于散发关于企业活动的信息。
2. 共享含义：内部传播可用于在员工之间就企业目标达成共同理解。
3. 建立连接：内部传播主要用于阐明公司人员及活动的连通性。
4. 增加满意度：内部传播可用于提高公司上下的工作满意度。

从根本上说，员工关系部门的有效性和专业性取决于公司为其赋予了哪项或哪些职能。然而，在我们看来，它们本身全都不够充分，对员工关系部门真实有效性更好的定义应该在于其是促进还是阻碍了公司战略目标的执行力。

因此，为了保证评估的有效性，我们建议区分一个专业的员工关系部门或将明确处理的四种活动类型：

1. 结构：内部信息传递采用的正式及非正式渠道。
2. 流动：公司内部传播垂直、水平和横向流动的过程。
3. 内容：传播的具体内容。
4. 氛围：组织的情感环境。

一个有效的员工关系部门会通过系统地应对结构、流动、内容和氛围，管理着组织中各群体内和群体间的内部传播，以促进组织战略目标的完成。

更为有效的内部传播还有一个副作用，即提升组织认同，使员工在为公司工作时感觉更加自豪。如果一个群体能给人以安全感和保障感，并让人感到所做的个人贡献能够得到认可，这样的群体往往更容易获得人们的认同。内部传播在提升员工对公司的认同中起到了核心作用，主要途径有：（1）使公司声誉平台对其个体员工而言更加突出；（2）明确内群体和外群体成员规则，即公司下各群体的意义；（3）传播员工参与到组织生活中来将会得到的好处，无论是隐含的还是明确的。图 8 - 4 描述了我们假设存在于员工关系、员工组织认同和组织业绩之间的关系。

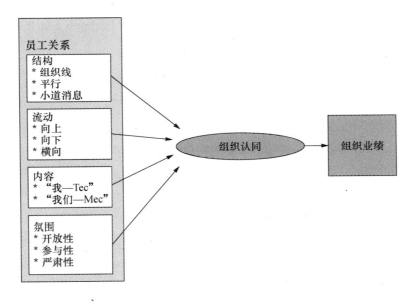

图 8 - 4　员工关系：构建组织认同和组织业绩

资料来源：van Riel 和 van Bruggen（2002）。

结构

组织上下级关系的形式结构产生了一些正式渠道，这些渠道极大地影响了内部传播。组织的形式结构界定了员工的水平和垂直群体，以及用来整合这些差异化群体的协调机制（Fombrun and Shanley，1990；Lawrence and Lorsch，1966）。

公司的信息扩散有三种方式。正式传播通过组织线产生，并在很大程度上反映了组织结构图。通常，高层管理者将信息告知中层管理者，而中层管理者将信息告知其余员工。公司层次结构中的级别越多，以任务为目的划分的不同群体越多，整个公司信息失真和误传的可能性就越大，在公司员工间形成共同理解的可能性越小。

作为正式传播的补充，大部分员工关系部门还依托平行媒介进行传播。员工简讯、内部杂志、视频期刊、告示板、企业电视网络以及内部网等都是现代员工关系部门最常用到的媒介。平行媒介可以提供员工效益的间接反馈，对员工很有帮助。如果对于上述平行媒介所传达的信息，员工认为是及时可靠的，并且降低了寻求其他信息来源的成本，那么员工更有可能选择这些媒介（Ashforth and Cummings，1985；Reinsch and Beswick，1990；Jablin and Putnam，2001）。

最后，信息还可以通过"小道消息"进行传递，这是公司非正式的一面。所有的公司都有其非正式网络，公司成员建立友谊，结成非任务相关的其他联系，传言往往在很大程度上便是由此产生并进行传递的（Tichy and Fombrun，1979；Fombrun，1982）。非正式渠道的影响可以是巨大的，精明的员工关系管理者发现，了解小道消息的运作方式很有帮助，这一渠道在传递某些类型的信息时有其利用价值（Johnson et al.，1994）。

流动

在大部分公司，内部传播更多的是垂直流动而非横向流动，向下流动而非向上流动。向下流动的信息通常包括决策、分派和要求。向上流动则更可能是报告和资料。研究显示，负面信息向上流动更难，向下流动更易：员工如果感到他们与管理者之间存在互相信任的关系，则更有可能向上传递信息。在这种情况下，他们倾向于向上传递更有利、更重要的信息。如果在员工的印象中，他们与之交流的人能够影响他们的职业前景，此时便会形成一种比较机制：员工感知对方的影响力越大，在与其分享正面信息上投入的精力就越多（Trombetta and Rogers，1988）。

平行媒介的扩散对员工关系职能的开展具有至关重要的作用：它可以在全体员工之中维持公司自我展示的一致性。内部网很快就会过时，必须随时更新。公司某一部门撰写的简报与其他业务单元很难保持一致。时间滞后使得在线、印刷以及口头散发的信息彼此分离。平行媒介散播的信息数量庞大，如果这些信息不只体现出连贯性，还能展现公司声誉平台和企业故事的单一印象，则必须将其加以协调，精心编排，使之简化。

除了一致性，员工关系部门另一个挑战在于发掘可以通过平行媒介与员工进行传播的可靠的代言人。由资深管理者发布的企业新闻比起员工关系专家传达的信息来说更有吸引力，尤其是在信息涉及全公司的发展、战略问题或者负面信息时。而当提及产品特征、正面的市场反馈以及成功措施时，第三方人士传达的信息较营销员工更为可信。

内容

员工关系部门的有效性不仅取决于内部传播的结构和流动，同时还有赖于所传输的内容。员工反映，传播内容及时、可读性强、易于理解且足够充分时，对内部传播更为满意。实证研究显示，员工普遍感到他们并没有得到足够的信息。"更多"往往被认为是"更好"，因为这时信息看上去是没有经过过滤的，因此也就更"准确"、更"真实"（Zimmerman et al.，1996）。当信息通过直接报告或亲密同事传达时尤其如此。

与员工在公司的职位、明确其角色或其在更大的企业框架中的相对位置有关的内容通常能被很好地接收。研究表明，当员工对自己在公司的职责有一个更好的理解，能够认识到他们对公司成功所做出的贡献时，员工的自信心会不断增强（Varona，1996）。

通过平行媒介广播的传播活动可以帮助公司"内群体"实现制度化，这样员工就会将自身利益和公司既定领导层对齐，从而增加了员工的认同感。最终，当员工感到高层管理者邀请并欢迎批判的自我表达时，员工关系传播的有效性就增加了。

氛围

传播氛围是公司内部形成的更为广泛的"组织氛围"其中的一部分（Falcione et al.，1987 年）。传播氛围的描述对象更为侧重员工对公司内部传播性质的感知，比方说内部传播的专业性、创新性、广度或者开明态度（Guzley，1992）。

所有的传播审计都依据"传播气氛"或"氛围"来衡量员工的满意度（Downs，1988）。研究认为，积极的氛围有助于增加员工的介入程度，提升对最高管理层的信任度（McCauley and Kuhnert，1992）。积极的传播氛围可以提高生产力，原因在于它增进了员工对组织的认同，增强了员工的自我形象和自我信心，同时员工更深刻地感觉到自己参与了公司的决策过程，从而产生了归属感（Rosenburg and Rosenstein，1980）。

图8-5根据内部传播的四个组成部分及其对组织认同的影响，概括了有效的员工关系传播的驱动力。归根结底，员工关系部门必须建立内部传播正式及平行渠道和公司整个企业传播之间的一致性。员工关系专家更要把握公司更为广泛的传播背景——公司声誉平台，通过将声誉平台关键元素融入公司内部传播渠道之中，设法提升公司的一致性和独特性。因此，内部传播的任务不仅包括表达公司的核心价值，还包括将这些核心价值印刻在新员工的头脑中，通过在培训视频和公司规划中正式和非正式地向新员工讲述企业故事，以及正式地或利用小道消息非正式地称赞企业杰出人物。

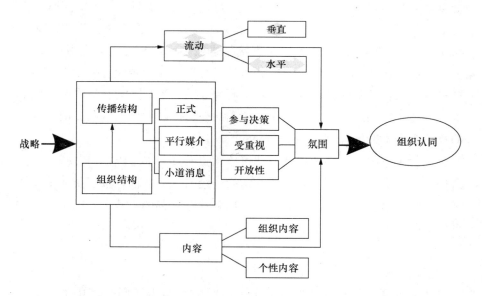

图8-5　有效的员工关系：连接结构、流动、内容和氛围

资料来源：van Riel 和 van Bruggen（2002）。

顾客关系：体验营销的作用

在大多数公司，传播预算中相当大一部分分配给了营销传播。这类传播包括（Kitchen，1999）：

□广告宣传：由某可识别的赞助商出资，对理念、产品和服务进行的任何形式的非个人呈现及推广。

□促销活动：旨在激励顾客购买某产品或服务的短期活动。

□个人销售：以促成交易为目的，面对一个或多个有意购买者进行的对话形式的口头展示。

□营销公关：旨在改善、维持或保护公司或其产品形象的各种规划。

有大量研究指出了营销传播在为公司带来长期收益时的不足之处（福伯恩和范瑞尔，2004）。对于企业广告以及其他付费形式的企业自我呈现和自我代言，人们往往持怀疑态度。因为是自我指涉的，因此营销传播在观察者眼中缺乏真实性和可信性（Scholten，2002）。之所以缺乏可信性，至少在一部分上是因为营销传播中的很多活动在规划时很少，或者完全没有和组织其余部分发出的组织传播相联系。因此，声誉平台以及由此形成的企业故事的一个根本作用，便是在营销传播和组织传播之间建立共同性和一致性。

近年来，我们目睹了人们对"体验营销"日益高涨的兴趣。根据这一营销手段，公司不仅让潜在顾客可以"体验"他们或将购买的产品，还可以"体验"产品背后的整个组织。进行个性化体验提高了顾客对公司传播产生"真实"感的可能性，从而在顾客和组织之间结成纽带，增加其忠诚度以及重复购买的机会。因此，体验营销的目标即创造潜在顾客的情感介入。正如营销界开拓者派因和吉尔摩（Pine and Gilmore，1999）所言：

尽管商品是可替代的、货物是有形的、服务是无形的，然而体验却是令人难忘的。体验的购买者……珍视公司向其展示的这一段时间。

丹麦玩具公司乐高围绕以"创新"为出发点的声誉平台构建公司的传播活动。乐高的口号"创造的力量"渗透进了公司自我展示的方方面面，不仅是在玩具店里，还包括乐高主题公园、DVD游戏以及互联网上。它展现了营销传播和企业传播之间可以建立起某种紧密的联系，而且还可以利用这种联系不仅为公司的产品，同时也为整个组织构筑声誉和价值。

近年来，工厂之旅成为主要公司用于连接营销传播和企业传播的一大手段。德国汽车制造商大众汽车位于德累斯顿的工厂采用了玻璃框架，以便向每天前来参观的大批顾客展示公司主张及其产品的生产过程。工厂之旅是定期开放的，在等候区休息时，参观者还可以量身定制自己的辉腾汽车——大众新推出的豪华品牌，在模拟器中体验新车的驾驶感觉。一些顾客甚至乘直升飞机来厂参观，这样在返程时便可以驾驶着他们的新车回家了。此外，顾客还可以在工厂餐厅与大家一同用餐，大众汽车无疑为顾客打造了一种全新的购车体验。与此类似的还有美国通用汽车旗下的土星品牌经销商。参观其工厂能够给人以家的感觉，公司意在让新顾客对其新推出的土星汽车、土星品牌以及土星企业大家庭建立归属感和认同感。

派因和吉尔摩（Pine and Gilmore，1999）认为，对于为独特的品牌体验支付更高的价格，顾客没有什么抵抗心理。总部位于西雅图的咖啡零售商星巴克发展极为迅速，围绕销售其个性化的"咖啡体验"，星巴克建立起轻松舒适的商业业务（Rindova，1997）。相比于其他品牌的咖啡，顾客在一杯星巴克咖啡上的花费要多得多，一部分是因为咖啡本身的品质，同时也是因为零售商营造的整个组织环境，比如休闲环境、定制化生产工艺、专用语言（不懂特殊专用语的人点一杯普通的咖啡试试！）以及咖啡豆本身的采购策略。从公司过去十年的财务业绩来看，世界各地的顾客无疑愿意为星巴克的体验支付额外的费用。

许多年前，经济学家阿博特（Abbott，1955）评论道："人们真正渴望的不是产品，而是令他们满意的体验。人们想要产品是因为他们想感受购买期间的体验——享受他们希望产品会给予的服务。"体验营销不适于选择性的应用，必须对其进行全面传达（Scholten and Kranendonk，2003）。为使人信服，公司必须传达其声誉平台，不仅通过讲述有说服力

的企业故事，还要通过"体验"来传达这些故事，这种"体验"为声誉
平台注入了生机。如果公司能做好这一点，顾客就会认为该公司真实可
靠，从而对其产生信任，赋予其良好的声誉。这就是所谓的有效营销
（见图 8 −6）。

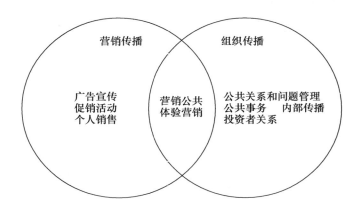

图 8 −6 营销传播和组织传播的重叠

政府关系：处理公共事务

公司必须与之交涉的最强大、最微妙的利益相关方之一就是政府，这
一由监管者、立法者、当选官员以及委任代表组成的网络专门负责制约、
控制、征税、审查、迟延、授权、惩治以及保持监督私营部门的活动。政
府关系（Government Relations，GR）部门由一系列近年来专门研究该领
域的专业人士组成，这一领域往往被称为"公共事务"，因为它隐含的是
对公众普遍关心的问题的关注。

哈里斯和莫斯（Harris and Moss，2001）将政府关系职能描述为"管
理组织和一系列政府及非政府利益相关方群体之间的常常较为复杂的外部
关系"。莱伊尔（Leyer，1986 年）认为，政府关系或者公共事务专家的
作用在于战略问题管理："面对给公司带来机遇或者对公司构成威胁的情
形，面对关系到社会和政治变革、公共舆论制造以及政治决策的情形，制
定公司战略方针。"

对大部分人来说，政府关系和公共事务就是"进行游说"的代名词。

"游说"一词往往带有贬义，常用来指代一种隐秘的幕后活动，公司（和外国政府）利用收买人情等非法手段，试图操纵政治议题，使其指向对自己有利的一面。然而，另有人提出了关于政府关系的不同见解，他们主张游说不是一种"强硬暴力"的非法形式，而是向负责制定政治决策的官员提供权衡的信息的一种合法途径，否则这些官员可能会不了解情况。根据这种解释，政府关系专家的职责在于确保私营部门的观点以适当的方式传达到了政府决策者耳中。与此观点一致的是，van Schendelen（1993）将游说定义为："与公共当局进行的非正式的信息交流，一方面作为最简化的描述，另一方面也试图以非正式的途径影响公共当局。"

实践中，在许多公司里，政府关系不仅仅是通过游说（这一过程主要围绕立法程序），还通过其监管职能发挥着十分重要的作用。能源公司、公共事业单位、电信运营商、医药公司、金融公司——全都和监管部门存在着明显的互动关系，必须应对来自专门的政府机构的监督。在美国，联邦药品管理局（Federal Drug Administration，FDA）监管着所有处方药的测试和发行。证券交易委员会（Securities and Exchange Commission，SEC）则负责监管银行。为影响所在领域的监管政策，各行业自己形成了各种团体，主要目的是形成数量优势，在被认为属于"公共利益"的行为上对监管者共同施加影响。相关群体的行为明显体现出行业的这一集体策略，比如美国药品研究与制造商协会（the Pharmaceutical Research and Manufacturers of America，PhRMA）代表医药行业对 FDA 进行游说，或者美国石油学会（American Petroleum Institute）努力缓和能源法规。在美国，这类活动很多都发生在华盛顿特区。而在欧洲，企业游说则越来越集中在欧盟首府布鲁塞尔。自 1992 年马斯特里赫特条约（即欧洲联盟条约）签订以来，欧盟委员会、欧洲议会以及欧盟部长理事会都设在布鲁塞尔。

关于有效游说的研究提出了政府关系专家应该运用的一些"最佳实践"。

□个人关系：政府关系职能的有效运作一个关键的要求是政府关系专家和监管者、政治家以及负责特定事务的工作人员之间要建立起持久的个人关系。频繁的私人接触是与这些有影响力的决策者沟通的最佳途径，而双方关系应该建立在信任的基础之上。

　　□适当的时机：监管过程涉及何时做何种决策的复杂网络，这中间有很长的"不处理期"，还有相互重叠且相互依存的紧凑周期，这时会提出并讨论法规，对规章进行表决通过。政府关系的作用在于确保在适当的阶段向决策者及时地传达了有关信息。

　　□客观性：必须使决策者相信，他们得到的信息具有客观性、科学性、相关性，并且相对而言是没有偏见的。因此，对政府关系专家来说，与强有力的第三方支持者形成伙伴关系或建立正式联系变得越来越重要。第三方支持者的信誉有助于向监管者保证其所接收信息的客观性。

　　显然，政府关系专家必须既要擅长关系管理的艺术，又要精通公司想要影响的事务相关专业领域的技术和知识基础。专栏8-1提出了政府关系专家应该具备的三组技能：科研技能；职能执行所要求的特定技能；实地开展所需的、对目标立法者有说服力的特定技能（Van Schendelen，2002年）。

专栏8-1　政府关系专家概要分析

科研能力

　　□有关行业主题的技术知识；
　　□描述和分析能力；
　　□认识事物的能力；
　　□批判性思维能力。

特定准备技能

　　□有关政治发展的知识；
　　□切实了解组织及其优势和劣势；
　　□实用效率。

特定实地技能

□将准备工作联系到实地应用的能力；
□外交技巧；
□对相关领域发展的好奇心；
□与公司各利益相关方密切联系。

改编自 van Schendelen，2002 年。

　　是什么构成了有效的政府关系？政府关系的有效性在某种程度上可以通过目标的实现情况进行衡量，即考察是否成功令有利于公司的法规得以通过，是否成功使具有威胁性的法规得以废除，是否取消了补贴，改变了造成负担的法规。然而，否定事件（措施没有实施，法律未通过）本身也可能很重要。归根结底，成功往往从经济层面表现出来——为公司赢得多少收益或去除多少成本负担。成功还可以借声誉来描述——政府关系行为在政府代表对公司声誉的感知上产生了怎样的影响。兜售影响力有时可以创造短期的经济效益，然而代价是有损公司的长期形象和信誉。这种损失可能会严重威胁公司在其所在国的经营许可，同时对在其他国家的经营许可也会产生重大影响。因此，政府关系专家的作用在仲裁公司的根本竞争力上极为重要。

　　政府关系专家在传达信息，着手对关键政府人员施加影响时，他们要向广大有势力的利益相关方介绍公司并将公司个性化。对公司声誉平台和企业故事针对目标政府代表进行适当的定制化是至关重要的。和所有利益相关方一样，监管者和立法者需要理解并认可公司在某一问题上的立场。一个熟练的政府关系专家必须建立一个合理的解释，将公司的作为和主张合理化，同时，在传播公司价值时体现出可信性、真实性和响应性。这样做可能和影响战术本身的结果同样重要。

公共关系：议题管理和媒体

普通大众大概是公司面对的最分散的利益相关方群体。原因之一在于公众极少和公司直接对话。大部分情况下，公众在表达其所关注的事情时，要么通过声称代表公众利益的政治家喉舌，要么通过声称代表"公众"的非政府组织的维权行动。

事实上，公众利益涉及范围广，内容多种多样。毕竟，每个人都是"公众"的一份子。不论是顾客、投资者、员工、监管者还是政治家，我们都是无固定形态的人民大众的重要组成部分，我们的声音几乎只是耳语，我们的利益永远只能得到部分的维护。

公共关系（Public Relations，PR）专家的作用在于以多种方式面向普通大众进行传播，为公司利益服务。因此，公共关系涵盖向公众传达公司信息的众多专业领域，包括赞助、活动、媒体关系和问题管理。

多年来，公共关系的有效性遭到广泛质疑。很多人将公关视为广告宣传的远房穷亲戚，没有什么资源财力。其他人则强烈宣称公共关系能够为公司生成无偿的媒体报道，从而在公众中间形成对公司的良好印象——这一结果的好处是显而易见的，因为第三方认可不仅具有成本效益，而且相比于付费媒体，其对顾客产生的影响更为长远。

2004 年，我们对某美国公司两年期间的新闻发布进行了内容分析。这项分析涉及对超过 373 篇新闻稿中实际使用的单词进行细致的分类。通过确定同义词以及单词和自然关联表达之间的对应关系，我们首先建立了关键词词库。然后，程序人员再次检查文本，确定了单词的自然分组。图 8 - 7 即为记录该公司新闻发布内容的概括图表。结果显示，公司传播主要包括"产品"和"业绩"相关的传播，而较少有展示其领导能力、公民身份特征、工作场所或组织机构的传播。在这一案例中，分析结果突出了一个事实，该公司讲述的企业故事在很大程度上源于其强调产品创新的声誉平台。讲述公司其他力量支柱的故事要少得多，因此不能也不会为公众所接受。

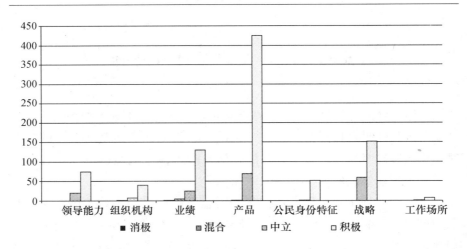

图 8-7 某美国大型公司新闻稿内容分析 (2003—2004 年)

尽管公共关系专家的一个关键职责在于更好地传播公司的特质和属性，让公众感受到公司的独特性和竞争力，然而这并不是公关专家的唯一职能。近年来，公关专家越来越多地参与到帮助公司管理战略问题中来，应对公众对公司某些活动的关注，这些活动常常被特殊利益群体以及非政府组织放大化。图 8-8 罗列了位于美国的一些最知名的非政府组织。2003 年，声誉研究所和哈里斯互动调查公司 (Harris Interactive) 针对这些团体展开了一项公众认知调查，调查结果如图 8-8 所示。很明显，最受公众尊敬的团体包括无国界医生组织，仁人家园 (Habitat for Humanity)，以及红十字会。而表现较差的团体包括善待动物组织 (People for the Ethical Treatment of Animals，PETA) 和绿色和平组织，这两个最活跃的非政府组织采取的战术富有争议性，常常会激怒众多消费者和公司。

因此，公关专家的职责还包括问题管理，也就是负责"专门用于感知、分析和应对战略问题的一系列组织程序、常规、人事以及流程" (Dutton and Ottensmeyer，1987)。所谓战略问题，指的是由于"在两个或多个可识别群体之间，就关系到定位或资源分配的程序性或实质性问题存在冲突"，公司被迫必须应对的问题 (Cobb and Elder，1972)。

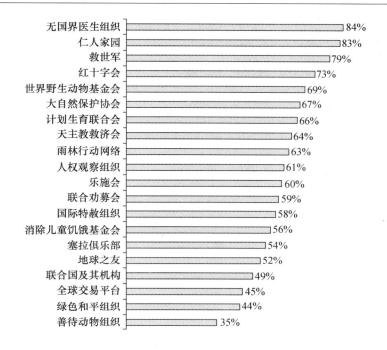

图 8 - 8　哪些非政府组织得到了公众的信任？

注：数据基于一项针对美国成人普通公众的代表性样本（21942 名被试者）进行的研究。研究开展时间在 2003 年 10 月 15 日到 11 月 4 日之间。

资料来源：哈里斯互动调查公司和声誉研究所（2005）。

公共关系专家在执行问题管理职能时，涉及三项主要的活动：

1. 及早发现问题，以免对组织构成潜在威胁；
2. 整理内部资源和力量，认清问题，并准备解决问题；
3. 实施问题管理战略，一有必要立即做出反应。

关于问题管理领域的大部分研究主要集中在开发如何及早发现问题的方法上。公司越早意识到某个问题将对公司能否达成其商业目标产生巨大的影响力，就越有可能限制其潜在危害。近年来，各公司对于发展"早期预警系统"表现出极大的兴趣，这种跟踪系统可以在问题上升到危机程度之前将其识别出来。"此类系统背后的理念是，公司应该努力尽可能早地识别出战略问题，这样他们就会有更多的时间来应对问题，并且能够在其仍相对无害的时候处理这一情况"（Dutton and Ottensmeyer，1987）。

奇怪的是，对于公司发现日益严重的威胁时究竟应该采取何种措施，我们知之甚少。Heugens 等（2002）认为，公司可以选择如下四种途径来应对战略问题：展开对话、进行宣传、保持沉默，或者实施危机沟通。选择适当的问题应对策略取决于围绕这一问题，普通公众行为的激进程度，以及实际允许的反应时间。图 8 - 9 解释了这四种策略，表明公共关系专家必须建立全部四个领域的组织能力，以便在处理新出现的问题时占据有利位置。

公众激进程度

		低	高
允许反应时间	短	宣传能力	对话能力
	长	企业沉默能力	危机沟通能力

图 8 - 9　四种问题管理策略

资料来源：Heugens 等（2004）。

与压力团体开展对话的能力不是每个公司都具备的。多年来，壳牌抵制激进的非政府组织，比如绿色和平组织，进行对话，坚称这一团体太过极端。由于缺乏对话能力，1995 年，壳牌公司面对绿色和平组织实施的颠覆战术完全措手不及，当时绿色和平组织发起抗议活动，阻止壳牌将废弃的布伦特·史帕尔（Brent Spar）储油平台沉入北海海底。筹备对话需要和问题持有者建立双向沟通，同时认识到公司在自己处理这一问题上缺乏自主权。

宣传的能力需要组织具备不同的技能。宣传构建很大程度上要归功于政府关系专家的背景，这一部分传播者善于向监管者和立法者等群体展示公司的观点。劝导是这组技能组合的一个关键组成部分，公司要学会遵从一条清晰且一致的思路。核心信息通常在更为广泛的群体的注视下，通过广告呈现出来，以此希望并期待"反对势力"不再采取那么消极的立场。菲利普·莫里斯公司希望对吸烟者的权利给予宽容和理解的活动就是该公司长期宣传能力的一大表现。

如果某个问题是很多人并不知晓的，公众对其的抵制几乎难以察觉，公司常常会选择沉默策略。如果想要成功，严格的沉默要求军事化的纪律，对于打破沉默的那些人要给予明确的处罚。面对在公共团体中几乎没有形成有组织的抵制，而且没有什么时间压力的问题，沉默可能是首选策略。沉默让公司有相当充分的时间进行精心筹备。采取沉默策略的危险之处在于，纵容延迟使问题得以慢慢句公司蔓延，有时甚至不曾察觉就已经达到了危机程度。

　　问题管理显然并不等同于危机管理。为有效处理威胁到组织运营许可的问题，危机沟通仍然是组织必须掌握的关键能力。在遇到危机时，公共关系专家要和跨部门的小团队共同战斗，对他们来说时间是最重要的。在此类团队中，行动速度、强大的组网技能和决策能力是至关重要的。

　　公共关系专家需要重点平衡的是处理战略问题的短期压力，以及对始终一致地向公众和声称代表公众的非政府组织传播公司在其所关心的问题上的立场保持长期关注。

　　作为美国最大的雇主之一，沃尔玛对很多非政府组织而言一直是十分有吸引力且较为脆弱的目标。近年来，公司先后经历了多起集体诉讼，少数群体声称沃尔玛管理者存在歧视行为。各种私人纪录片已经或者正被放出，片中沃尔玛举报人意欲揭露公司的虐待行为，对其进行指责。与此同时，一时间涌现出大量批评非议，将矛头直指沃尔玛，制造非议的竞争对手高声叫器，声称公司在进入某一地区时破坏了当地的社区结构。2005年11月3日，《纽约时报》头版专题报道了沃尔玛新推出的激进的公共关系战略，新战略旨在应对不断高涨的批评之声。为实施这一战略，公司招募来以往参与美国总统或州级政治活动的资深人士，他们无不具备极其丰富的经验，甚至可以追溯至罗纳德·里根总统竞选。该团体的语言包括先发制人的攻击、焦土政策以及对强调对公司批评进行反攻的重要性。

　　人们不禁怀疑，在处理利益相关方问题时，这样的战略是否是明智之举。毕竟，沃尔玛不是在参加竞选，他们面对的利益相关方并不会在运动结束后就扭头离开。将这些人视为"敌人"和大部分观察者推荐的接触和对话这一首选战略背道而驰。危险在于，这种积极进攻的行为在公司周围制造了更为不利的环境，进一步损害了公司在媒体和公众眼中的形象，有悖于沃尔玛的最大利益。这样做也和公司重点突出"塑造令人向往的工作场所"的声誉平台十分不符。

　　在我们看来，公司应该确保面对分散的利益相关方，公司声誉平台得到了一致的表达，并对建立整个公司的声誉有所帮助。这就是有效的公共关系专家可以做的。

总　结

五类传播专家帮助公司管理着核心利益相关方关系，对内有员工，对外有投资者、顾客、监管者以及广大公众。每一个群体都有助于公司目标的实现。

每种传播方向都建立在两大支柱之上：相关问题的知识以及一系列传播技能。为提高有效性，企业传播首先必须在本质上注重整体性，必须认识到企业传播根源于对整个组织运作的理解。相对战略定位和专家培训，传播技能是第二位的。

即使再熟练的专家也不能一个人管理一切。传播专家之间的合作对于公司发展并向利益相关方一致地传达一个独特的声誉平台和企业故事是至关重要的。如果专家执着于自己狭窄的专业领域，则不太可能帮助组织整体声誉的建立。当出现这种情况时，企业传播迅速退化成不和谐、不一致的消息传递，无法有效地支持企业目标。

讨论题

1. 投资者关系部门的基本职能是什么？
2. 购买方和出售方分析师的利益是一致的吗？
3. 管理者应如何判断员工关系职能的有效性？
4. 什么是体验营销？你怎么解释人们对体验营销不断高涨的兴趣？
5. 政府关系专家的作用是什么？
6. 公共关系职能如何帮助公司更有效地进行问题管理？

第九章　企业传播的有效性评估

善举实为粉饰恶行，

滥伐雨林，凌驾万物，

全在弦外之音，

好似贼人筹谋诡计。

——约瑟芬·迪克森班克斯（Josephine Dixon Banks）

事实上，再选连任的成功多需要仰赖候选人最后关头的公众形象。政客们敏锐地捕捉到这一点，所以通过订阅追踪式民意调查来密切监测公众可能的投票动向。图 9 – 1 显示的是盖洛普公司（Callup）2000 年及 2004 年两次美国总统大选前夕的追踪式民意调查结果。上述调查提供了对各候选人在选民心中声誉的简单衡量。因此，民意调查也成为衡量候选人在公众传播方面有效性的尺度。

近年来，公司几乎与政客同样敏于此道，尤为看重就大众群体与目标受众进行比较意见调查的价值和重要性。声誉评级使得公司能够探究利益相关方的看法，以及这一看法如何影响其对某一公司和产品的判断。公司是被看作产品威胁健康、职场恶劣、管理者奖金高昂的组织，还是被善意地视为制造高质量产品、有积极影响的社会角色？

作为实证工具，声誉评级形成公司间的直观比较，给管理者提供了其企业传播系统有效性的简要解释。经验显示，即便许多公司已经参与了声誉测评，但所采用衡量工具欠佳，更没有基于调查结果的行动路线图。很少有公司了解如何利用声誉研究来指导声誉管理职能间的资源分配决策。只有迫于高级主管、危机局势、重大战略调整带来的紧迫感，极少数的公司才依据委托调查的结果采取行动。在我们看来，通过为公司组织创设基准，并引入矫正机制，避免公司行为过于偏离利益相关方的期望，声誉研究有助于放大这些问题。

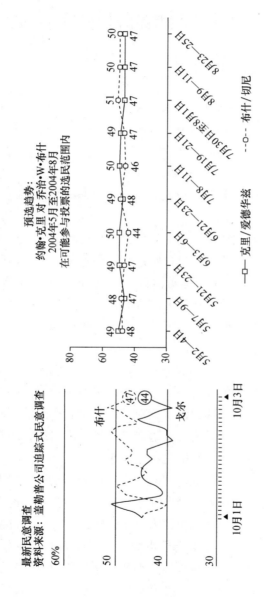

图 9 - 1 盖洛普公司 2000 年和 2004 年两次美国总统大选前夕的追踪式民意调查结果

声誉具有公开性，声誉研究却不需如此。由非公开经费支持的声誉调查是指导组织举措和企业传播变革，回应利益相关方关注点的方向舵。这种内部诊断的能力是它的重要优势之一。正如我们在第三章及全书中所阐明的，企业声誉是组织满足利益相关方期望程度的指征。

本章审视了能够用以衡量企业传播有效性的主要途径。我们着重探讨以下两个评判标准：（1）企业传播在创建内部战略一致性方面的有效性；（2）企业传播在塑造组织声誉方面的有效性。

建立战略协同

企业传播有效性的衡量标准之一在于其凝聚员工的内部支持来达成公司战略目标的能力。这里的"战略协同性"（Strategic Alignment，SA），我们指的是所有员工"理解"、"认可"组织的战略目标，并"能有所作为"（Gagnon and Michael，2003）。公司能否成功达成战略目标取决于员工，所以，战略一致性的创建至关重要。有研究显示，当赞成公司的战略目标时，员工更可能做出与目标一致的决定（Gagnon and Michael，2003）。根本上，同类型研究也表明，战略协同是提高组织绩效的充分条件（Schneider，White and Paul，1998）。因此，建立战略协同性是组织运营的必要条件，而在这方面，企业传播发挥着关键作用。

战略协同性受公司自身的内部控制系统（Strahle et al.，1996）、变革进程中感知的公平性（Caldwell et al.，2004），以及员工传播（Farmer et al.，1998）等因素影响。

通过其对工作中员工行为的作用，员工传播的不同方面影响着公司的战略协同性，最近的一项研究为此提供了实证支持（van Riel et al.，2005）。研究结论证实了之前将传播与员工态度，比如工作满意度、认同感等相联系的研究（Smidts et al.，2001；Boswell and Boudreau，2001；Noble，1999），然而，通过强调员工传播对其工作表现的影响，研究还阐述了传播和战略协同性之间的关系。究竟是什么构成了企业传播的有效性？真正的衡量标准并非员工是否对所做的工作更加满意，而是员工的行为方式是否支持公司的战略行动。这一点可以通过 EcQ® 战略协同性监测（EcQ® The Strategic Alignment Monitor）进行衡量，见图 9－2。

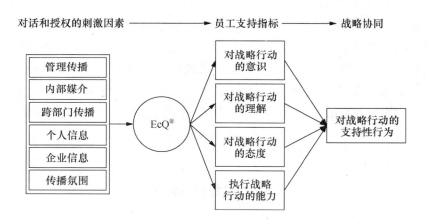

图 9 - 2　EcQ®战略协同性监测：将内部传播与战略协同性联系起来

　　该图依照六大属性描述了内部传播活动。其中，三种与传播流动有关，两种与传播内容有关，另一种则涉及公司中更广泛的"传播氛围"（详见本书第二章、第三章）（Greenbaum et al.，1988）。"传播氛围"在其他地方已有定义，即"在给定的组织团体中，影响其成员信息传递与接收过程的那些摩尔要素，无论是客观的还是感知的"（Falcione et al.，1987）。换句话说，氛围指的是影响传播如何发生的、整体（摩尔要素）组织的各个方面。

　　以前的研究已经检视了流动、内容和氛围的影响力，结果表明，传播的这三个维度都对团队表现（Choi and Kim，1999）、对管理者的信任以及组织公民行为（Korsgaard et al.，2002）有着巨大影响。有研究发现，公司在发布合并公告之后，如果能向员工提供更多信息，将会减少员工间的不确定性，增强他们的工作满意度和忠诚度（Schweiger and Denisi，1991；Zimmermann et al.，1996）。

　　也有许多研究专门关注员工传播在促进战略一致性的过程中所扮演的角色（Frank and Brownell，1989，早期研究做了相关综述）。法默等（Farmer et al.，1998）指出，领导就某战略变化的传达力度影响着员工对此战略的认同程度。与此类似，埃德蒙森（Edmondson，2003）重点研究了组织领导的角色，他提出组织领导告知团队成员某个变化的程度，以及营造支持性传播氛围的能力，提高了他们成功实施变革的可能性。还有几项研究也以处理身份特征转变（可能同时伴随着战略行动的转变）为背景，探究了员工传播的作用。它们都强调管理层利用修辞技巧来赢得员工支持变革的重要性（Chreim，2002；Corley and Gioia，2004；Fiol，2002）。菲奥尔（Fiol，2002）发现，为了实现公司旧有身份特征的去认同化，管理者在演讲中往往刻意避免使用相容指代（比如"我们"或"我们的"），而在构建员工对公司新身份特征的认同时，又会大量使用相容指代。

对两家大型荷兰公司的对比实证分析显示，若就公司传播流动、内容和氛围有充分的感知，那么员工更可能形成对公司战略规划的赞同态度（van Riel et al.，2005）。而赞同态度往往会增强员工与组织各举措保持一致的行动意愿。该研究还表明，在决定对战略规划的赞同态度方面，比起来自内部媒介的传播，部门管理者发起的直接传播要有效得多。部门间的传播流影响着员工对战略事务的态度，但是，经证实，其影响不及管理传播重要。另外，相比于有关员工个人角色的传播内容，有关组织整体（企业信息）的传播内容对战略协同性更为关键。最后，两家组织的传播氛围也深刻影响着员工对战略事务的态度及其战略协同性行为。

总的来说，这些研究成果证实，管理传播、有关战略事务的传播内容以及传播氛围，对员工特有的战略规划的态度以及员工行为与战略保持协同的程度有很大影响。因此，判断企业传播内在有效性的关键方法在于评估公司眼下的战略协同性程度。具有协同性的公司更有可能构建声誉资本，面向外界，其员工也更有可能扮演公司大使的角色。这些都令缺乏战略协同性的公司相形见绌。

从协同到声誉：衡量选项

即便内部感知极其重要，我们也不能仅凭这一点来判断企业传播的有效性。除此之外，公司营造出的、同核心利益相关方之间关系的质量也折射出传播的优劣。正如第七章所指出的，通过充分地表达自己，公司积极构建与利益相关方间的强大纽带。善于表达为公司赢得了信任和透明度，以及更加牢靠且有恢复力的声誉。图9-3表明了战略协同性、表达力和声誉三者之间的关系。

声誉是精神手稿，利益相关方心中或多或少都有细致的描述。正如我们在第三章所指出的，描述细致程度依托于利益相关方对组织重要性的感

图 9 - 3　战略协同性、表达力与声誉

知。有三种方式可以界定企业声誉，它们很大程度上取决于利益相关方是否对公司或多或少有一个细致的理解（Poiesz，1988；Verhallen，1988；Pruyn，1990）。组织与利益相关方之间的心理及社会距离越大，利益相关方对组织的理解越粗略。

　　利益相关方对公司了解多少——他们的认知框架有多细致？恰当的声誉数据收集方法很大程度上取决于对该问题的了解。最佳的方法莫过于让拥有细致框架的受访者描述对组织的精确认知。不太了解公司的利益相关方应该使用不需要认知深度的方法来评价公司，并仅向他们提问涉及组织较为一般的属性的问题。表 9 - 1 对比了形成声誉数据的主要方法。

表 9 - 1　　　　　　　　　　　声誉管理方法

描述细致程度	概念构架	类型	衡量含义	衡量方法
高	声誉作为一种意义网络存储于消费者的记忆中	声誉具有复杂的结构	定性研究：对联想的深入探求	自由格方法 结构化方法 *攀梯访谈法 *凯利方格法
中	声誉是就某对象感知的加权总和：对突出属性乘以属性重要性的感知	声誉是一种态度	显式方法：确定突出属性并将其陈述出来	态度问卷 *想法 *评估
低	声誉是对某对象与其竞争对手相对位置的一般整体印象	声誉是一种总体印象	隐式方法：通过多维量表得出某对象的相对定位	多维量表 *相似性 *偏好

　　为了获取并维持充足的资源供给，组织必须同许多利益相关群体建立

传播机制。因此，企业声誉研究需要从各种不同的利益相关方那里获得输入数据。每个群体对公司理解的细致程度各不相同。所以，形成精确的公司声誉概况可能适用多种方法。

图9-4和专栏9-1列举了发起声誉研究时应处理的一系列问题。相关问题设计包含两类：一部分涉及研究的"主体"，即受访利益相关方，意在关注其观点；另一部分有关研究的"客体"，即受访者受邀评估的组织要素。

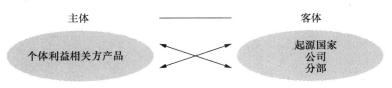

图9-4 声誉研究涉及的问题

专栏9-1 声誉研究涉及的问题

主体

☐应对谁提问？

☐被选择的目标受众是否可能分类？

☐这些群体可以接触到吗？

☐研究会引起负面情绪吗？如果引起负面情绪要如何处理？

☐研究成本如何？

☐研究实施要耗时多久？

客体

☐有哪些业务单元受到特别关注？

☐该单元能再细分为次级单元吗？

☐哪些次级单元对组织业绩贡献最大？

☐组织需要什么具体信息？

☐如何利用这一研究？

声誉衡量方法可分为开放式和封闭式两类。开放式方法邀请受访者用自己的话来描述一个组织，而封闭式方法则要求受访者基于预先选定的特征来判断某个公司。

各方法中，受访者应邀完成的具体任务也不尽相同。比如，有的方法要求受访者看图并分类；有的要求受访者使用比喻修辞来描述组织；还有的则要求受访者根据预先指定的属性列表为某组织评级。

为了帮助研究者和管理者做出最优选择，本章余下部分将介绍六种研究者常用的声誉衡量方法：凯利方格法、自然分类法、Q 分类法、图片分类法、态度量表法及卡片分类法等。表 9 - 2 对比了这些方法。

表 9 - 2　　　　　　　　　应用于声誉研究的衡量方法类型

	分类	比喻	评级
开放式方法	凯利方格法 自然分类法 卡片分类法	图片分类法	
封闭式方法	Q 分类法		态度量表法

凯利方格法

1955 年，乔治·凯利（George Kelly）提出凯利方格法（Kelly Repertory Grid，KRG），用来收集公众意见。使用这一方法，研究者向受访者展示分别写在索引卡上的三个公司或品牌名称，并请他们指出哪两个最为相似，哪一个与其他两个无关。利益相关方给出的相关解释构成了用以区别各公司的维度。通过呈现不同的公司组合，该方法可以得出企业声誉的多个维度。之后，研究者邀请利益相关方基于得出的维度对各公司进行评价或排名，以此评估企业声誉。

优缺点

凯利方格法易于操作且只需要相对较少的受访者。只要经历允许、表述尽可能详尽，凯利方格法就强行用受访者代表某个组织。该方法适用于介入公司程度不同的各种利益相关方。区别各公司时，介入程度高的利益相关方倾向于给出范围更为广泛的维度。凯利方格法花费时间少、不需受访者具备对组织的深度认知，因而受到利益相关方的普遍欢迎。数据分析虽有些难度，但成本却相对低廉。特别是在引出企业声誉属性方面，凯利方格法大有裨益。下文提到的经典攀梯访谈法（Reynolds and Gutman, 1984）在评估公司时，所依据的属性就往往来自凯利方格法（van der Veer, 1987）。

自然分类法

自然分类法（Natural grouping）与凯利方格法相似（Verhallen, 1988），它向受访者出示许多公司或品牌名称（不多于80个），并请受访者将它们划分为两个子集。该方法要求受访者详细说明所采用的分类标准，并用自己的话描述分类结果。此程序是重复进行的，直至受访者无法再进行细分为止（Verhallen, 1988；Kuylen and Verhallen, 1988；Sikkel, 1991）。

受访者分类时采用的标准形成了竞争对手间的区分维度。比如，如果受访者对一组金融公司进行分类时，采用了"为富人服务的组织"和"为中产阶级服务的组织"等标准，这就意味着社会地位可能是该行业的重要区分点。受访者第一描述的参数无疑是重要的区分维度。用于划分子集的标准为深入了解利益相关方的心理地图提供了钥匙。

优缺点

自然分类研究一般需要中等数目的受访者。当应用于描述细致程度较低的受访者时，使用该方法得出的结果用处寥寥。比起所知不多的受访者，对公司及行业有深度认知的专家能够提出更为丰富的洞见和细节。该方法要求受访者的描述尽可能开放且细致，然而方法本身却没有提供多少动力。对利益相关方来说，给对象分类的吸引力适中，没有属性量表那么乏味。此外，多维量表法或对应分析法是分析其数据的典型方法，这使得应用自然分类变得十分复杂。数据收集受到一定的时间局限，且由于只有专家才能做数据分析，因而花费不菲。

在衡量利益相关方对某公司的广泛关联、特征和概念认知时，自然分类法很有帮助。该方法的主要目的在于形成属性，并就这些属性发掘公司相对于其竞争对手的定位。它不仅从分类中得到感知维度，也生成了一个树形结构（见图9－5）。此树形结构能转换成对象间的相对距离。利用多维量表法（Multi-Dimensional Scaling, MDS）或对应分析法，这些数据能构建出一个n维感知图。在这个"定位图表"中，基于利益相关方自身的详尽论证，图中对象的各个维度都能得到解释。

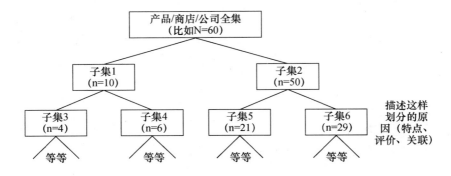

图 9 - 5　通过自然分类法形成的声誉对象

资料来源：Verhallen（1988 年）。

Q 分类法

Q 分类法（Q-sort）是一种比较评级方法，它对某公司的描述来自公司以及利益相关方传播。受访者需要阅读卡片上的多种描述，并决定哪些适用于该公司，哪些不适用（Boer et al.，1984）。就适用的描述，受访者要按适用程度由高到低依次排序；就不适用的描述，受访者也要按此方法进行排序。因此，受访者从最极端的描述出发，逐步处理较不极端的描述。他们按要求根据自己的赞同程度对大量描述进行分类、排序（Brown，1986；McKeown and Thomas，1988）。通常，研究者要求受访者将少数描述列在量表两端，而将大量描述列在中间，这样，一个关于排名的正态分布就出现了（见图 9 - 6）。Q 分类法得出的结果是就多种描述或属性的适用性或赞同度的排序，深入细致地呈现了受访者对公司的感受（积极的和消极的）。若计算 Q 因素，还能得出不同子群的看法。子群内各属性的相对排名对标杆管理很有帮助。

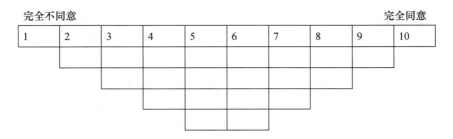

图 9 - 6　通过 Q 分类法得到的典型属性分布

优缺点

Q 分类法的主要优点在于所需受访者人数较少（25—30 人），受访者描述公司的细致程度居中，能够以有意义的方式为各描述排序。Q 分类法强行要求受访者做出决定；他们不能就每个问题都给出积极回应。采用 Q 分类法的另一个好处在于它能够区分有关公司的各种截然不同的看法。然而，Q 分类法操作复杂，耗时长，受访者需做大量工作，因此缺乏吸引力。此外，Q 分类法相对昂贵；数据分析要使用先进的电脑软件，而 Q 因素的计算使得结果呈现得更为复杂。

图片分类法

图片分类法（Photo-sort）可用于实施声誉研究的方法多种多样。由 FHV/BBDO 广告公司研发的图片分类法是一项用来提升广告创意度的投射研究技术，如今也被用于衡量企业声誉。

许多研究方法要求受访者必须将其对某公司声誉的理解用语言表达出来，这一点并不令人满意，于是图片分类法应运而生。既然声誉作为感知而存在，那么利用图片可以绕开语言范畴，通过非语言技术路径来获取声誉信息，使受访者对公司的潜在感受得以显现。使用非语言方法时，不要求受访者具备出色的表达能力，无须将感受转化为语言（Russell and Starman，1990）。而且，声誉作为一个整体没有被分割为属性，因而保留了一定的完整性。图片分类法使用的是人的面部照片。受访者凭此来判断某个对象。拉塞尔和斯塔曼（Russell and Starman，1990）发现，在建立照片和拟评级对象之间的联系上，受访者没有什么困难。当选择一张照片来匹配某个对象时，受访者要给出相应的理由。同时，受访者还要回答，在他看来，什么应该被当作顾客对该品牌或公司声誉看法的例证。

应用于公司时，图片分类法为声誉衡量提供了一条间接路径。其优势在于，受访者在表达自己的意见时很少有所顾忌，也较容易表露情绪。该方法使用人的面孔，可以充分体现情绪的复杂性。各受访者将面孔视为一个复杂的整体，一种情绪的"格式塔"（Gestalt，即"完形"）。面部表情及其解释被赋予了极为丰富的意义。

公司或品牌评级所使用的照片必须达到特定要求。这一套照片必须包含所有可能与判断某公司或品牌相关的主要情绪类别。照片的含义应当明确，以保证结果得到清晰阐释。这套照片还必须不时更新，避免过时。作为研究成果，BBDO 编制了一套包含 130 张面孔的照片。这些照片的鲜明特征或属性在初期研究时得以确定。声誉研究过程中，一般向受访者展示大约 35 张有关被测公司或品牌的照片。图 9－7 即为英国航空公司（British Airways）声誉衡量的一个图片分类法示例。

图 9－7　应用图片分类法对英国航空公司进行分析

照片编号	被指名（%）	亲和力分值（%）
309	41	34
310	33	47
329	27	57
216	27	72

人物 E

务实、世故、友好、严肃、正派。但是，老派、冷漠、势利。

优缺点

在定性研究中使用图片分类法时，了解哪些照片与哪些对象相关联十分重要。受访者给特定对象选择适当图片的过程被记录下来，或透过单面镜接受观察。照片在定性研究中的主要功能是为难以用语言表述的感受提供了替代。

若要在声誉定量研究中使用图片分类法，则必须在每个目标群体中选取不少于 75 人的受访者样本。这一数目还必须根据被分析目标群体的数量成比例增加。由于任务执行时间短，图片分类法的成本相对较小。受访者选择并标记呈现待评定公司特点的照片时，整个过程都可以从单向镜中观察到，或被摄像机记录下来。每位受访者的亲和力得分所测算的是受访者对照片中人物的亲和感。图片分类法的最终结果是用一组互相联系的属性对公司或品牌进行的描述，这组属性共同代表了该公司或品牌的"格式塔"。

卡片分类法

关联反应和判断之间的差别时常被人忽略（Van Westendorp and Van der Herberg，1984）。当一项研究的受访者对某一公司及其诸多特质具备相当详尽的了解时，使用"判断"一词才算恰当。然而，很多情况下，尤其是在纯粹的声誉研究中，需要的并不是具体的判断，而是一种或多少会偏离现实的关联性知识。这种声誉评价类似于社会心理学所探讨的刻板印象，比如说"德国人很勤勉"。

据 Spiegel（1961）研究，只有在就某对象的关联印象描述比基于事实的认识更为重要时，才存在真正的声誉（或声誉特征）。van Westendorp 认为，很多涉及评定量表的常规衡量方法都混杂着关联任务与判断任务。使用评定量表来衡量判断没有问题；然而，受访者根据评分体系来衡量关联印象就有些困难了，因为它们往往带有"全有或全无"的特性。根据 van Westendorp 的观点，衡量方法的选择必须取决于待研究目标群体的类型。如果受访者对公司整体有具体详尽的了解，可以使用判断量表。

卡片分类法由德国民意测验研究所（German Institut fuör Demoskopie）研发，后经 NSS 市场调研（NSS Market Research）做了进一步完善。NSS 市场调研所青睐的卡片分类法适用于追踪关联反应——他们称之为"真正的"声誉衡量。

卡片分类法具有应用简单快捷的特点。在个人访谈中，研究者向受访者出示写有一系列属性的卡片，或通过电话访谈读出这些属性，要求受访者说出哪些描述"非常符合"被测公司。然后再进行第二轮展示，这一次要求受访者说出哪些描述与该公司"完全不符"。为缩减研究程序，还可以只做一次属性展示，要求受访者做出三种反应："非常符合"、"完全不符"或"无法选择"。

大多数情况下，卡片分类法会得出两大结果特征，分别是概括描述和相对声誉价值。概括描述基于所做选择的总数。它展示出受访者就各种属性所赋的含义与公司的差别。高度概括的描述显示出该维度的重要性。有了概括描述，相对声誉价值则指示声誉质量。

优缺点

卡片分类法的速度使其具备了相当大的优势：比起基于评定量表的其

他较为常用的方法，它所需要的时间至少缩短了 1/4。同时，van Westen-dorp 和 van der Herberg（1984）指出，鉴于真正的声誉具有"全有或全无"的特性，它比基于间距和排名的常规评定方法恰当得多。这一程序无须搭配词对，避免了使用两级量表带来的困扰，而且也不存在解释"中间类别"的难题。

卡片分类法中，受访者不必非得做出选择。"无法选择"是一项有效答案，可以用来解释结果。所做选择的总数直接指明了所选属性对受访者的意义。此外，针对不同的受访者，变换属性顺序非常容易，因此避免了顺序效应。最后，卡片分类法得出结果可以采用多变量分析。聚类分析程序尤其适合卡片分类法，它使得追踪潜藏于被测关联模式之下的维度成为可能（van Westendorp and van der Herberg，1984）。

态度量表法（Attitude scales）

当受访者可能对某公司或品牌的描述细致程度适中时，声誉可以被视为一种态度。态度可以看作是就某公司或品牌多元感知的集合体。态度可用于解释并预测行为（Fishbein and Ajzen，1975）。若态度是正面的，针对公司产生积极行为的可能性就更大。

态度可以明确衡量。研究者要求受访者对一家公司，或对特定组织属性的多种描述做出整体判断。然后，受访者指出他们对每个描述同意或不同意的程度。

依据不同的方法，各属性被赋予不同权重。Fishbein 和 Ajzen 态度模型不仅让受访者判断属性，还让他们为每个属性赋予一个数值，范围从 0—1。这个数值就是分配给该属性的权重。数学表达式为：

$$R = \sum r_i W_i$$

其中，R 代表该公司的整体声誉；r_i 代表针对每个声誉属性 i 受访者所做的判断；W_i 代表属性 i 之于公司整体声誉的重要性。

比如，设想一项研究，按安全性、可靠性、起飞准点率和等候时长等属性，受访者要求对一组航空公司进行声誉排名。所有属性评分均为五点或七点量表，从"完全同意"到"完全不同意"。奇数量表允许有中立反应。

针对每个属性，受访者还需表明他们感觉该属性对公司整体声誉而言"非常重要"或"根本不重要"（也是五点或七点量表）。按重要性概括出的属性结果形成整体声誉得分（见表 9-3）。

表 9 - 3 航空公司态度量表结果

属性	评价	信念				
	完全同意	完全不同意（重要性）				
		N	G	E	A	F
安全	93	93	85	81	74	71
可靠性	84	94	83	78	70	51
准时	79	87	81	77	68	62
严控等候时长	79	82	67	76	60	47
服务	77	85	73	76	70	27
高效时间表	73	78	60	71	63	56
整体声誉排名		1	3	2	4	5

优缺点

态度量表法依据相同的属性进行衡量，因而得出的结论易于比较。这也让深入了解不同航空公司的优缺点成为可能。态度量表法的一个缺点在于需要掌握可能会影响声誉的属性。另外，冗长的问卷还会打击受访者的积极性。对此，市场调研人员建议采用问题随机轮换的方法进行解决。

然而，后续的多维度分析能提供相当有价值的结果。尤其是，因素分析能分辨声誉属性的潜在分类，为企业传播确定着力点。而回归分析则可以用来识别哪类驱动力对整体声誉衡量的影响最大。

总体而言，本章讨论的六种方法都各有优缺点。曾有研究运用全部六种方法考察了航空公司以及先前乘坐过相关航班的各乘客对比组，范瑞尔等（1998）对其结果进行了对比。表 9 - 4 总结了这几种不同的声誉衡量方法的优缺点。

表 9 - 4 声誉衡量方法评估

声誉衡量方法	数据收集	通常所需的受访者数目	必要的介入（描述的细致程度）	对受访者的吸引力	分析的难易程度	成本
凯利方格法	口头访谈：从 3 个对象中选出 2 个互相最为匹配或最不匹配的，并解释原因。开放式方法	少量：10—40 人	低/一般	中等/高	一般	低

续表

声誉衡量方法	数据收集	通常所需的受访者数目	必要的介入（描述的细致程度）	对受访者的吸引力	分析的难易程度	成本
自然分类法	口头访谈：将卡片上的对象按同质性分组。开放式方法	中等：40—125 人	一般	中等	中等	一般
Q 分类法	口头访谈：根据正态分布排列卡片，10 点量表（同意—不同意）。开放式方法	中等/少量：30—50 人	一般/高	低/中等	低	一般
图片分类法	口头访谈：向受访者呈现一组符合某特定组织、表现力强的图片，并利用亲和力量表作评。开放式方法	中等：30—100 人	少量	高	高	一般/低
态度量表法	问卷：衡量观念和李克特量表对特征的评估。封闭式方法	大量/中等：50 人及以上	一般	低	高	一般
卡片分类法	通过描述来确定关联印象。封闭式方法	大量/中等：50 人及以上	一般	高	一般	一般

结　论

　　企业传播的有效性评估涉及检查：（1）该公司通过传播组合产生内部战略一致性的效果如何；（2）该公司将一致性转化为声誉资本的能力如何。这就需要恰当的内部和外部研究，来判断内部一致性和外部声誉。

虽然实施声誉研究过程复杂、成本很高，但它却是评估企业传播有效性的关键工具。因此，对公司和传播者而言，理解不同研究途径的优缺点，确定用于评估程序的最优方法尤为重要。没有评估，传播就缺乏责任。没有责任，传播就失去力量。

本章结尾，我们总结几点关于声誉研究决策制定的建议：

□第一步：尝试了解你所在组织的管理者如何看待不同职能及部门的有效性。他们对企业传播有何期望？这些期望同组织的战略目标一致吗？

□第二步：设计一个有益于整个组织的声誉管理策略。要实现组织目标，传播部门要如何作为？

□第三步：为可以协助你所在组织开展声誉研究的外部机构撰写一份简报。

在这份简报中，需要考虑如下问题：

□你所在组织有意监控哪些"对象"——一个品牌，一项功能性活动，一个行业，还是公司整体？

□你所在组织有意监控哪些"主体"或利益相关群体？

□你想将你所在组织与哪些竞争对手作对比？

□研究的私密性重要吗？你愿意参与涉及多个公司的组合型研究吗？

□你计划使用什么理论来向外部团体解释该研究？

□就相关研究成果，你打算如何对内及对外使用？

□该研究是否存在方法论局限？每个利益相关方分组中是否有足够的受访者？受访者是否愿意参与？成本大约是多少？

实施声誉研究需要投入大量精力。企业传播管理者在进行研究时，应当确保有明确的授权，并就如何使用研究成果有清晰的计划。根据我们的经验，需要克服的最大障碍是管理者在将组织视为一个整体时存在的固有困难。本章表明，如果不掌握方法，就无法衡量声誉；没有衡量数据，就不能管理声誉。

第十章我们将考察最主要的声誉衡量体系，目前它们在全世界范围内为众多公司所采用。我们会检视这些声誉研究应用程序的相对优缺点，并讨论它们作为传播功能有效性评估工具的适用性。

讨论题

1. 什么是战略一致性? 企业传播对其有何影响?
2. 战略一致性如何影响企业声誉?
3. 请逐一说明能用来衡量组织声誉的六种主要方法。
4. 在某一特定国家, 你要如何了解一组银行的声誉概况?
5. 请分别描述六种用来衡量企业声誉的主要方法的突出优缺点。

第十章　企业声誉研究的应用

常识由经验和先见组成，

为忖度可能性之尺度，

应用于生活之算法。

——亨利·弗雷德里克·埃米尔（Henri Fredric Amiel）

　　公司常常定期赞助那些专门设计用以检测其企业传播有效性及相关举措的调研。第九章介绍了公司可以依循的六种方法。这些惯用项目的优势在于，它们是为公司的目标利益相关方群体及工作方针度身定制的。然而，其主要缺点是，它们缺少一个标准化的对照组，调研的实施较为零散，因此也使得追踪困难，造成了连续性和管理者基准能力的匮乏。J. D. Power & Associates 调研公司通过开发产品与品牌的顾客评级形成一套业务。处于汽车、计算机、电子、航空及其他消费品领域的公司会定期披露一项被 J. D. Power 评为第一名的属性特征，并利用它来拓展公共关系。美国大陆航空公司（Continental Airlines）大胆地将"航空业消费者满意度第一名"喷涂在所有飞机外部，还刊印在大多数广告上。尽管如此，J. D. Power 调查通常为付费报告，而非广泛可得。图 10-1 展示了通用汽车公司是如何使用 J. D. Power 评级来鼓吹其在某质量调查中的相关排名的［注意：调查细节并不详尽。调查只覆盖表中所提及的设在奥沙瓦（Oshawa）的工厂还是包括其他？这谁都说不准］。

　　很多调研公司和传媒组织开发设计了大量用于衡量企业声誉的应用调研项目。由于实施过程遵循一定规律，这些调研项目输出了相当规模的数据库，一部分主要用于商业领域，其他则用于学术研究与分析。就这些研究数据库进行仔细分析有助于对传播项目有效性和其他影响企业声誉的相关举措形成实用性见解。

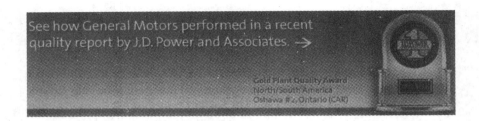

图 10-1　通用汽车公司如何利用 J. D. Power 和 Associates 的评分第一名做宣传

资料来源：http：www. gm. com。

　　评估一个组织时，就应该选用哪一种评估来代表所有利益相关方群体的看法，人们会产生质疑。一个组织有唯一声誉，还是有多重声誉？有些人认为，组织具有多重声誉，因为它们包含着各个自私部分的矛盾利益——投资者想谋求更多的收益，而员工追求更高的收入，消费者则青睐更低的价格（Fryxell and Wang，1994；Davidson，1990；Dobson，1989）。其他观点认为，就组织是否实现了所有关键组成部分的利益，各部分综合声誉评估形成了含蓄判断，因此声誉是一维的（Wartick，1992）。在我们看来，这个问题是全然实证的：对一些组织来说，各组成部分的形象汇集为一体，其显著声誉便是该集合的写照。对另一些组织来说，各组成部分的形象是发散的，其声誉评价必定要遭遇分歧（Rindova and Fombrun，1999）。针对各组成部分采用相同方法来衡量组织声誉，能使得揭示利益相关方的不同意见成为可能，并为以子群细分、多维分析的方法研究这些感知对组织整体评价的相关影响提供了契机。

　　本章检视了七种应用声誉调研项目，总结了一些关键特征，提炼了它们对企业传播管理所做出的主要贡献。

企业声誉研究：应用性科研项目

　　衡量企业声誉目前已有多个应用性科研项目，大多在美国发起，其中很多以产品品牌为关注点。2000 年，总部位于美国的公共关系咨询公司委员会（Council of PR Firms）确定了由传媒组织或市场调研公司开发，可用于公司评估企业声誉或确立相关基准的七个项目。其中只有两个会定期实施并广为人知：

　　□《财富》杂志推出的"全美最受赞赏公司"（America's Most Admired Companies）；

　　□Young & Rubicam 公司提出的"品牌资产评估"（Brand Asset Valuator）。

　　也有很多公司使用另外四种享有专利权的衡量体系来评估其传播项目或举措的有效性，即哈里斯互动公司［（Harris Interactive）的"品牌资产趋势"（EquiTrend，由前 Total Research 公司开发，后由哈里斯（Harris）在 2001 年买入］，WPP 集团的"Brand Z"，CoreBrand 的"品牌力量"（Brand Power），以及声誉研究所的声誉追踪®体系（RepTrak® System）。RepTrak®是由声誉研究所和哈里斯互动公司赞助的 Harris-Fombrun 企业声誉指数（RQ）项目的后续成果。作为一张标准化的记分卡，RepTrak®不仅被声誉研究所持续用来衡量超过 20 个国家范围内的企业声誉，也被许多龙头企业用以确立基准。

　　表 10－1 总结了这些应用的调研项目所评价的关键企业属性。在关注点、精确度以及范围上，这些方法彼此相去甚远。比起某种方法来，若更为偏爱另一种，在一定程度上取决于管理者想要获取的信息和分析的种类。所有项目的共同点在于可确立基准的横向及纵向数据的积累。然而，由于数据收集成本较高，调研项目的赞助人普遍会严格限制数据库的使用权。BrandAsset® Valuator 只对 Y&R 客户开放，仅有少量数据会提供给特定的学术机构用于分析。类似的，Equitrend 也被赞助者严格限制，但 David Aaker 却获准使用，他的书籍文章中对该数据库有大量引用（比如 Aaker，1999）。年度企业声誉指数项目的前列结果会定期出现在十几个国家的主要报纸上为大众所知，而详细结果只有私人顾客才能看到。WPP 的"Brand Z"和 Core Brand 的"Brand Power"同样如此。这有助于解释为何如此多的科研人员不得不依赖《财富》所公布的得分——它们是唯一可广泛获取的数据。

表 10 - 1 主要研究项目的声誉维度

声誉属性	应用企业声誉研究项目						
	品牌资产评估（Brand Asset Valuator）	品牌 Z（Brand Z）	品牌资产趋势（Equi Trend）	品牌力量（Brand Power）	全美最受赞赏公司（America's Most Admired Companies）	声誉指数（Reputation Quotient, RQ）	声誉追踪（Rep Trak）
领导力					×	×	×
道德和治理					×		×
顾客导向	×				×	×	×
质量	×				×	×	×
情感纽带	×	×		×			
社会责任	×				×	×	×
业绩		×			×	×	×
管理质量					×	×	×
员工技术					×	×	×
关联性							
可靠性	×						×
价值	×					×	
出现率/亲密性	×	×	×	×			
差异性	×	×	×				×

Y&R 的品牌资产评估

大型广告代理公司 Young & Rubicam（Y&R）在 1993 年夏天赞助了一个处于初始阶段的项目。该项目在全球范围内收集消费者如何对知名品牌排序的数据。最初的调研涉及在 24 个国家一年内对 3 万名消费者进行的约 7000 个品牌排序的定量访谈。该项目以 Y&R 的专利——品牌资产评估（Brand Asset Valuator，BAV）为工具，它被用来评估一个品牌的业绩和地位，预测其未来的潜力，现已发展为一个业务单元。

BAV 模型将品牌定义为"联系产品及其消费者的一套差别化承诺"。自 1993 年以来，Y&R 在国际范围内同消费者进行了超过 35 万次访谈来为大众品牌排名。每个消费者应邀就所评价的品牌做出超过 55 次的应答，共同组建成对超过两万个品牌的消费者感受的数据库。问卷的核心由 32 个属性组成，用以分辨品牌评价和感知中的哪些方面起着重要作用。受访者要结合所了解的所有品牌进行品牌评价。

　　BAV 的优点在于其国际化视野，并且能够相对于相同行业或产品分类内的竞争对手评估某个品牌。此外，专利属性使 BAV 模型陷入不透明的困境，因此非 Y&R 客户和学者很难接触其数据。

　　BAV 衡量的四项关键维度"支柱"包括：

　　□差异性：该品牌有多么独特；
　　□关联性：该品牌满足个人需求的程度；
　　□尊重度：消费者推崇该品牌的程度；
　　□亲密性：该品牌作为消费者日常生活一部分的程度。

　　专利分析中，Y&R 认为，BAV 这四个属性同一个品牌跨行业、跨国界实现收益、创造利益的能力存在一致性关联。

　　Y&R 的相关术语中，这些支柱受品牌的权威性及其生命力（或者说是优势）这两种核心力的驱动，决定着品牌的当前号召力及未来的发展潜力。品牌生命力等于差异性乘以关联性，它为品牌未来的发展潜力提供了深入见解：比起无差别的品牌，一个具有辨识度且同很多消费者相关的品牌要更富潜力。

　　相似的，当某个品牌为消费者所熟知且备受好评时，它更具权威性。权威代表着品牌当前在市场中的号召力，显示该品牌根植于消费者心中的深入程度。这两个维度共同决定了品牌业已取得的成就。图 10 - 2 概括展示了四个支柱之间的关系。

　　Y&R 已经基于这些维度开发出一个缜密的概念框架进行品牌分析。最为重要的是划分为两个维度的力量网格（power grid），分别是品牌生命力和品牌权威性，力量网格是 BAV 分析的中心。图 10 - 3 展示的是一个典型的力量网格。据 Y&R 分析师所说，品牌生命往往从左下角象限开始，向左上方更有增长潜力的部分移动。在这里，一个品牌必须要增强它的生命力，新兴的品牌将面临将生命力转化为权威性的挑战。因此，居于该象限中的新品牌是处于右上角象限内较为成熟的品牌的潜在挑战者。BAV

分析师认为，随着时间的推移，品牌最终会失去生命力，移动到右下角象限，面临不得不重整旗鼓或"重生"的境地。

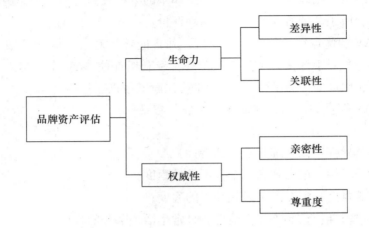

图 10 – 2　Y&R 的品牌资产评估所衡量的品牌支柱

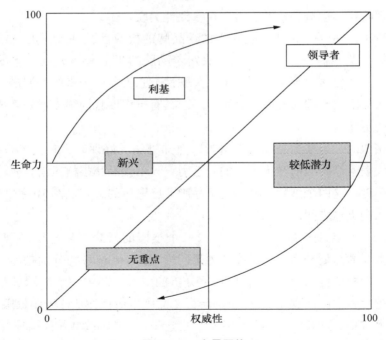

图 10 –3　力量网格

资料来源：Alhers（1996）。

　　一旦将某品牌置于该网格中，研究者会进行两种诊断测试来探究它们为何在那，能做些什么。"声誉因素分析"（Reputation Factor Analysis）涉及确认产品类别中的重要因素，观察这些因素相对于对手表现如何。"品牌集群分析"（Brand Cluster Analysis）用于对比不同产品类别中的品牌，通过类比来努力从中汲取经验。

　　一位 Y&R 的研究者这样解释图 10-4 的结果：

　　百威啤酒于 1993 年进入荷兰市场，4 年后，成长为一个利基品牌。哈根达斯实现了从利基品牌到市场领导者（在高价冰淇淋市场）的转化。阿哈仍是一个优势品牌，它处于市场领导者应居之位。普罗丹特的地位则受到严重侵蚀，以致不得不诉诸报价。Sisi 从颓势中抽身出来，正蓄势待发。Zanussi 的主题不明，消费者开始把它视为没有重点的品牌。天美时手表逐步复原，走出低迷而攀升为受追捧的品牌。

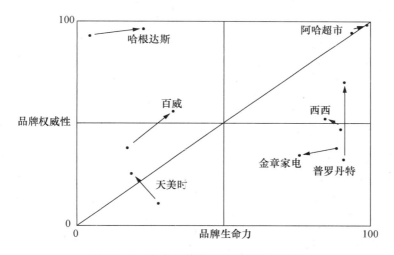

图 10-4　几个品牌在力量网格中的变化

　　一个名为品牌经济（Brand Economics）的合资企业于 2004 年投放市场，它综合了 BAV 数据库和思腾思特金融咨询公司（Stern Stewart & Company）开发的 EVA 评级数据库，形成了有趣的并列调研数据。Brand Economics 采取的是基于品牌健康和金融业绩之间关系的多因素分析的路径。经过跨越所有行业及年份的综合分析，结果显示金

融因素解释了公司市场价值大约 55% 的差异，而品牌因素解释了约
25% ，其他因素（比如"行业背景"和"商业周期"）解释了剩余
的 20% 。

　　分析师利用这些数据和模型将一家公司的市场价值阐释为其商业模式
和品牌的一项功能。公司商业模式的有效性通过其盈利能力（利用 EVA
扩散衡量）展现出来。公司消费品牌的强度和韧性通过品牌支柱来体现。
这个模型估计出相对品牌健康提高运营业绩对价值创造的相对贡献，进而
给公司业务指出最优的价值创造策略。

　　2005 年，隶属 Y&R 的浪涛国际咨询公司（Landor Associates）和
Brand Economics 基于 2001—2004 年的 BAV 数据库，发布了一项涉及 2500
多个品牌的研究。数据库确定了那些生命力呈现最大增长，集差异性与关
联性为一体的品牌（见图 10 - 5）。由于品牌得到优化提升，这些品牌形
成更大的溢价，有更为广阔的销量，这直接影响到它们的运营价值，更易
于它们实现其在种类和地理上的拓展，进而取得未来价值的大幅增长。针
对每个品牌，Landor 和《财富》杂志评估了品牌所有者意在提升品牌业
绩且带来主要金融收益的关键行动。整个清单包括一系列消费品牌及 B2B
品牌，其中排在前列的品牌如下：

　　□谷歌（Google）：互联网；

　　□跳蛙（Leap Frog）：益智玩具；

　　□索尼（Sony Cyber）-shot：数码相机；

　　□Sierra Mist：软饮料；

　　□赛百味（Subway）：速食店；

　　□英国石油（BP）：石油；

　　□得伟（DeWalt）：电动工具；

　　□iPod：消费类电子产品；

　　□Eggo：包装食品；

　　□嘉宝（Gerber）：婴儿食品。

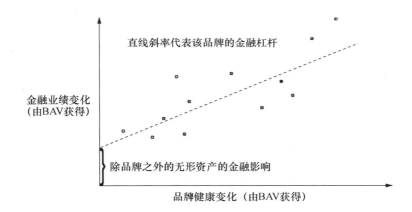

图 10 - 5　金融价值与品牌健康的联系

资料来源：品牌经济学（Brand Economics）。

WPP 集团的 Brand Z

制定品牌定位和品牌策略时，WPP 集团属下的很多成员公司都根据名为"Brand Z"的大型调研数据库激发创意。Brand Z 每年从消费者和专业人士访问中收集原始数据。每个受访者应邀在他们确实购买过的种类中对品牌进行竞争性评价。由于数据代表着每位受访者的意见，他们了解产品种类且只基于那些对自己来说重要的属性做出品牌判断，因此这些数据拥有较为可观的表面效度。

Brand Z 共计访问了 31 个国家超过 65 万名消费者和专业人士，对比了超过 21000 种品牌。针对每个品牌，根据受访者对一系列问题的回答情况，研究者将其分配到图 10 - 6 中品牌金字塔所显示的某一具体"层次"。该品牌动态金字塔展现的是达到特定层次的某特定品牌的消费者数量。五个层级（从高到低）可划分为：

□纽带：理智与情感上排斥大多数其他品牌而对某一特定品牌保有依恋。

□优越：从理智或情感角度，感觉某一特定品牌优于同类其他品牌。

　　□性能：感觉表现出合意的产品性能并出现在消费者的候选清单上。

　　□关联：与消费者需求相关，处于合适的价格区间或考虑范围内。

　　□出现：基于过去购买体验、突出特点或品牌承诺的内容而形成的活跃熟悉度。

图 10 - 6　Brand Z 的品牌动态金字塔

资料来源：品牌经济学（Brand Economics）。

　　针对该数据库，WPP 集团旗下各公司利用品牌 Z 数据所实施的专利调研显示，品牌金字塔上的层次越高，购买忠诚度随之增加——纽带层次的消费者很可能是该品牌的拥趸，具备较高的"钱包份额"：在金字塔中处于越高层次，针对同类型产品，消费者对该品牌的支出比例就会越高。

　　Brand Z 分析会先计算一个品牌将消费者从一个层次转移到下一个层次的比率，再与将品牌规模考虑在内的可能情形作比较。剥离规模因素，这确定了一个品牌与同类其他品牌相关的优势和弱点。

　　每个品牌都拥有一个"签名"，这个"签名"凸显了一个品牌将消费者转换成更高层次的品牌拥趸者的能力。一个热门品牌并非广为人知或人所共需，但相关人群却通常是狂热效忠的粉丝。

　　Brand Z 研究者总结出八种品牌签名类型：

　　1. 白板（Clean slate）：品牌不为大多数消费者所知。品牌的关联与优势尚未建立。对消费者来说，企业品牌没有知名度，或者之前也没有市场推广。

2. 小老虎（Little Tiger）：相对不太为人所知，却在一个核心群体中备受追捧。若该品牌在不疏远这个群体核心的同时面向更广泛的群体增加亲密性和相关性，那么它能成为奥林匹克品牌。另外，也可以在一个忠诚的群体中继续发展，成为一个有力的群体性品牌。

3. 弱者（Weak）：一个在消费者眼中少有作为的品牌，但是仍足够知名，很多人表示不喜欢它。

4. 专家（Specialist）：相对知名，但受众有限。对大多数人而言可能过于昂贵。拥有少数狂热的用户，若不疏远核心用户，将陷入拓展业务的瓶颈。必须谨防溢价过度而曲高和寡。

5. 经典（Classic）：受广大核心群体追捧和喜爱的知名品牌。不错却非最好。必须通过持续地对产品及形象再投资来保持地位。

6. 奥林匹克（Olympic）：知名，受广大核心群体的喜爱。日常生活中为人称道，被视为国家文化结构的一部分。

7. 卫士（Defenders）：产品性能和价格间形成良好平衡——但是不具备基于产品或根植于情感的真正优势。

8. 明日黄花（Fading Stars）：之前广为人知，受人喜爱。如今虽然仍与广大受众有关联，却失去吸引力，缺乏产品或形象方面的优势。

大多数公司了解人们如何看待它们的品牌。而所有的公司都对其品牌在市场中的表现了如指掌。品牌 Z 将这两者联系起来，为管理者提供了一个评价品牌实力的诊断工具，并借助公司的品牌势差指标（Brand Voltage®）与市场份额未来变化挂钩。考虑到品牌当前的市场规模，品牌 Voltage® 为管理者提供了品牌成长潜力的尺度，帮助确认有效营销项目的关键驱动力。

Brand Z 分析师通常将一个品牌的普遍性（在所属类别中出现率）对照其品牌势差来描述品牌位置，即综合该品牌当前的市场规模得出品牌的发展潜力。图 10-7 即为品牌类型图及各类型的对应品牌示例。

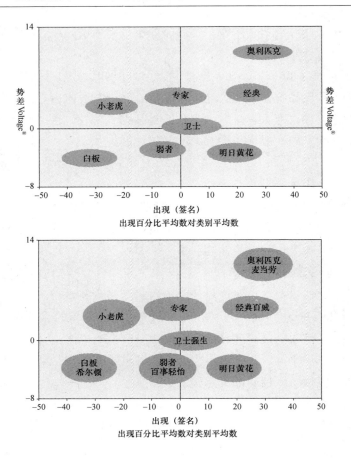

图 10 - 7　Brand Z 概念及实证地图

资料来源：Brand Economics。

　　大多数企业品牌的品牌签名都相对复杂——每条业务线上各有不同的签名，比如英国的零售商 Marks & Spencer（M&S）。这家公司有三项核心业务：百货商店、服装制造和食品零售。如图 10 - 8 所示，消费者更多地将 M&S 同百货商店联系在一起，而不是食品零售商。比起百货商店或超市，该品牌作为服装制造商有更高的出现频率。M&S 是个经典的百货商店品牌，作为服装制造商却缺少风格。身为食品零售商，它是个期望很高的品牌，价格比消费者愿意偿付的数目要高。

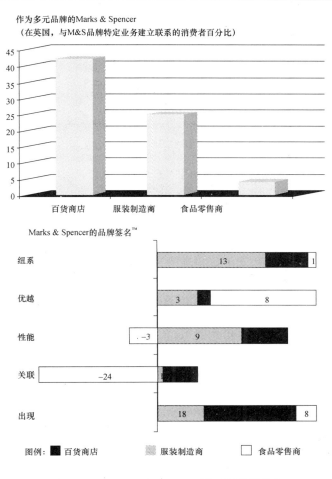

作为多元品牌的Marks & Spencer
（在英国，与M&S品牌特定业务建立联系的消费者百分比）

Marks & Spencer的品牌签名™

图例：■ 百货商店　　▨ 服装制造商　　□ 食品零售商

图 10 − 8　Marks & Spencer 的不同品牌签名

哈里斯互动公司的品牌资产趋势

品牌资产趋势（EquiTrend）由 Total Research 公司开发，后被市场调研公司哈里斯互动收购。它是一项 1989 年以来，依靠简单的"品牌资产"（Brand Equity）衡量来追踪 1000 多个品牌的研究。

在一年一度的调查中，EquiTrend 会邀请约两万名消费者按如下五个关键属性，提供他们所熟悉品牌的评估"快照"：

☐熟悉度；

☐质量；

☐购买意愿；

☐品牌期望；

☐独特性。

图 10 - 9 描绘了该研究所使用的模型。"感知质量"（perceived quality）是用来描述"品牌资产"的尺度，研究报告呈现了 39 个类目下 133 个美国品牌的相关结果。

就 EquiTrend 数据库进行的研究显示，相关受访者对品牌平均质量排名的意见与品牌喜好、信任、自豪和推荐意愿密切相关。举例而言，Aaker 和 Jacobson（1994）发表在《广告时代杂志》（*Advertising Age*）的一份分析报告中指出，对股东来说，美国 34 家大公司的品牌建设都取得了相应的成效。研究人员还考察了品牌资产提供影响股价能否超过当期投资回报率（ROI）的公司业绩信息的能力。结果确如人预料，股票收益与投资回报率变化呈正相关。他们还指出品牌资产的变化事关重大。尽管没有市场对有利的投资回报率反应那么强烈，但结果表明品牌资产和股票市场回报之间呈现明显的正相关关系。Aaker 和 Joachimsthaler 在《品牌领导力》（*Brand Leadership*，2002）一书中利用 EquiTrend 数据库再次确认了品牌资产和股票市场回报之间的因果联系。正如他们所说：

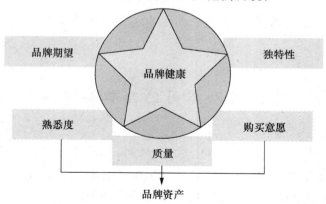

图 10 - 9　EquiTrend 的品牌资产衡量

　　研究发现，在品牌资产方面收益最多的公司其平均股票收益达30%；相反，那些品牌资产损失最多的公司平均只有负10%的股票收益。品牌资产的影响与投资回报率的影响不同——两者之间的相关性较小。而广告对股票收益几乎没什么影响，除非牵涉品牌资产。

　　笔者认为，品牌资产/股票收益之间的关系可能来自于品牌资产支持价格溢价的倾向，而价格溢价会提升盈利能力。他们写道："这一关系无疑基于双向的因果关系——一个强有力的品牌产生价格溢价，而价格溢价反过来又是重要的质量暗示。当较高层次的感知质量已经（或能够）出现时，提高价格不只带来了额外收入，还提升了感知。"

CoreBrand 的品牌力

　　CoreBrand是美国的一家品牌开发与管理公司，它追踪了47个行业中的1200家公司的企业品牌。所收集的数据包括对公司的熟悉度以及在三个关键属性上的好感度，即管理有效性、投资潜力和整体声誉。此外，CoreBrand取得了每家公司的金融业绩及传播支出的数据。熟悉度和好感度综合为一个称为品牌力（Brand Power）的分数，它是CoreBrand模型中的因变量，也是他们推荐塑造品牌建设方案所依据的重要尺度。

　　"品牌力"是基于对某公司的熟悉度与好感度的得分。熟悉度是受众所认为的、他们对某公司的了解程度。受众觉得对一家公司越是了解，就越会产生好感。在这些熟悉公司的人中间，好感度是对公司有好感倾向的百分比。他们喜欢公司的管理、声誉和投资潜力。好感度衡量会使公司明白它们的故事到底是否有人买账。付费媒体广告是公司塑造品牌的手段之一。然而，这却不一定是唯一的或最有效的方式。有些人认为，人们的媒体消费习惯保持高速变化，因此，当前付费媒体广告不见得有多高的收效。表10-2显示了2004年品牌力调查的部分结果。排名靠前的品牌包括可口可乐、强生、联合包裹速递服务公司UPS和联邦快递FedEx。然而，奇怪的是，该调研中，谷歌2004年第三季度的排名仅处于第686位，第四季度更是迅速下跌到第1007名。考虑到谷歌广泛的消费者号召力和2005年IPO的巨大成功，这个排名好像有点怪异。

表 10 - 2 企业品牌的品牌力

公司	2004 年第三季度	2004 年第四季度
可口可乐公司（Coca-Cola Company）	1	1
强生公司（Johnson & Johnson）	2	2
美国联合包裹服务公司（United Parcel Services, Inc., UPS）	3	3
联邦快递公司（FedEx Corp.）	4	4
百事公司（PepsiCo, Inc.）	6	5
蓝多湖公司（Land O' Lakes, Inc.）	14	6
金宝汤公司（Campbell Soup）	8	7
霍尔马克卡片公司（Hallmark Cards, Inc.）	7	8
哈雷戴维森公司（Harley-Davidson, Inc.）	9	9
好时食品公司（Hershey Foods Corp.）	13	10
劳氏公司（Lowe's Companies, Inc.）	5	11
微软公司（Microsoft Corp.）	10	12
通用电气公司（General Electric Co.）	11	13
IBM 公司（IBM）	15	14
华特迪士尼公司（Walt Disney Company）	12	15
索尼公司（Sony Corp.）	16	16
丰田汽车公司（Toyota Motor Corp.）	19	17
高露洁—棕榄公司（Colgate-Palmolive Company）	17	18
美国运通公司（American Express Company）	18	19
利惠公司（Levi Strauss and Co.）	23	20
家得宝公司（Home Depot, Inc., The）	25	21
沃尔玛百货公司（Wal-Mart Stores, Inc.）	21	22
星巴克集团（Starbucks Corp.）	24	23
桂格燕麦（Quaker Oats）	20	24
通用磨坊食品公司（General Mills, Inc.）	22	25

资料来源：CoreBrand（2004）。

CoreBrand 声称，其跨行业的专利分析表明，广告支出是品牌力量的主要动力之一。公司在广告上投入越多，往往拥有的品牌力量越大。这是因为广告通过纷杂的媒体会对销售产生重大影响，而广告花费巨大的公司经常也会采取协调措施，将广告与其他品牌建设措施及传播措施平衡好。

从对 800 家《财富》1000 强公司的分析中，CoreBrand 还声称企业品牌建设的努力会对金融业绩有重大影响。特别是报告中称较强的企业品牌形象会对股票价格有平均 5—7 个百分点的积极影响，这一结果存在行业差异。CoreBrand 的创始人 Jim Gregory 认为，当管理得当时，品牌的投资回报率成效会更加明显。不幸的是，由于没有供学术审查的相关实证证据，所以，该结果多少仍值得商榷。

图 10 – 10 显示了 CoreBrand 是如何描述品牌力量的驱动力及其对市场价值的相关影响的。

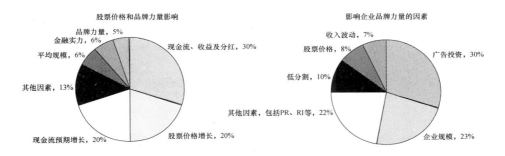

图 10 – 10　品牌力量：驱动力和影响

《财富》 的最受赞赏公司

《财富》年度"全美最受赞赏公司"（Most Admired Companies in America，MACA）评选是学术界和从业者用来衡量企业声誉的最突出的监测系统。该评选于 1982 年发起，为研究和分析长期而连续地提供了与企业声誉相关的实证数据源。由于数据库还划定了基准，从业者也从中获益良多。

方法论上，声誉评级从大量管理者、分析师、企业主管群体中邀请参与者。研究者将问卷分发给相关公司的潜在应答者，以此得到"正式回应"。每份问卷中，评价人要回答八个问题，这八个问题组成了"关键声誉属性"，分值范围从 0—10：

1. 管理质量；

2. 产品或服务质量；

3. 金融稳健性；

4. 吸引、开发、保留人才的能力；

5. 企业资产的使用；

6. 作为长期投资的价值；

7. 创新性；

8. 社区和环境责任。

《财富》指出，每年参与其调研的受访者有超过 1 万人，提供了他们所在行业内龙头企业的排名。受访者按行业分组，再从这些排序中梳理出排名前十的公司。最近几年，《财富》还加入了一个扰乱视线的总体性问题——它只要求受访者回答一个问题，即请受访者说出十个他们最推崇的公司名称。

20 世纪 80 年代以来，关于企业声誉的大多数学术研究都依赖《财富》的排名。也有很多批评家指出了该数据库的局限：（1）存在金融偏见——管理者更可能根据对公司金融状况的细致了解做出评判；（2）存在利益相关方偏见——数据显示，其声誉尺度并不广泛，而只代表着以金融领域为导向的利益相关方子群体的意见，他们对社会责任或工作场所环境等方面的关注相对较少；（3）属性选择缺乏理论支撑，不适用于严格的方法开展规模化开发（比如多项量表、可靠性分析、因素分析等）。

运用《财富》评级充当声誉衡量工具的早期研究往往将上述八个属性视为是彼此相互独立的（Chakravarthy，1986；McGuire et al.，1988）。然而，Fombrun 和 Shanley（1990）具有开创性的研究指出，该评级具有高度相关性，而且牵涉一个单一因素。他们总结道，受访者依据这些貌似有差别的属性对公司进行排序时，他们只是在评价一个单一的底层结构，这个结构可以称作"声誉"。继 Fombrun 和 Shanley（1990）以及 Fryxell 和 Wang（1994）的工作之后，如今大部分研究者都认识到《财富》评级的"金融光环"，研究者要么在统计学上将其去除，要么直接拿来研究（Sobol and Farrely，1989；Dowling and Roberts，2003）。《财富》自己也认识到了这一结构的单维度性质，甚至不再提供单一属性评级。

很多研究者试图建立《财富》评级和其他变量之间的联系。比如，

Fombrun 和 Shanley (1990) 发现, 尽管金融业绩变量能够较好地预测评级, 然而评级同时也受到公司在媒体上的总体知名度、广告支出、慈善捐助等尺度的影响, 由此可以看出, 受访者可能不自觉地将其他受人关注的因素糅合到了判断中来。

表 10-3 列出了《财富》2004 年和 2005 年全美最受赞赏公司的名单, 并列的还有其运营成效 (盈利能力)。即便很多被提名的最受赞赏公司表现不俗, 但显然收益和声誉并非简单相连。这最初 Fombrun 和 Shanley (1990) 的研究中得到确认, 1997 年在纽约大学斯坦恩商学院召开的声誉研究所第一次会议上及以后, 也有其他研究报告了类似结论 (Srivastava et al. , 1997; Black et al. , 2000)。

表 10-3 **全美最受赞赏公司**

前十位		总收益	
排名	公司	2004 (%)	1999—2004 (%)
1	戴尔 (Dell)	24.0	-3.7
2	通用电气 (General Electric)	20.7	-4.8
3	星巴克 (Starbucks)	88.1	38.8
4	沃尔玛 (Wal-Mart Stores)	0.4	-4.7
5	西南航空公司 (Southwest Airlines)	1.0	8.8
6	联邦快递 (FedEx)	46.4	19.4
7	伯克希尔哈撒韦 (Berkshire Hathaway)	4.3	9.4
8	微软 (Microsoft)	9.1	-12.4
9	强生 (Johnson & Johnson)	25.1	8.0
10	宝洁 (Procter and Gamble)	11.9	2.1
前十名平均数		23.1	6.1
S&P 500		10.88	-2.3

注: 该调查要求来自各行业的商业人士为其最推崇的十家公司投票。

资料来源:《财富》2005 年 3 月 7 日。

总之,《财富》的排名广泛可得, 即便如此, 将其作为一种企业声誉的综合尺度仍存在重大局限。排名反映了大部分处于管理层的利益相关方群体的偏见，评价工具中的属性并不具备综合性。最后，《财富》在国际范围内测定属性的效度和信度上作为甚少。

很多研究指出了使用《财富》的企业声誉衡量存在的很多固有缺陷，包括 1999 年以来声誉研究所进行的研究。此外，在 Harris-Fombrun 声誉指数®的早期发展和 2005 年新近引入的 RepTrak®中也有体现。

Harris-Fombrun 的声誉商数

声誉商数（Reputation Quotient，RQ）是由哈里斯互动市场调研公司和查尔斯·福伯恩（Charles Fombrun）研发的一个工具。1999—2005 年间，声誉研究所赞助了年度消费者 RQ 调查，其前列结果被刊登在《华尔街日报》和全球其他主要报纸上。1999 年以来，声誉商数已在超过 26 个国家被用于企业声誉的衡量。

为衡量企业声誉，声誉商数要求受访者就六个维度下的 20 个条目对公司进行评级，这六个维度是：（1）情感吸引力；（2）产品和服务；（3）愿景和领导力；（4）工作场所环境；（5）社会责任；（6）金融业绩。图 10 – 11 总结了声誉商数模型的标准结构。1998—2000 年，在美国、澳大利亚和欧洲进行的定量与定性混合调研确立了这六个维度及其下的 20 个属性。为了得出这些属性，研究者对现有的声誉衡量进行了编制，考察了多种衡量使用的标准，有《财富》的全美最受赞赏公司以及其他同行的评级，如《亚洲商务》（Asia Business）、《远东经济评论》（Far Eastern Economic Review）、德国的《管理人杂志》（Managers Magazine）以及英国的《今日管理》（Management Today）。

利用现有方法的文献研究和优缺点分析，研究者创造了一个工具原型。该原型之后在一个试验项目中得到测验，检验了消费者对航空业和个人计算机业的感知。随后对项目进行调整，在来自三个不同大洲（美国、荷兰、马来西亚）的三类利益相关方群体（技术、专业、公众）中组织定性焦点群体。声誉研究所利用这些相关讨论发掘世界不同地方的人们对公司的看法：什么属性是支配性的，是否存在国家间差异，这些属性是否应该成为声誉商数的标准化部分？尽管国家间、利益相关方群体间存在差异，研究者还是将目光集中于共性，形成了一个声誉商数最终版本，随后即应用到一般国别研究以及具体公司分析中来（Fombrun et al., 2000）。

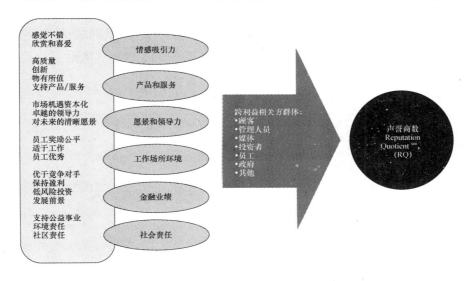

图 10 – 11　Harris-Fombrun 声誉商数的 6 个维度 20 个特性

　　声誉商数项目在解决《财富》调查的弱点上非常重要。通过消费者调查，声誉商数提供了利益相关方对公司声誉的不同看法。利用 20 个属性而非 8 个，声誉商数克服了《财富》使用单一条目来衡量复杂维度的局限。通过对企业声誉评价的属性、维度和总体评级之间内在联系的密切审查，声誉商数具备了厘清声誉可能驱动的能力，这使其成为强有力的声誉衡量功臣。比如，在大多数国家中，产品和服务维度被证明是最有力的预测因素，随后是社会责任和工作场所环境。这强化了利益相关方对声誉的理解——公众很少关心金融业绩和领导力，而金融和管理层的利益相关方却把业绩和领导力奉为圭臬。

　　声誉商数在澳大利亚、丹麦、荷兰、法国、德国、英国和南非的国际化应用使得就这些国家中的声誉驱动力做些有趣的对比成为可能。声誉商数数据库还有很多待开发之处，很多跨国家、跨利益群体的声誉假设还有待检验。

　　声誉商数路径的另一优点在于指导企业传播的能力。分析针对属性的相关回答能够为迫切需要确定改善目标群体声誉最高杠杆点的管理者提供有用的信息。对声誉商数结果的细分分析表明，比起其他子群，一些子群更倾向于尊重某家公司。这种分析向有志于发展战略目标的传播者提供了有潜在价值的信息。表 10 – 4 给出了从理解中得到的规范含义：（1）在特定维度上，利益相关方对一家公司的评价如何；（2）通过战略传播，要影响这些评价可以做些什么。图 10 – 12 展示了诸如声誉商数等声誉记分卡的各维度如何被企业传播部门当作改善声誉的关键业绩指标。

表 10 – 4　　　　　管理者如何利用企业传播影响企业声誉

	营销传播	投资者关系	员工传播	公共关系
情感吸引力	×××	×	×	×
愿景和领导力		×	×	×
社会责任		×	×	××
工作场所环境			×××	×
产品和服务	××××			
金融业绩		××××	×	×

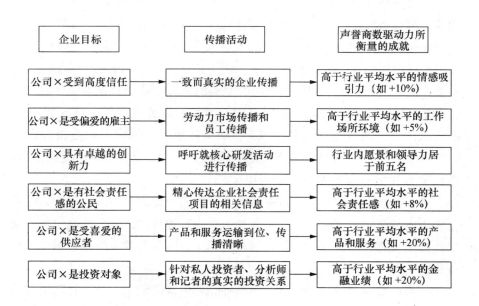

图 10 – 12　使用声誉商数维度作为关键业绩指标

声誉研究所的 RepTrak® 体系

声誉研究所自 1997 年起便致力于声誉动态的研究。2005 年，声誉研究所引入了声誉追踪体系 RepTrak®——一个用来跟踪分析企业声誉的前沿工具包。该体系基于 RepTrak® 记分卡，此工具由声誉研究所于 2005 年开发，跟踪了 7 个核心驱动力内的 23 个重要的业绩指标，它们源自在 6 个国家里开展的定量及定性调研。

RepTrak® 的创建始于 1999 年，之后全世界范围内声誉商数调研的不断累积。第一步要解决的是 Harris-Fombrun 的声誉商数工具随着时间暴露出的一些根本弱点（Fombrun et al.，2000；Gardberg，2005）。特别是：

1. 声誉商数所确立的六个声誉维度虽然在概念上有差别，实证上却并非一起发挥作用；

2. 声誉商数研究表明用来衡量企业声誉的 20 个属性有高度的多重共线性；

3. "情感吸引力"的维度被证明同整体声誉衡量密切相关，暗示它们可能不过是同一个维度的组成部分；

4. 用来分割声誉方差的因变量"声誉"是一个单一项目变量，会产生较高的抽样误差；

5. 声誉商数中所有的属性都有等量的权重，尽管它们对整体声誉的影响各不相同。

另外，研究者对该量表的国际效度表示质疑，并提出进一步检验声誉属性的要求，这要归咎于 2001 年以来席卷商业界的企业丑闻，这场风波可能已经改变了利益相关方对企业声誉的看法。

声誉研究所也因此踏上修正声誉商数工具缺陷的征程。2005 年春季，研究所在六个国家范围内确立了焦点群体。自生性及非自生性问题证实了声誉商数使用的很多现有属性，但也指出声誉商数没有衡量关涉"道德"、"治理"的附加属性，而且需要对一些现有属性重新措辞。

因此，通过定性研究，一个新的企业声誉衡量原型确立了。之后，初

步的定量测试在 6 个国家内使用持续的在线投票程序进行。两个月之后，6
个国家的数据被集合起来，随即进行了因素分析。分析得出 7 大因素，涵
盖 23 种属性。图 10 - 13 显示了基于因素分析得到的 RepTrak® 记分卡结构。

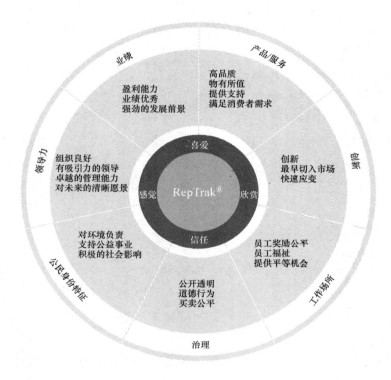

图 10 - 13　声誉研究所的 RepTrak® 记分卡

　　接下来，进行多变量回归分析，检视属性对维度及维度对整体声誉衡
量的相对贡献。声誉衡量有四个类目——整体声誉衡量以及声誉商数所使
用的三个"情感吸引力"属性（喜爱、信任和欣赏）。每个属性在其维度
上的预测能力得分被用来代表该属性对整体声誉衡量的净贡献。
　　RepTrak® 是世界上第一个用于国际范围内追踪跨利益相关方群体企业
声誉的标准化综合性工具。公司选择想要的数据，观察其在 RepTrak® 中的
表现，还能用媒体内容分析把两种感知调查并列起来。比如，世界各地每
天都在进行的追踪投票为公司提供了获取顾客、投资者、员工感知的渠道。
　　对特定群体的实时监测不仅使得公司观察品牌建设活动是否涵盖其有
意发起的支持性活动成为可能，也为观察公关策略是否影响公众意见、媒

体报道是中伤还是颂扬了公司声誉提供了契机。所有这些都针对主要竞争对手设定了基线。

　　声誉研究所的 RepTrak® 的优势在于，与声誉商数不同，RepTrak® 各维度在统计上是各自独立的。这减少了数据分析时的多重共线性问题，进一步确定了特定属性和维度对公司整体声誉产生的相对影响。

　　然而更重要的是，声誉研究所把 RepTrak® 记分卡作为企业传播整合分析的一部分。声誉被视为利益相关方基于公司传播和媒体报道解释其所见所闻的产物。图 10 – 14 描述了应用 RepTrak® 体系的整合路径。

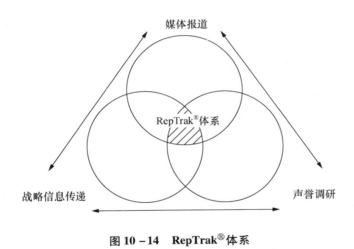

图 10 – 14　RepTrak® 体系

　　图 10 – 15 显示了某公司应用 RepTrak® 体系得出的结果。它表明：

　　□ 对公司产品的感知是公司总体声誉最为重要的驱动力，位列其后的是对其"愿景"和"金融业绩"的感知；

　　□ 公司媒体报道与其新闻稿的对比表明，有四种属性深受媒体喜爱；

　　□ 公司的新闻稿在这四种属性间达到了平衡，在其他声誉属性间却并非如此；

　　□ RepTrak® 分析为企业传播管理者提供了对措施有效性的系统见解。同时，它也为解决公司的失衡问题，进而提升企业声誉提供了有力平台。

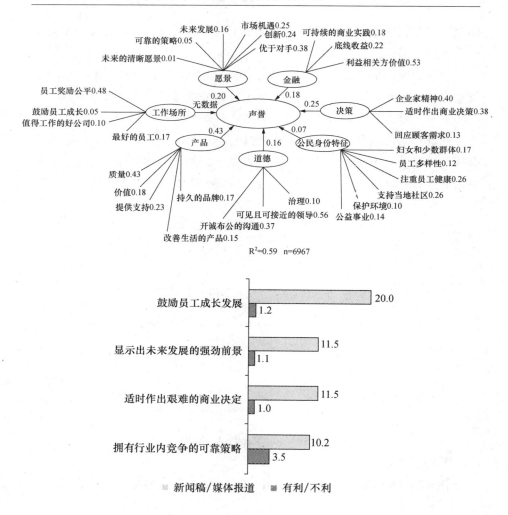

图 10-15 RepTrak® 驱动力分析示例

该美国公司的驱动力分析基于对消费者、员工和其他有影响力的受众感知的检视。结果表明，声誉最为重要的驱动力是对公司产品的感知。

进一步的数据分析使研究者挑选出声誉的四个关键属性：通过新闻稿与媒体报道的比较显示，涉及这四个属性的新闻稿表现出高回报率。出现频率最高的属性是"显示出未来发展的强劲前景"，其次是"拥有行业内竞争的可靠策略"。两者有利/不利报道的比率大于1。

结　论

公众对公司是否成功地满足了利益相关方期望的感知非常重要。声誉评级为提请公司关注这一问题提供了有力途径。即便大多数使用中的声誉评级方法效度有限，但是它们的日益普及为结构良好的调查提供了可能，依据调查可以获取公众对公司的信念，同时在经济以及社会维度刺激企业业绩。

在声誉管理领域要设计一个对整个组织都有益的战略。每个部门都应能够对组织成功做出贡献。创建声誉管理计划时，传播部门应当确保将每个人的利益都考虑在内。刺激整合的有力方式在于为外部部门制作简报，在声誉调研、企业品牌建设和企业传播等方面提供相关帮助。这份简报应当涵盖如下内容：

□公司声誉建设应当聚焦于哪个业务层次——以公司为整体还是具体到业务单元？

□对公司未来的成功来说，哪些利益相关方群体的意见最为重要？

□公司要针对哪些竞争对手设置基线？

□声誉调研将为公司实现哪些目标？

□为给公司决策提供信息，调研只进行一次，还是就公司看重的因素实施追踪？

回答提出的这些问题又引发了关于传播功能本身组织的隐含问题——这也是本书最后一章我们要讨论的主题。

讨论题

1. 请说出使用态度量表的优缺点。

2. 依靠《财富》的全美最受赞赏公司数据及方法衡量企业声誉有什么主要缺陷？

3. 你如何看待 BrandAsset® Valuator 与声誉研究所的 RepTrak® 间的

异同？

4. 选择一个组织，解释为何 RepTrak® 的结果可以用于该组织传播部门的日常实践中？

注　释

1. ThinkExist. com 语录。"亨利·弗雷德里克·埃米尔语录"。《ThinkExist. com 在线语录》2006 年 3 月 1 日、2006 年 4 月 4 日。

2. 对衡量企业社会责任感兴趣的研究者很大程度上依赖 KLD 所做的排名。KLD 是一家私人评级集团，它将超过 3000 家美国公司按不同的社会表现特征进行分级。其排名为观察可能影响声誉的特定领域内的企业行为"现实"提供了窗口，与其说它是声誉衡量，不如称其为专家评级。

第十一章　组织企业传播

一同工作，出色完成任务，
我们每个人都应该像一个人类细胞。
每个人都知道该做什么，
让下一个人的工作更简单，这是必需的，我们一直都知道。
我们实际上是在为彼此工作，
就好像锁链上的一环或者汪洋中的一滴水。
在公平、良好领导的指引下，
每个业务都成功而和谐，共同走向世界。

　　　　　　　　　　——拉索菲亚·柯塞斯（La Soaphia Qu Xazs）

　　本书最后一章考察的是企业传播的组织规划。为施行声誉管理，公司应该如何构建其传播功能？尽管组织理论告诉我们"世上没有万能法则"，但是组织理论也确实为我们提出了各种注意事项，可供管理者在制定事关声誉的企业传播系统最有效的执行途径时加以考虑。在此，我们将一一讨论。

　　第一点建议是，结构应当始终遵循战略（Chandler，1962），而不是反过来让战略遵循结构。因此，公司在设计其传播功能时应该反映出公司的经营战略。企业战略建立在不相关的多元化经营之上的公司，和企业战略建立在一系列高度相关的业务之上的公司相比，其传播结构应该是截然不同的。类似的，一家围绕"差异化"制定经营战略的公司在组织其传播结构时应该体现这一战略，因此和一家在市场上追求"低价"的公司要有所不同。后面我们将考察企业传播管理战略的各种意义。

　　第二点建议是，传播功能的领导力必须囊括到公司战略制定的过程中来。也就是说，如果重大决策可能要求传播支持并影响到公司的声誉，传播功能在其中发挥着战略性作用，那么企业传播就要介入公司的支配联盟。很多时候，公司往往认为传播只是战略执行中的战术手段，而没有认识到传播也应运用到战略制定中来。

第三点建议是，将传播功能视为价值的创造者，并据此对其进行衡量和奖励。在很多公司，传播仅仅被视为纯粹是一种"人事"职能，因此也就没人把它当作"底线效益"的贡献者。为了让企业传播成为"商业案例"，传播部门必须致力于发展传播活动的衡量方法，通过一系列关键绩效指标跟踪传播活动的效果，并对其进行奖励，同时在传播行为没能达到设置的战略目标时对其进行惩罚。

最后，正如我们在整本书中一直在讲的那样，传播功能的重点必须是全面的——必须将内部传播和外部传播组织起来，以便构建、保持和维护公司的声誉资本。缺少任何一点，都相当于舍弃了企业传播功能的一项根本职责。

为战略实施构建传播

传播系统必须服务于组织战略抉择。因此，组织在制定企业传播决策时，应该关注公司在更为广泛的企业及竞争战略方面所做出的更大决定（Rumelt，1974；Chandler，1962）。著名的组织理论家 March 和 Simon（1958）说道："组织结构的目的是对组织成员实现更具可计算性和可预见性的控制，以便提升组织业绩。"

帮助形成企业层面的协同增效

关于企业战略的大量文献提出，公司可根据企业伞的"相关性"进行区分（Rumelt，1974）。企业战略涉及两个方面的战略选择：（1）业务组合的多元化程度；（2）组合中业务的相关程度。大部分关于企业战略的早期研究都着眼于展示多元化经营的绩效影响，并得出结论，认为提高业务组合的"相关性"程度将换来巨大的经济效益。他们发现追求相关多元化经营可以带来更高的经营效益，因为这种模式能够暗中实现业务间不同类别的协同增效的资本化，这些协同效应来自：（1）营销和分销；（2）生产和技术。

这类文献的一个缺陷在于，它们极少关注执行上的差异。毕竟，如果一些公司比其他公司只不过是在多元化经营的执行上更胜一筹，也有可能造成业绩上的差异。事实上，实现业务间任何协同增效的能力在很大程度上取决于管理者对适当的传播系统的执行能力。

"营销协同"（marketing synergies）包括依靠识别共同顾客，着手满足其对企业业务组合中不同业务产品的需求，从而挖掘跨业务单元交叉销售机会的能力。通过多元化经营将自身纳入更广泛的"金融服务"部门的银行，常常就是在想要发掘营销协同的愿望驱使下发展而成的。与此类似，WPP、宏盟（Omnicom）、埃培智等（Interpublic）传播集团的发展动机，也是源自集团希望通过向共同客户群体提供整合广告、公共关系以及游说服务获得更大的利益。向共同客户进行交叉销售要求传播功能的集中化，能够收集这些客户的信息，跨业务单元部门进行分享，并且向客户展示"共同形象"。很多这种合并也会试图利用分销协同——能够以更加个性化的方式接触并服务于这些客户的需求，所做的一切都向客户呈现了一个共同的"形象"。

以寻求"产品协同"（production synergies）为动机的相关多元化企业战略则要求进一步协调内部传播。比方说，全球汽车行业进军零部件生产，采用共享的技术平台，实现多元化经营的动机，是希望巩固公司运作，减少涉及相关业务的跨业务单元费支出。20世纪90年代，戴姆勒-奔驰和克莱斯勒的合并，福特和通用汽车进行的多次收购，很大程度上都是出于寻求生产和技术协同的动机。相关多元化的后果就是整合和集中企业传播，同时特别是在凝聚内部传播上给传播功能带来了压力。

设计良好的相关多元化战略能够提升底线金融业绩的理念很大程度上取决于公司凝聚跨企业业务组合的关系和传播的能力。企业传播的实用意义在于：

□总部办公室传播责任的明显集中化，将控制权从业务单元层级转移到企业办公室；

□提出跨越传播涉及的传统上互相独立的不同职能，令其在总部办公室进一步协调的需求，其中包括广告宣传、公共关系以及员工传播；

□企业传播的需求越来越得到重视——凸显出发展整个公司的声誉平台的重要性；

□开发综合解决方案的兴趣日益增加——利用全球性机构向所有受众、通过不同渠道展现公司。

在业务层面培育竞争力

企业战略考察的是企业业务组合的多元化程度，寻求实现跨业务单元的协同；而经营战略的研究者关注的则是该业务组合中个别业务单元的相对竞争力（Porter，1980）。他们采取的是由外而内的方式，将市场、竞争和顾客视为战略制定的出发点。竞争战略的学术研究区分了大多数市场上存在的两大主要竞争定位：（1）追求低价战略；（2）追求差异化战略。二者皆可盈利，但是它们各自对内部结构和企业传播又有着值得注意的不同含义。

推行低价竞争战略的公司之所以做出这种选择通常是因为其所在行业竞争极为激烈，需要用比对手更低的价格来吸引顾客。因此，低价战略要求高效的流水线作业，尽可能缩小人事活动开支，更加致力于并依赖于保持低成本的基础设施。比如在计算机行业，戴尔就成功奠定公司的低价优势。推行低价战略的过程中，企业传播的作用表现在跨渠道宣传单一信息（关于公司低成本和低价），避免广告宣传开支过大，从内部给传播渠道造成负担，拉低了竞争力。

相反，寻求差异化竞争战略的公司只能实行成本更为昂贵的企业传播集中化方案，为公司建立一个有别于竞争对手的独特且一致的声誉平台。寻求独特性要求员工行动更为一致，能够一齐拉动公司的共同愿景，这一愿景有赖于内部创新、加强协调以及更为和谐的目的。差异化公司在对其不同受众的内部及外部传播上的花销更大。传播对公司战略行动更为重要，因为公司需要调动员工的支持，本地化客户需求响应能力，还要愿意为加强公司竞争地位定制方案、传播及活动。这样一来成本必然增加，业务单元的权利也将明显加大。

支持整个组织的"核心竞争力"

不同于传统企业和经营战略研究由外而内的规划方向，第三种理念采取了由内而外的途径，强调"核心竞争力"在推动公司统一定位中发挥的作用。根据这种理念，持久的竞争优势来自公司能够具备自身的"核心竞争力"，使公司特色鲜明、独一无二、无与伦比（Prahalad and Hamel，1990；Albert and Whetten，1985）。核心竞争力可以是应用知识、技能和态度的任意组合。从长远来看，竞争力源于比竞争对手成本更低、速度更快地建立和维持核心能力。竞争力的真正源泉来自将企业范畴的技术和生产技能整合为竞争力的管理能力，通过这种能力，个别业务可以迅速地适应不断变化的环境。

业务单元的作用在于帮助进一步开发公司的核心竞争力，企业中心不应该只是另一个管理层，而必须通过阐明指导竞争力建设过程的战略架构增加价值。

要成为"核心竞争力"，一项特定的能力必须符合两个关键条件：（1）对顾客感知的惠益具有显著贡献；（2）竞争对手难以模仿。二者都需要得到出色执行的企业传播进行支持和巩固。一方面，传播系统有责任确保顾客对公司的曝光可以增加公司产品的利益；另一方面，和利益相关方之间建立的关系本身是确保公司得到充足资源，面对对手建立滩头阵地，并且使公司地位难以模仿的重要途径。

核心竞争力的构建是一个不断完善和提高的过程，激发在产品类别的设计和开发中的领导地位。它要求最高管理层和业务单元管理者之间保持互动。因此，企业传播系统在建立和维持核心竞争力的过程中处于前沿和中心的位置。企业传播还有一个重要作用在于防止核心竞争力发展成"核心刚性"（core rigidities），这种内部惯性将会妨碍公司足够迅速地适应环境的变化（Miller，1990）。成功的公司往往建立在核心竞争力之上，核心竞争力能够在公司受困于往常的选择而不能反映当前情况时，救公司于危难之中。因此，传统系统的一个关键功能还在于确保与公司经营模式不相符的、被证明不成立的数据和研究也能传达到组织最高层耳中。

融入企业战略制定

如果要运行企业传播来支持战略实施，高层企业传播人员也应该是战略制定过程的关键参与者。也就是说，这部分人员应该直接向最高层管理人报告，在战略规划委员会占有一席之地，密切参与针对顾客、投资者以及员工的推广工作的执行设计。当然，这并不意味着他们对所有这些专业职能负有直接责任。但是这确实指出，需要一批技术娴熟的专业人士，能与高级一线经理达成共识，并且对于可能具有经济效益，但是由于一致性、形象、身份特征或声誉上的微妙原因，在运作上无法奏效的决定具有一定的否决权。

构建战略传播功能

区分作为"专业功能"的传播和公司日常活动中进行的传播是很重要的。我们在这里关注的是专业性的传播功能（Grunig and Grunig，1989；Grunig，1992；van Ruler and de Lange，1995）。传播功能的常规日常活动包括撰写新闻稿、组织记者招待会、维持与核心利益相关方群体的关系、组织投资者来电、撰写演讲稿以及制作公司演示，以便高层管理者用于提交、筹资、主持展销会、准备机构广告、进行舆论监督。表 11 - 1 汇总了传播管理者在五个主要专业领域需要开展的关键运营和战略任务，我们在第八章中对这五个领域进行过介绍。各专业领域的传播活动都有各自丰富的传统和知识基础，遵循着一长串规范性指导方针。制作年度报告、管理分析师来电、处理媒体事务等都有一套公认的原则。然而，传播功能高层人员的工作主要在于确保它们建立在同一个立足点之上，即组织的声誉平台和企业故事（福伯恩和范瑞尔，2004）。

克兰蒋尔德（Cranfield）区分了传播信息"生产"的不同阶段：研究、规划、协调、管理、最后才是生产。他同时还命名了一些其他事项：社区参与和咨询活动。基钦（Kitchen，1997）对传播功能的五个角色进行了区分：

□传播技术员：强大的可操作性角色，负责生产具体的传播信息；

□专业建议者：常常作为外部顾问，帮助确定行动的战略方针；

□推动者：充当传播管理者的中间人角色；

□搭桥人：匹配组织内部和外部人员；

□问题解决推动者：积极解决战略层面的传播问题。

大型跨国公司企业传播前负责人 Peter Knoers（2001）证实了这五个角色，但他还看到传播功能在指导企业传播政策中扮演的一个更具战略性的角色。他明确指出在战略层面上关注传播主题需要进行长期的拉锯战。Knoers 辨别出的另一个角色是传播可以充当高层管理者的私人顾问，其作用非常像"企业治疗师"，倾听管理者的看法，并提出适当的意见，帮助他们更透彻地理解情况。虽然在职位介绍时很少指明，上述角色可以说是传播功能及其领导力的较为重要且应予奖励的活动之一。

表 11 -1 　　　　　　　　　　传播功能的主要活动

功能	执行	策略
投资者关系	创作新闻稿、组织巡回路演、网络广播 组织记者招待会 与分析师进行非正式讨论 创作标准的投资者关系演示	规划有关组织选择的风格以及如何（在内容、渠道和频率方面）进行投资者关系传播的长远方向 确定可用于判断成功程度的可衡量标准
内部传播	内部网 独特风格 企业介绍	规划有关组织选择的风格以及如何安排内部传播结构、内容、氛围和流动的长远方向 确定可用于判断成功程度的可衡量标准
营销传播	准备印刷和音像素材 准备并支持展销会 广告机构情况介绍 组织媒体投放 赞助和筹款	规划关系到企业品牌定位的各种营销传播定位的长远方向 确定可用于营销传播层面的传播以及产品和企业层面的关系的可衡量标准
公共事务	与各政府机构进行非正式讨论 撰写演讲 咨询最高管理层（委托）演讲	建立长期计划，列出与各政府机构最重要的关系，阐明想要达成的目标 确定组织中谁来负责这部分工作 确定可用于判断成功程度的可衡量标准
问题管理	撰写演讲 与利益相关方进行讨论 媒体关系 问题监测	建立长期计划，明确哪些问题会产生影响，选择处理方向 确定责任以及由谁来负责衡量

在表 11 -2 中，我们借鉴 van Ruler（2003）的理论对比了管理传播功能的四种主要模式。每种模式或多或少都指出了传播功能的战略性作用。对于整个公司而言，明确对传播功能的期望十分重要。只有当期望明确后，我们才能实际衡量传播功能是否为公司带来了真正的经济价值。

表 11 – 2 管理企业传播的四种模式

变量模式	信息模式	说服模式	中介模式	反思模式
重点	充分扩散信息	充分分析计划/决定	充分支持决策	内部反思组织开放性框架
干预策略	宣布决定	说服目标受众	利益相关方和管理层之间的互动	框架监测与分析
专家关键战术	生产手段	控制所有的传播	控制战略决策的对话	为充分响应所发现的框架提供战略建议
成功指标	识别度/媒体关注	受众印象	利益相关方信任值	公众合法性

在实践中，公司传播功能的组织策划存在多种不同方式。然而，大多数情况下，内部传播、投资者关系、公共事务以及问题管理通常组合在一起形成单一的人事职能，而营销传播几乎都被嵌入业务单元中，视为一线职能。在本质上，一线管理者和人事管理者之间的区别可以通俗地描述为"发号施令"和"提供建议"之间的区别。这表明，在大部分公司，传播功能的工作主要是向业务单元的一线管理者提供建议和支持。这就要求在传播功能的人员配备上要以服务为导向。

在我们接触的最具战略导向的公司中，我们发现传播部门的负责人几乎都是直接向首席执行官报告。而向企业传播负责人做报告的通常是来自媒体关系、内部传播、公共事务以及投资者关系方面的专家。为提高有效性，和首席执行官的接近也是一个有用的统合机制。这些大型公司的业务单元通常还具备强大的传播功能，旨在满足业务层面的利益相关方，这就进一步加剧了碎片化问题。图 11 – 1 解释了传播功能的典型结构。

营销传播是唯一一个不在人事职能之内的专业传播功能，通常被视为一线职能。对这一功能的理想定位部分取决于该功能想要实现的任务的性质和范围。

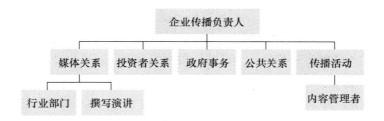

图 11 – 1　传播功能的典型结构

为价值创造做贡献

　　传播者常常惋惜不能让自己所从事的工作成为"商业案例"，特别是声誉管理（福伯恩和范瑞尔，2004）。长久以来，这一直是传播部门人员憧憬的圣杯——不过事实表明，这对于大多数人事部门人员来说也是可望而不可即的，其中包括企业基金会、社区事务部、人力资源部、企业文库，甚至是营销和技术部门。每一个部门都越发致力于构建部门的"商业案例"，以证明预算的正当性。

　　企业传播的商业案例和声誉管理可能的商业案例是一样的。它由三部分组成。其一，传播影响到公司的经营业绩，所以它具有盈利能力。其二，盈利能力会影响对公司未来前景的感知，因此影响到一家公司的市场价值。其三，公司的经营活动本身有助于构建"声誉资本"——所谓声誉资本即一种影子资产，其价值包括隐藏在公司产品品牌以及企业品牌背后的产权，以及说明公司所有利益相关方持有的正面观点的权益（福伯恩和范瑞尔，2004）。

　　在对美国 125 家制造业公司进行的一项研究中，研究者对比了产业结构、竞争策略以及公司的具体差异之间的相对影响（Bharadwaj，1995）。研究结果证实了声誉对于经营业绩产生的巨大影响。与行业整体结构相关的因素在经营业绩可观察到的差异中只占一小部分。竞争策略变量，比如产品质量、销售人员支出等，对经营业绩差异的解释不具备统计显著性，但是公司"市场份额"具备了统计显著性。最后，研究发现，所有有关公司具体的变量、声誉以及业务单元的品牌资产都是业务单元业绩差异最好的预测指标。而良好的声誉和高水平的品牌资产都来自有效的企业传播。

得益于良好声誉的更高水平的经营业绩基本上可以保证公司能够得到来自各利益相关方和媒体的有力支持。如同我们在第十章描述的，对《财富》杂志公布的全美最受赞赏公司排名进行的一项早期分析显示，声誉排名受到公司规模、广告宣传、经营业绩、市场价值以及媒体知名度的重大影响——这就证实了一种观点，即一家公司的经营业绩、市场价值和战略行为紧密地交织在一起（Fombrun and Shanley，1990）。

这种关系可以用图 11 - 2 所示的"声誉价值循环"来描述。图中阐释了经济价值和利益相关方支持度的动态交织状况：支持创造了价值，进而使公司能够在企业活动上投入资金，用于广告宣传、慈善事业和公民身份特征建设，从而产生了媒体支持，吸引了投资者，增加了经济价值。其净效应是形成一个强化循环，其中来自各利益相关方的传播、识别、拥护和支持性行为不断为公司创造权益和经济价值。

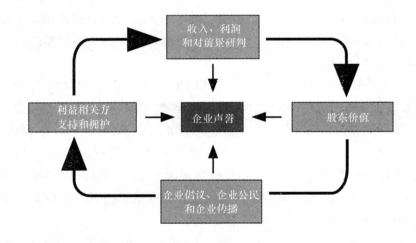

图 11 - 2　声誉价值循环

许多实证研究已经证实，声誉和市场价值相互交织：

□弗吉尼亚大学研究发现，《财富》衡量的企业声誉和被测公司1984—1996 年间的市场价值的联系极为密切（Brown and Perry，1997）。

□总部位于康涅狄格州的传播咨询公司 CoreBrand 向 700 家上市公司的商业决策者发送调查邮件，对其"品牌影响力"进行了追踪。趁着美国股价为期三天的异常剧烈的波动（1997 年 10 月 24—28 日），他们推测，企业声誉将充当公司面临市场动荡时的相对缓冲区：相比于声誉较低的公司，具有较高企业声誉的公司所经历的波动应该会较轻，市场跌幅较小。研究表明，10 月 27 日星期一这天，所有股票全部显著下跌，但 10 月 28 日星期二收盘时，最强的品牌已经挽回了前一天几乎所有的损失，而较弱的品牌还没有从星期一的急剧下跌中恢复元气。此外，从周五到周二，最强品牌实际获得的总市值共计 70.9 亿美元，而消极品牌的损失共计 197.9 亿美元（Gregory，1998）。

□一组研究人员对比了十组公司，这些公司具有类似的风险和回报水平，但是在《财富》进行的"最受欢迎公司"调查中平均声誉得分却不相同。他们发现，声誉得分 60% 的差异关系到市场价值 7% 的差异。由于研究中平均公司的市值为 30 亿美元，这就意味着在十点量表中，声誉得分从 6—7 仅一分的差异就等同于增加了 5150 万美元的市场价值（Srivastava et al.，1997）。

□另有一组研究人员考察了《财富》进行的 1983 年到 1997 年"最受欢迎公司"调查中所有相关公司的市场价值、账面价值、盈利能力和声誉之间的关系。他们报告称，声誉的一分之差相当于大约 5 亿美元的市值差异。由此得出结论，"我们的发现进一步支持了现有研究，表明内部生成的目前未被视作资产的产物有助于公司增值，因此在投资者眼中也是一种资产"（Black et al.，2000）。

显然，确有证据证实声誉和市场价值之间的密切关系。然而，其影响的确切程度仍有待商榷，我们能够联系到"声誉资本"上的实际价值也尚无定论。但是，显而易见的是，声誉管理可以成为"商业案例"，同样，企业传播系统下集合的活动倡议组合也不例外。

克服碎片化和部门化

对传播功能而言，问题不仅在于认识到传播可以成为商业案例，还在于认识到公司发掘价值创造的能力。正如我们在本书开头确认的，大部分大型公司目前存在的传播系统非常零碎，而且各有专攻。碎片化阻碍了传播功能完成其身为公司战略一致性及企业声誉维护者的使命。

图 11-3 概括了企业传播的价值链。从图中可以看出，整合传播功能确实是一大挑战，只有当企业传播涉及的专门小组的战术活动团结在一起，共同实现公司的战略目标，并且具备了一致性、表达力和声誉度时，才算达到了整合。

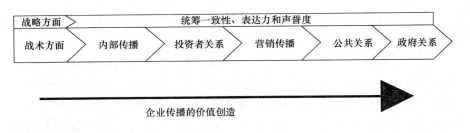

图 11-3　企业传播价值链

为促成这一整合，公司在业务层面发展出多少有些复杂的管理结构（Lawrence and Lorsch，1967；March and Simon，1958）。举例来说，在按功能进行组织的业务单元中，营销传播需要集合负责产品策划、广告宣传和促销活动的各功能专家。在按市场进行分类的业务单元中，公司通常围绕关键客户群进行组织，营销传播的开展就要专门针对满足这部分客户的需求。而在围绕产品进行分类的业务单元中，营销传播又要以产品线为中心。最后，在动态环境中，业务单元经常以矩阵结构进行组织，各个市场和产品都有不同的领导（Galbraith，1973）。在上述结构中，营销传播都由专家负责制定和管理，这些专家不仅要向负责其所属市场的管理者进行报告，还要向负责产品线的品牌管理者或营销管理者进行报告。

传播的编排可以以不同方式来实现。Grant（1996）提出了四种机制，可用于整合位于不同职能领域的专业知识：

□规则和指令：包括程序、规则、标准化信息以及传播系统；
□序列：涉及过程组织，以使一个专家的输入在逻辑上和顺序上与其他专家的输入和输出相连；

□组织惯例：自动应用可复制行动，利用隐含的心理脚本处理问题；
□问题解决小组：针对具体情况的个人互动和交流。

表 11 – 3 应用这一方案对传播专家进行了统筹。当公司面临高度不确定且高度复杂的情况时，可以调用问题解决小组，但应谨慎使用。

表 11 – 3　　　　　　　　　　企业传播编排机制

规则和指令	序列	组织惯例	问题解决小组
共同的内部风格（母公司可见性）共同的出发点（内容协调性）与外部机构和内部预算职责工作的指导方针	传播功能的组织：任务、职责、预算将传播和商业生命周期相连接	"礼仪"培训和教导，用于媒体联络、活动呈现及实施、投资者关系等	指导委员会年度/季度审查程序临时会议

克服碎片化的另一个手段是借助能够协调传播活动的规划流程。研究者将其视为一种变化流程（Bennis et al.，1976），指明了信息供应流程中应该出现的不同阶段的理想顺序。这一变化流程的标准阶段包括诊断、目标制定、战略制定、实施以及评估。每个阶段都必须满足一套特定的标准（van Gent，1973）。

有关企业传播活动执行的分析极为稀少。一些个别活动已被记录在案，但是没有形成任何成果来展示在实践中多个活动是怎样构建的——更不用说一家真实的公司企业传播的复杂整合了。图 11 – 4 说明了一家大型公司可以采取何种途径发展并表现其综合传播系统的整合规划流程。

该流程首先是要收集外部环境信息，并按相关性进行分类。环境审视结果以报告形式呈现，该报告构成了为组织的传播战略所做的战略业务计划的输入之一。战略业务计划接收来自五个核心部门的战略输入，即营销、产品、人力资源、财务以及信息技术部门。其中，每个部门都对公司传播系统提出需求，且应影响公司战略。战略业务计划可以理解为：（1）为五大职能部门制订的一系列计划；（2）为组织传播制订的计划。

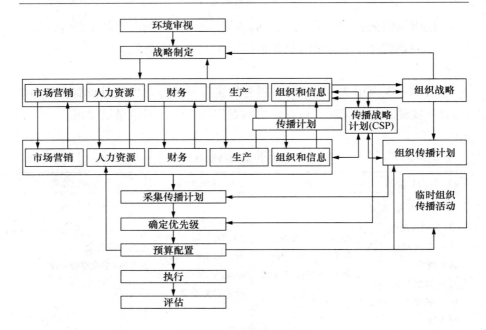

图 11 - 4　传播规划流程

　　五大部门的运营计划同样也给传播系统施加了压力，并为各部门的传播计划提供了提纲。为避免因整体传播计划和部门传播计划导致组织出现割裂，甚至互相矛盾的局面，最终计划必须具备内部协调性。也就是说，在部门内部以及传播功能内部实现协调。声誉平台和企业故事可以作为"共同出发点"，指明了可以为整个公司清晰一致的传播充当基础的核心价值。当计划已经形成文字，并且所有部门以及相关传播的负责人都已对照声誉平台对其进行了测试之后，可以召集一个协调小组（最好来自传播部门）来核对计划，分配预算。在最终预算当中，资源应该在如下三项活动的基础上进行配置：

1. 从关键部门的计划所产生的传播；
2. 从组织的传播战略所产生的传播；
3. 企业层面无法预计但却需要采取行动的传播。

　　归根结底，预算编制本身对于进行及促进协调至关重要，因为在针对不同部门各自提出的建议确定优先顺序时，预算编制发挥着核心作用。公司可以采用七种方法编制传播预算（van Riel and van de Broek，1992）。专栏 11 - 1 概括了这几种预算编制方法。

专栏 11 - 1   企业传播预算编制

随机分配

基于非经济、非心理因素，也未进行任何研究。也就是说，预算分配给各传播手段时不具有任何具体目标。这种分配通常是基于负责人的个人喜好。

销售百分比（过去一年或预测）

传播预算的确定取决于公司销售额的一定比例。这一比例通常是多年以来较为稳定的。该方法给管理层清晰假象，而且在经济上比较安全，因为人们知道总和始终是可用的。由于参与者以市场份额为基础编制预算，使得竞争最小化。该方法所犯的错误在于它将传播看成了销售额的结果，而非销售额的原因。依照这种方法，向管理层和股东证明预算的正当性变得更加简单。

投资回报率

在这一方法中，传播不得不与其他可能的投资进行竞争。此时要将每项投资在一定期限内的预期回报和其他可能性进行衡量。相对于当前的局面，计算未来预期回报值。这就给出了当前净值。然而，对传播预算而言这一点很难预测，因为几乎不能保证传播回报的大小以及其在时间上的扩散。再者，公司很难辨别出哪一部分回报是由传播带来的。

竞争平价

依照这种方法，传播预算的编制和相同行业竞争对手的分配等同。该方法的好处是，出现激烈的市场战的可能性最小化。缺点在于不存在什么目标，而且没有将消费者考虑在内。此外，平等支出并不意味着公司实际上能有效地运用各种手段。

倾其所有

运用这种方法，只要不会令财务流通陷入危机，管理层会尽可能地动用所有的资源。在将公司成果的一部分留作利润之后，所有剩余手段均用于推广性传播。该方法通常会导致过低消费或过度消费。

目标和任务

通过这种技术，首先制定出详细的目标，然后计算实现这些目标所消耗的成本。要清晰地制定出这些目标，经常需要采取研究或分析的形式。

历史推算

运用这种方法，预算编制需要以前一年情况作为基础。董事会通过一项和去年相同的预算，比通过一项高于去年的预算的可能性要更大。该方法的一个缺点是没有再次制定目标，以便确定所涉及的成本。从长远来看，这会导致过度消费。

如今，公司的运营环境正变得越来越复杂、越来越动态，只有正式结构、指令、规划和预算编制是不够的，公司开始动用群体活动间更为复杂的协调形式。van Riel 和 Nedela（1988）进行的一项研究显示，美国和欧洲大型金融公司和机构都依赖多种不同的团队协调方式，试图编排其总的传播输出。

1. 通过指导委员会进行协调，委员会成员包括来自各个传播部门的代表，有时也包括一线管理者。协调的实现有赖于由一个共同的传播政策发展而来的指导方针。

2. 通过临时会议进行协调，临时会议的召集是为了处理必须共同解决的问题。

3. 通过将传播管理者集合在一个地点进行协调，"迫使"他们不论在私人层面还是专业层面进行频繁的互动。

最后，各专业传播部门之间的合作可以通过一个"转盘"小组来实现。首先，成立一个协调小组（"指导委员会"、"印象小组"或者"品牌委员会"），小组成员包括来自最重要的传播部门的代表（既包括组织传播，也包括营销传播），同时还有高层管理者。协调机制的作用就好像是一个展会上的旋转转盘，每个人都必须努力抵挡会让他们飞出去的离心力。如果高层管理者在场的话，大家更可能积极参与。

有两个额外的程序可以提升转盘小组的有效性。

其一，转盘小组应该每天都召开，至少有三个人要经常参与：一位主持人、一位公司秘书和一位委员会成员。除了这三位"核心成员"之外，来自各方面的传播专家可以定期参与小组审议。当然，前提是在传播中发挥核心作用的人员全部到场。担当主持的人员必须能将董事会和 DB 在权威和力量上联结起来。

其二，要求在转盘小组的运作和不同的传播部门之间建立明确的联系。我们来做一个假设，比方说某家公司现在需要建立组织传播、广告部以及体育赞助负责人员之间的合作。在每种情况下，每组必须派人参加转盘小组，保持小组和他们所在部门的联系。由于小组主持人按规定联结着公司的董事会，因此个别传播部门和高层管理者之间将形成更加紧密的纽带。

转盘小组的贡献者必须简要概述他们认为企业传播政策执行应该采取的步骤，以此"证明"自己。随后，DB 开始发挥其至关重要的作用，发起讨论并"控制"每个传播部门所做贡献的质量。图 11-5 显示了一种可用于此类转盘小组的工作流程。

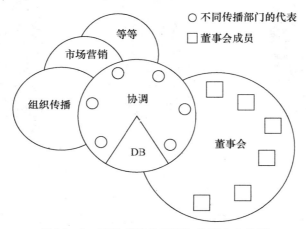

图 11-5　围绕"转盘原则"协调企业传播

结论：建立一个统一的传播系统

面对全球化、商品化以及信息跨市场的迅速蔓延，在努力建立并维持持久的竞争地位的过程中，公司面临着巨大的挑战。在这些挑战中，必须超越竞争对手，吸引更多的人力、财力和体制资源一直是最为艰巨的一项。它要求在整个公司上下以及和利益相关方之间建立更加复杂且连贯的企业传播。

在本书的结尾，我们提请大家注意图 11 - 6。图中描述了我们在 1997 年成立的声誉研究所使用的一系列模型，可以帮助诊断、强化并赋予企业传播的能力。该框架具体体现了公司应当留意的三个领域，有助于提升公司企业传播的有效性。它还指出了一个统一、有效的企业传播系统的关键诊断要求。

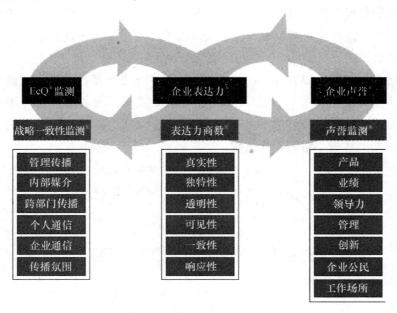

图 11 - 6　建立统一的企业传播系统

评估企业传播的有效性首先从考察战略一致性开始，战略一致性认为，传播流动、传播内容和传播氛围是员工支持的三大主要驱动力。员工对公司战略目标的认识和理解一旦达成一致，并且具备实现这些目标的必要能力，那么他们就更有可能担当公司的大使。EcQ® 战略一致性监测（EcQ® Strategic Alignment Monitor）就是专门设计用来评估公司员工大事身份特征的一种工具。

　　尽管调动员工积极性是一个统一的传播系统的必要结果，但它并不充分。公司还必须发展出向主要利益相关方对外表达的企业传播。表达力来自于构建连贯性的努力，主要通过设计声誉平台、一致地企业故事讲述以及通过品牌建设和公民身份特征活动进行的相关表达的组合。如果这些表达一致、独特而透明，公司在外部受众之中收到广泛好评的可能性就会增加。

　　最后，要充分发挥作用，企业传播系统必须在公司的声誉资本方面做出贡献。因此，运用一种或一组工具衡量利益相关方对公司的感知成为传播流程中的一个关键的组成部分，可以说，它闭合了整个环路。由声誉研究所从 1999 年便发起的一项研究显示，声誉可以通过一组有限个数的关键维度来描述——RepTrak® 声誉监测工具就是运用 7 个维度，23 个属性来分析企业声誉的。应用这一工具通常会生成有关公司相对优势和缺点的诊断信息，还有解决这些问题要采取的步骤。

　　运用这些工具可以显著增强公司凝聚其企业传播的能力。这些工具是实用性的，但是它们同时也总结了我们对于造就它们的学术和实际文献的理解。

　　未来十年，高级管理人员将需要来自传播专家的专业协助。他们分享的知识既可以保持"艺术性"，主要依靠直觉和经验，也可以更加严谨、科学，更系统化。我们相信，事实将证明后者会越来越重要。对传播专业人士而言，这意味着他们将会在战略制定团队中占有一席之地。它还对企业传播专业人士培训提出了需求。尽管传播的敏感性和技能仍然是核心要求，该领域专业人士还必须具备对业务的理解，策略语言的运用能力，以及对企业传播价值创造角色的细腻的敏感性。我们已经明确界定了我们的广泛立场，希望专业领域的朋友和同事加入我们。

　　促使我们写下这本书的动机，是因为我们感觉管理者从整体上审视公司有相当大的困难。整合思维行不通，因为公司在各个独立的部门运行的职能和活动之间人为地竖起了一道制度壁垒，是大部分管理者无法纵览全局。本书即将结束，我们对如何组织企业传播的讨论也告一段落，最后，我们回想起了约翰·戈弗雷·萨克斯（John Godfrey Saxe）一首颇有见地的诗《盲人与大象》（*The Blind Men and the Elephant*），用在这里极为贴切：

从前有六个印度人，
好学而上进，
他们想看看大象的模样——（然而他们全都是盲人）
只得依靠感觉——或许在头脑中满足。

第一个人走近大象，
大象正好蹲下来，
摸上去宽阔而又结实，——这人大叫：
"上帝保佑！这大象——像极了一堵墙！"

第二个人上前，摸到了象牙，
他喊道："嗬！瞧瞧这是什么？
这么圆润、这么光滑、这么锋利？——叫我说实在明显不过
这神奇的大象——就像一支矛！"

第三个人摸摸象，
正巧象扭动着身躯，
——这人大胆说道：
"我知道了，"他说，"大象——很像一条蛇！"

第四个人急迫地伸出手去，
摸到了膝盖。
"世上最神奇的走兽长什么样——不是很明显吗？"他说道，
"大象——明明就像是一棵树！"

第五个人碰巧摸到了耳朵，
说："世界上最目不能视的人
也能搞清楚这最像什么；——不论是谁，

这奇迹一般的大象——最像一把蒲扇!"

第六个人等不及,
上前摸摸这走兽,
一把抓住了摆动的尾巴——他得出结论,
"我知道了,"他说,"大象——就像一根绳子!"

于是,这几个印度人
乱糟糟争论不休,
人人各执一词——任谁都有理,
尽管每个人都说对了一部分——但是他们全都错了!

寓意

神学争论常常如此,
我料想,那些争论的人,
必是对他人所言,
极度的无知,
他们对着大象喋喋不休,
却没有哪个亲眼见过!

重要术语中英文对照

3M	3M 公司
4-Ps	4-P（price 价格、product 产品、place 渠道、promotion 促销）
AAA Model	AAA 模式（Abilities 能力、Activities 活动、Accomplishments 成就）
Accenture	埃森哲咨询公司
Accountability	责任
Coordinated	协调责任
Overall	整体责任
Specialist	专家责任
AC2ID Model	AC2ID 模型
Act-Up	Act-Up 组织
ADMOD Model	ADMOD 模型
Advertising Research Foundation's Model（ARF）	广告研究基金会模型
Ahold	阿霍德集团
Akzo Nobel	阿克苏诺贝尔公司
Altria Group	奥驰亚集团
Amazon. com	亚马逊
American Association of Advertising Agencies（AAAA）	美国广告代理协会
American Chemistry Council	美国化学理事会
Applied research programs	应用调研项目
Brand Dynamics Pyramid	品牌动态金字塔
CoreBrand's "Brand Power"	CoreBrand 的"品牌力量"

Natural Grouping	自然分类法
Nestlé	雀巢
Nike	耐克
Nomenclatures	命名体系
Steps driving	命名体系选择的步骤
Nokia	诺基亚
Novartis	诺华公司
NSS Market Research	NSS 市场调研
Omnicom	宏盟传播集团
Organizational Communication Audit Questionnaire（OCA），*see* Applied research programs	组织传播审计问卷，见"应用调研项目"
Organizational Communication Instrument（OC），*see* Applied research programs	组织传播工具，见"应用调研项目"
Parenting advantage	母合优势
Personality Profile，*see* Corporate personality	个性概况，见"企业个性"
Pfizer	辉瑞制药
Pharmaceutical Research and Manufacturers of America（PhRMA）	美国药品研究与制造商协会
Philips	飞利浦
Photo-sort	图片分类法
Port-Authority Study	纽约港务局研究
Power Grid，*see* Applied research programs	力量网格，见"应用调研项目"
PPT Model	PPT 模型
Press agentry，*see also* Propaganda	传媒炒作，另见"宣传"
PriceWaterhouseCoopers	普华永道会计师事务所
Process of communication planning	传播规划流程
Propaganda，*see* Press agentry	宣传，见"传媒炒作"
Public information	公共信息
Public Relations（PR）	公共关系

Reputation Platform	声誉平台
Activity theme	活动主题
Benefits theme	受益主题
Emotional theme	情感主题
Reputation Quotient（RQ）	声誉商数
Revised Basel Framework, *see* Basel Ⅱ	新巴塞尔资本框架，见"Basel Ⅱ"
Rotterdam Organizational Identification Test（ROIT）	鹿特丹组织认同测试
Sarbanes-Oxley Act	萨班斯—奥克斯利法案
Scope	范围
Securities & Exchange Commission（SEC）	证券交易委员会
Shell	壳牌
Sir Richard Branson	理查德·布兰森爵士
Southwest Airlines	西南航空公司
Stakeholder	利益相关方
Perceptions	利益相关者感知
Starbucks	星巴克集团
Steinway	施坦威钢琴
Stakeholder Linkage Model	利益相关方联动模型
Strategic alignment	战略一致性
Strategy-Identity-Brand Triangle（SIB Triangle）	战略—身份—品牌三角关系（SIB 三角关系）
Symbols	符号
Two-way asymmetric communication	双向非对称传播
Two-way symmetric communication	双向对称传播
Typology of corporate brands	企业品牌的类型学
Olins' branding strategies	Olins 的品牌建设战略
Kammerer's action types	Kammerer 的行为类型
Van Riel's typology	van Riel 的类型学